中国质量协会注册六西格玛黄带指定教材

六西格玛黄带手册

Six Sigma Yellow Belt Handbook

中国质量协会　编写

中国社会出版社
国家一级出版社·全国百佳图书出版单位

图书在版编目（CIP）数据

六西格玛黄带手册 / 中国质量协会编写 . -- 北京 ：中国社会出版社，2018.5（2024.7 重印）
中国质量协会注册六西格玛黄带指定教材
ISBN 978-7-5087-5984-5

Ⅰ.①六… Ⅱ.①中… Ⅲ. ①企业管理—质量管理—手册 Ⅳ.①F273.2-62

中国版本图书馆 CIP 数据核字（2018）第 106134 号

六西格玛黄带手册

出 版 人：程　伟
终 审 人：李　浩
责任编辑：朱永玲　　杨春岩
装帧设计：时　捷
出版发行：中国社会出版社
（北京市西城区二龙路甲 33 号　邮编 100032）
印刷装订：中国电影出版社印刷厂
版　　次：2018 年 6 月第 1 版
印　　次：2024 年 7 月第 3 次印刷
开　　本：185mm × 260mm　1/16
字　　数：320 千字
印　　张：15.5
定　　价：52.00 元

《六西格玛黄带手册》
编辑委员会

编写说明

自摩托罗拉公司于20世纪80年代中期开始推进六西格玛以来，距今已近40年的历史，伴随着通用电气、联合信号、福特、卡特彼勒、杜邦、ABB、三星等企业的成功，经过长期的发展与演化，六西格玛已经成为国内外许多知名企业的持续改进经营战略，为企业带来了显著的经济效益，同时培养了一大批企业管理精英和技术骨干，提升了企业的竞争力。纵观其发展，六西格玛的生命力经久不衰，得益于它能创造实实在在的效益，这是六西格玛生存发展之本；同时也得益于它本身发展的与时俱进。无论是管理理念、方法工具还是实施模式，今天的六西格玛与20世纪80年代中期摩托罗拉所实施的六西格玛已经有了很大的不同，虽然我们依然保留六西格玛这个名词，但其作为一种企业管理创新和业务流程持续改进的模式和方法体系，有两个最为显著的特点：一是从管理模式上，六西格玛将战略管理和战略执行力有效结合，通过高层领导的参与和一套六西格玛的推进基础架构实现战略展开与实施、流程优化、持续改进、组织学习与知识管理、供应链管理等多方面的效果；二是从方法本身来讲，将已有的管理思想、方法和工具有效集成并提供了可操作的技术路线，本身就属于集成创新。时至今日，六西格玛的热潮依然不减，其实施范围也从制造业拓展到服务业、医疗机构以及政府管理部门，越来越多的企业和机构在尝试它，越来越多的企业家在关注它，各界对六西格玛管理知识的需求也与日俱增。

六西格玛管理的成果，要通过其项目的成功实施来体现。六西格玛黑带和绿带是六西格玛项目实施的主要力量，同时需要众多的黄带参与项目的实施。相对于黑带、绿带，黄带不需要掌握复杂的六西格玛理论和工具，更容易吸引广大的员工参与。由于黄带人数众多，这些人员基本处于生产和管理的第一线，对六西格玛项目的成功实施也起着非常重要的作用，企业培养一批有一定六西格玛知识的高素质基层员工队伍，对于六西格玛理念自上而下地贯彻和持续推进有着极其重要的作用。从成功实施六西格玛管理企业的实践看，相当一部分企业实施六西格玛初期，是从培养黑带、绿带开始的，但要深入推进，可持续发展，需要培养大量的黄带参与到六西格玛项目的实施中来。

我国在推进六西格玛管理的同时，对黑带、绿带的培养做出了积极的努力，在黑带、绿带的知识结构、考试评价、水平认证等方面建立起了一套比较完整的体系、制度和流程，受到广大企业的认可和好评。在2004年开始全国六西格玛黑带考试注册后，又于2011年推出六西格玛绿带的考试评价注册，六西格玛黑带、绿带年考试人数从几十人发展到2017年的近万人，考试人数累计达到5万余人。

随着六西格玛管理的逐步深入，众多企业认识到黄带人员在实施六西格玛中的作用和意义，但由于黄带资格水平评价缺乏规范，不同企业间的要求差别很大，迫切需要对六西格玛黄带人员的知识体系、评价流程加以规范和统一，编写统一的六西格玛黄带教材，为下一步开展全国六西格玛黄带考试评价及水平认证奠定基础。《六西格玛黄带手册》正是在这一背景下完成的。

本书是继中国质量协会注册六西格玛黑带、绿带考试指定辅导教材《六西格玛管理》（第三版）（中国人民大学出版社，2014年）和《六西格玛绿带手册》（中国人民大学出版社，2011年）后，又一部关于六西格玛管理考试辅导教材，是在黑带、绿带教材基础上，结合黄带的知识体系和六西格玛的最新发展编写而成的。本书一个显著的特点是面向基层的六西格玛项目实施人员，尽量减少了六西格玛理论和复杂的工具，便于学习和掌握。

本书由中国质量协会负责全书内容的整体设计和组织编写。参加编写工作的有杨跃进、龚晓明、孙静、张彦玲、顾青峰等，曾祯、李文成、徐雪梅等参加了本书大纲的讨论、编写和协调等大量工作。全书由杨跃进负责审校。

本书的编写得到部分六西格玛管理推进委员会的成员单位，如海尔集团、安徽江淮汽车集团股份有限公司发动机分公司等多家企业的支持和帮助，他们为本书的大纲及编写提供了大量的建设性意见和建议，在此表示感谢。

最后，感谢中国社会出版社对本书给予的高度重视和支持。

由于时间和水平有限，书中难免存在疏漏和错误，恳请读者批评指正。具体意见可发送至：6sigma@caq.org.cn，在此向广大读者表示感谢。

《六西格玛黄带手册》编委会

中国质量协会六西格玛管理推进工作委员会

目录 | directory

第一章　六西格玛概述　/ 001

1.1　六西格玛管理的概念和发展　/ 002

1.2　六西格玛管理方法论　/ 012

1.3　六西格玛与精益管理的融合　/ 016

1.4　六西格玛管理的组织结构和关键角色　/ 022

1.5　六西格玛项目管理　/ 027

本章小结　/ 040

推荐阅读　/ 041

第二章　界定阶段　/ 043

2.1　改进机会的识别　/ 044

2.2　过程的基本概念　/ 055

2.3　质量成本和不良质量成本　/ 064

2.4　价值链与价值流图　/ 066

2.5　六西格玛项目立项与实施　/ 073

本章小结　/ 082

推荐阅读　/ 083

第三章　测量　/ 085

3.1　数据　/ 086

目录 | directory

3.2 常用统计分布和描述性统计 / 089

3.3 数据的图示方法 / 095

3.4 测量系统分析 / 099

3.5 过程能力分析 / 105

3.6 服务过程测量 / 107

本章小结 / 115

推荐阅读 / 115

第四章 分析 / 117

4.1 过程分析 / 118

4.2 原因分析 / 134

4.3 数据分析 / 136

4.4 服务过程分析 / 149

本章小结 / 155

推荐阅读 / 155

第五章 改进和控制 / 157

5.1 改进方法与工具 / 158

5.2 改进方案评估 / 165

5.3 控制工具及文件化 / 168

目录 | directory

本章小结 / 192

推荐阅读 / 192

附 表 / 193

术语表 / 209

参考文献 / 225

中国质量协会精益六西格玛黄带知识大纲 / 231

第一章　六西格玛概述

六西格玛管理作为提升组织质量效益与竞争力、构建持续改进管理模式、驱动质量文化变革的管理方法，日益受到制造业、服务业、医疗和教育业乃至包括政府在内的非营利机构的认可和接受。自 2000 年以来，越来越多的中国企业开始实施六西格玛管理。那么什么是六西格玛？为什么要实施六西格玛？组织如何成功实施六西格玛？这些问题正是本书，特别是本章要回答的内容。

1.1 六西格玛管理的概念和发展

1.1.1 六西格玛管理的概念

六西格玛是一套系统化、结构化的过程改进与创新模式，旨在通过严谨的流程和科学的方法，实现组织业务流程突破性改进和创新，减少变异，消除浪费，提高质量和效率，提升顾客和利益相关方满意度，以此促进组织战略目标的实现。

六西格玛过程改进与创新模式包括六西格玛改进和六西格玛设计两种方法论。其中，六西格玛改进 DMAIC 方法论由界定 (Define)、测量 (Measure)、分析 (Analyze)、改进 (Improve) 和控制 (Control) 五步法构成；六西格玛设计方法论通常由 DMADV（Define, Measure, Analyze, Design,Verify；界定、测量、分析、设计和验证）、IDDOV（Identify, Define, Develop, Optimize, Verify；识别、界定、设计、优化和验证）等方法论构成。

近几年来，六西格玛与精益管理相融合，在五步法的基础上汲取了众多精益管理理念、工具和方法，形成了精益六西格玛管理方法。

1. 六西格玛的统计含义

σ 是一个希腊字母，读作“西格玛”，在概率论与数理统计学中表示“标准差”，是用来表征任意一组数据离散程度的指标，它可以用来描述过程输出结果的分散性，是评估产品和生产过程特性波动大小的参数。

我们所说的西格玛水平（注意：不是指西格玛值的大小）则是将过程输出的平均值、标准差与过程输出的目标值、规格限联系起来进行比较，是对过程满足要求的能力的一种度量：西格玛水平越高，过程满足要求的能力就越强；反之，西格玛水平越低，过程满足要求的能力就越低。六西格玛质量水平意味着缺陷率仅为百万分之 3.4，即在

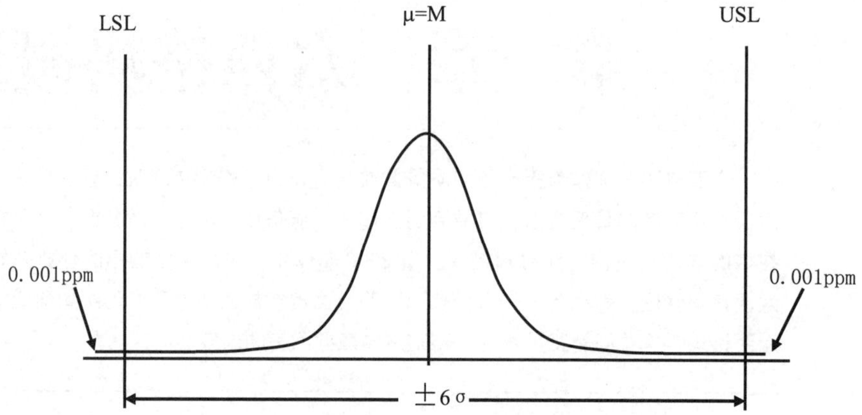

图 1-1 过程输出特性正态分布图（无偏移）

一百万个缺陷机会中仅出现 3.4 个缺陷。

如图 1–1 所示的正态分布中，μ 表示正态分布的均值，σ 表示标准差（有关正态分布及相关概率统计理论可参考本书第三章 3.2 节），当上下规格限之差为 12σ(μ ± 6 σ)，且过程无偏移，即实际分布中心（即均值 μ）与规格中心 M 重合时，低于下规格限 LSL 和高于上规格限 USL 的面积（概率）均为 0.001ppm，总缺陷概率为十亿分之二（2PPB，Part Per Billion）。

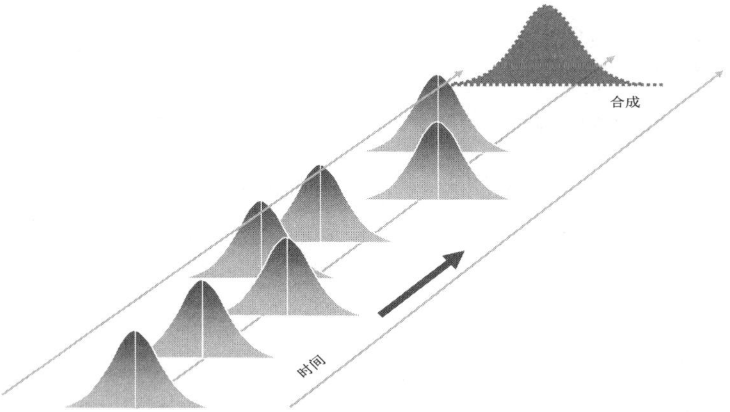

图 1–2 过程分布随时间的偏移图

但实际上，过程输出质量特性的分布中心与规格中心重合的可能性是很小的，对于典型的制造过程，由于影响过程输出的基本质量因素（人、机、料、法、环、测）的动态变化，过程输出的均值出现偏移是正常的，如图 1–2 所示。在计算过程长期运行中出现缺陷的概率时，一般考虑将上述正态分布的中心向左或向右偏移 1.5 σ，根据正态分布的特点，此时一侧出现缺陷的概率不足百万分之 3.4，另一侧因数量级极小可忽略不计，总缺陷概率近似为百万分之 3.4，即在给定 100 万次出错机会的条件下，平均出现缺陷的次数只有 3.4 次，也称 DPMO 为 3.4ppm（百万缺陷机会中的缺陷数，Defects Per Million Opportunities）。如图 1–3 所示。

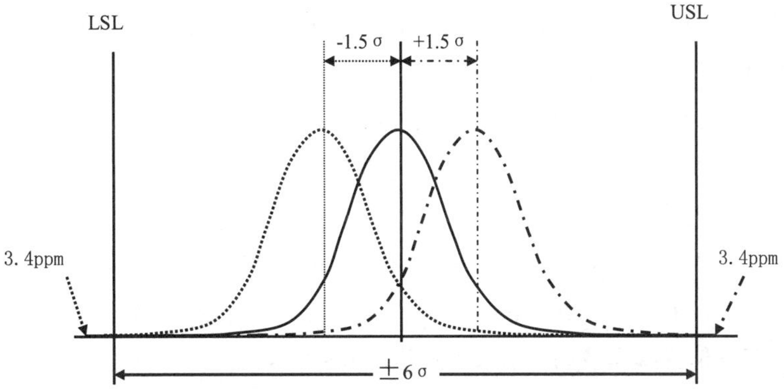

图 1–3 过程输出特性正态分布图（考虑 ±1.5σ 偏移）

表 1–1　西格玛水平与百万机会缺陷数之间的关系（分布中心偏移 ±1.5σ）

西格玛水平	百万机会缺陷数（DPMO）
1.0	697700
2.0	308700
3.0	66810
4.0	6210
5.0	233
6.0	3.4

因此通常所说的六西格玛质量水平代表 3.4DPMO，是考虑了过程在长期运行中，分布中心相对规格中心偏移 ±1.5σ 后出现缺陷的概率。表 1–1 显示了不同西格玛水平时的 DPMO。

2. 六西格玛管理的含义

今天，六西格玛已经远远超出其统计含义，成为一种顾客驱动下的持续改进的管理模式。企业推行六西格玛管理，也不仅仅把六西格玛（3.4ppm）作为一种目标或指标，六西格玛还有更为深刻的多重管理含义，包括：

（1）获取竞争优势：战略管理的目的是获取竞争优势或核心竞争力。推行六西格玛管理不仅是方法论层面的，也是战略管理层面的。组织通过六西格玛管理，不断改进其业务流程的质量效益，使其支持组织战略目标的达成，提升企业战略执行力，促进组织完成其使命，实现其愿景。要从战略层面定位六西格玛管理，即通过实施六西格玛，实现管理和技术创新，打造企业的核心竞争力。因此，组织要从战略层面推进六西格玛管理，制定六西格玛管理战略实施规划。通过实施六西格玛管理，实现管理创新、技术创新、人力资源开发和培养以及组织文化变革。

（2）持续过程改进：从过程方法角度来看，过程管理就是管控过程的输入要素和输出结果。六西格玛的本质是要研究影响过程输出的关键因素，实现过程的输出趋于目标值或理想值并减少波动，追求零缺陷，追求完美。

实际上，实施六西格玛并不是一定要达到六西格玛水平的质量，而在于对过程进行突破性的改进和创新。图 1–4 显示了“飞镖”过程：精而不准——波动小，但均值偏移大，造成了较多的缺陷；准而不精——均值偏移小，但波动大，也造成了较多的缺陷；又精又准——波动和均值偏移均极小，趋于零缺陷。六西格玛的目标就是“又精又准”：使过程趋于目标值并减少波动，追求零缺陷，追求完美。

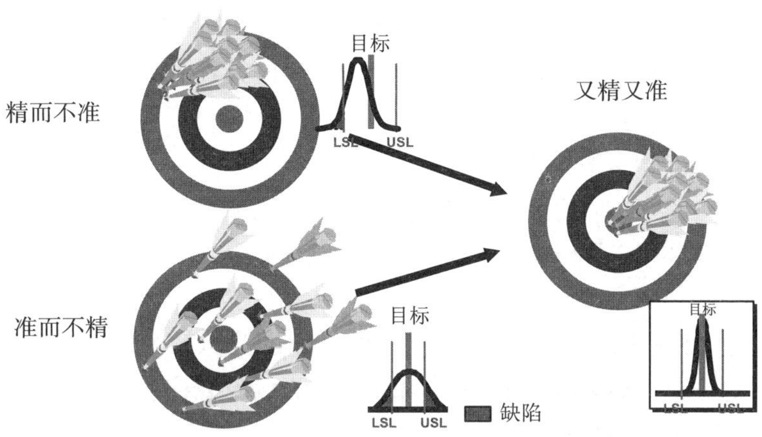

图 1–4　六西格玛目标：又精又准

（3）运用科学方法：六西格玛在方法论层面强调系统性与创新性，这里特别要指出，六西格玛绝非仅仅应用统计技术解决问题，它是一套系统的过程改进方法论，其工具和方法包括现代质量管理技术、应用统计技术、工业工程和现代管理技术、信息技术等。

（4）创建六西格玛文化：组织文化是一个企业拥有的核心理念和价值观，是组织发展的软环境。再好的工具和方法，如果脱离了其赖以生存的环境和文化，也不可能产生任何效果。组织实施六西格玛，需要打造顾客导向、持续改进、勇于变革、数据说话的六西格玛管理文化，并与企业的具体特点相结合，形成独特的组织文化。

3. 六西格玛管理的核心理念和主要作用

（1）六西格玛管理的核心理念

六西格玛核心理念也称为六西格玛价值观，是组织推进六西格玛管理的指导原则和行为准则。六西格玛管理建立在以下相互关联的核心理念之上，组织可运用这些核心理念引导实施六西格玛管理：

1）高层领导的作用

组织的高层领导应具有远见卓识，建立面向未来的愿景和价值观，并与员工沟通，营造组织持续改进文化，引领组织追求卓越。

2）顾客驱动与顾客满意

组织应深入了解顾客的需求，以此驱动持续改进，消除缺陷，减少浪费，满足或超越顾客需求，从而建立良好的顾客关系，不断增进顾客满意和忠诚。组织应从倾听顾客的声音开始，基于顾客需求选择项目、驱动持续改进并评价改进成果。

3）组织和员工的学习

实施六西格玛管理的组织应建立系统的、面向组织不同层次需求的培训体系，将系统的培训和六西格玛项目结合起来，将个人学习、绩效改进和组织学习有效融合，通过六西格玛项目将学习活动和成果植根于组织的业务过程改进与创新，通过六西格玛项目成果的共享平台促进六西格玛知识在组织内的传播和渗透，促进个人职业发展和组织绩效提升。

4）基于数据和事实的管理

组织的六西格玛管理应以数据和事实为基础，综合运用统计方法和 / 或其他数据分析技术，确定影响关键绩效的显著因素，实现改进与创新。

5）无边界合作与突破性改进

组织应建立跨职能、跨层级乃至跨组织的六西格玛团队，营造无边界合作的文化，打破壁垒，对价值创造过程和关键支持过程进行设计或优化，实现突破性改进。

6）注重价值创造过程和结果

六西格玛管理通过产品、服务和流程的改进与创新为顾客及利益相关方创造价值。六西格玛管理的成果体现在顾客满意、财务、人力资源、业务过程指标改进、利益相关方绩效改进和组织文化与管理变革等方面，这些成果应是平衡和相互促进的。

（2）六西格玛管理的主要作用

实施六西格玛是“一箭多雕”的、多赢的战略选择。实施六西格玛管理的益处包括降低成本、提高生产力、增加市场份额、留住顾客、缩短运作周期、减少错误、改变组织文化、改进产品和服务等。实施六西格玛管理的主要作用可归纳为以下四个方面：

1）问题解决和成本降低：解决困扰组织的重要而复杂的难题，降低不良质量成本。

2）文化变革：建立持续改进和创新的组织文化，消除沟通壁垒。

3）战略实施：全面提升组织的核心竞争力和经营管理成熟度。

4）员工发展：培养下一代领导者，促进员工职业发展。

1.1.2 六西格玛管理的发展

1. 六西格玛管理的起源

六西格玛管理作为一种先进的管理理念和管理模式，起源于 20 世纪 80 年代的美国摩托罗拉（Motorola）公司。20 世纪 90 年代，在联合信号（Allied Signal）和通用电气（General Electric，GE）等企业得到成功实施，六西格玛管理的理论和方法体系以及推进模式也得到进一步的发展。时至今日，六西格玛管理不仅在制造业，而且在服务业和包括政府机构在内的非营利组织均有成功实施的案例。

六西格玛的起源与质量管理的发展有着历史渊源。第二次世界大战结束后，日本为了改变其“垃圾货”的产品质量形象，提高竞争力，相继邀请美国著名质量管理大师戴明（Edward Deming）、朱兰（Joseph Juran）等到日本讲学和咨询，在费根堡姆（Feigenbaum）全面质量管理（TQC）概念和理论的引导下，摸索出了以全员参与为主要特征的全面质量管理模式。在生产管理方面，将美国的工业工程技术和日本生产实践相结合，以丰田汽车为代表，提出了准时化 JIT（Just in Time）生产模式。在设备管理方面，中岛青一等提出全面生产维护 TPM（Total Productive Maintenance）。到 20 世纪 70—80 年代，日本产品的质量得到显著提高，家用电器、汽车等占领了很大一部分的美国市场，而美国企业的产品则逐步失去自己的市场，许多美国企业面临着生死存亡的问题。

摩托罗拉（Motorola）公司是在 1928 年由保罗·高尔文（Paul Galvin）创建的生产汽车收音机的公司，“二战”期间，通过生产无线对讲设备获得迅猛发展，产品范围扩展到电视机、通信产品等。20 世纪 70 年代初期，摩托罗拉同样面临着生死存亡的考验。首席执行官鲍勃·高尔文（Bob Galvin）清醒地认识到，摩托罗拉生产的许多产品，如电视机等，无论在质量、成本和交货期等关键竞争要素方面与日本的竞争对手都存在着较大的差距。在困难面前，摩托罗拉开始业务调整，1974 年将电视机业务卖给了日本松下，1982 年在日本竞争者面前又失去了音响市场。进入 80 年代，摩托罗拉公司开始反思自己的问题，认识到质量问题是导致竞争失利的关键，不重视质量和不关注顾客的需求是问题的关键。同时公司认识到提高产品质量实质上会降低成本，并不是当时绝大部分美国公司所认为的提高质量会多花美元。于是摩托罗拉决定认真采取质量战略，开始了其质量改进之路，进入了质量觉醒的时代。在首席执行官鲍勃·高尔文的领导下，一个特别工作组开始为摩托罗拉的创新和业务增长制订计划，目的在于确保摩托罗拉在全球的领导地位。

（1）全球竞争力。通过与竞争对手进行水平对比，设计面向全球市场的产品，确保优胜地位。

（2）参与式管理。广泛推进顾客完全满意（Total Customer Satisfaction, TCS）小组活动。

（3）质量改进。将改进目标定为 5 年内改进 10 倍，将质量改进目标与所有管理人员的奖励计划挂钩——这个创意播下了六西格玛理念的火种。

（4）摩托罗拉培训与教育中心。1982 年建立了摩托罗拉大学，主要任务是通过培训使员工的能力满足质量流程与管理方式的巨大变化的需求。

20 世纪 80 年代中期，摩托罗拉工程师比尔·史密斯（Bill Smith）最早提出六西格玛的概念。经过几年的实践和酝酿，摩托罗拉在 1987 年全面推行六西格玛，点燃了六西格玛管理的火种。迈克尔·哈瑞（Mikel Harry)、比尔·史密斯（Bill Smith）和理查德·施罗德（Richard Schroeder）等是六西格玛方法最重要的创始人。在当时的首席执行官鲍勃·高尔文的大力支持下，六西格玛在全公司范围内得到了广泛实施。六西格玛产生的强大动力使得摩托罗拉制定了以前看上去几乎是不可能实现的目标：20 世纪 80 年代早期的目标是每 5 年改进 10 倍，后来改为每 2 年改进 10 倍，到 1992 年产品和服务质量达到六西格玛质量水平。由于实施六西格玛管理，1988 年摩托罗拉成为首批获得美国波多里奇国家质量奖的企业。从 1987 年到 1997 年的 10 年间，公司销售额增长了 5 倍，利润每年增加 20%，通过实施六西格玛管理所带来的收益累计达 140 亿美元，股票价格平均每年上涨 21.3%，效果十分显著。

2. 六西格玛管理的推广

不论走到哪里，高尔文总要提到六西格玛的目标和成功的故事。在他的听众中就有拉里·博西迪（Larry Bossidy），原通用电气公司副总裁，通用电气首席执行官杰克·韦尔奇（Jack Welch）的助手与最要好的朋友。1991 年，博西迪结束了他在通用电气的任职，接手了刚刚由若干个公司合并而成的联合信号公司出任 CEO。1992 年，博西迪将六西格玛引入联合信号公司。“我们不但要给人们提出目标，我们还要提供合适的工具和方法”。对联合信号来说，不仅需要改进质量，更需要变革人们做事的方式。不论人们来自于哪个公司，具有什么样的企业文化背景，在联合信号中就要形成统一的语言和文化。为了使六西格玛更好地适合联合信号的目的，在博西迪的带领下，许多被称为“软工具”的内容，被补充到六西格玛方法中。其中包括大量的关于组织变革、领导力提升和变革企业文化方面的内容。六西格玛改变了联合信号的经营与运作方式。公司的业绩出现了快速增长的势头，销售额和利润持续实现了每年两位数的增长。公司的收益从 1991 年的 3.42 亿美元增长到 1997 年的 11.7 亿美元。在短短的 6 年内，几乎翻了两番，而且连续 31 个季度保持了每股利润 13% 以上的增长，公司的股价增长了 8 倍。正是因为博西迪和联合信号，华尔街第一次听说了六西格玛。此后，得克萨斯仪器等一批公司相继引入了六西格玛管理，同样取得了令人瞩目的成功。

美国通用电气公司在 20 世纪 70—90 年代制订的战略计划取得了成功，这使得通用电气适应了公司规模和经营多样化的发展，因而给公司带来了巨大利益。在这个时期，通用电气重点关注的是业务的高速增长、提高效率，而质量问题排在后面，产品质量大约在 3 ～ 4 西格玛水平。随着业务的高速增长，质量问题越来越成为一个不容乐观的问题，据杰克·韦尔奇在其自传中回忆说：在 1995 年 4 月通用电气内部员工调查中发现，质量问题已经为许多员工所担忧。1995 年夏，杰克·韦尔奇见到了他的朋友博西迪，他们谈到了联合信号成功的原因。这次谈话给韦尔奇留下了深刻的印象。韦尔奇意识到，把通用电气公司打造成为六西格玛企业，将是他 2001 年退休时给通用电气留下的最宝贵遗产。在韦尔奇的带领下，通用电气公司开始了它的六西格玛之旅。但是，在韦尔奇眼中，此时的六西格玛已经不是彼时的六西格玛。它已不仅是关于统计学的，尽管它需要统计技术；它也不仅是关于改进质量的，尽管它最终使质量大幅度提升。韦尔奇要将六西格玛提升到打造通用电气公司核心竞争力的战略层次。1996 年 1 月在通用电气高层博卡会议上，他将六西格玛称为通用电气前所未有的最雄心勃勃的工作，他说:“质量可以真正地使通用电气从最了不起的公司之一这个位置，上升到全球商界绝对最了不起的公司。这个房间的所有人都必须抓质量，这个问题是没有投机可言的，摩托罗拉用 10 年时间办到的，我们必须在 5 年内实现——不是通过走捷径，而是通过学习他人。”韦尔奇认为六西格玛的含义远远超出了质量和统计学，它通过提供对付难题的方法，驱使领导层把工作做得更好，六西格玛的核心是使一个公司彻底转变。在他看来，六西格玛“是通用电气公司从来没有经历过的最重要的发展战略”，被作为公司四大战略（全球化、服务、六西格玛和电子商务）之一来实施。在通用电气，六西格玛方法演变为一个管理系统。公司建立了从“倡导者（Champion）”“资深黑带（Master Black Belt, MBB）”“黑带（Black Belt, BB）”到“绿带（Green Belt, GB）”“黄带（Yellow Belt, YB）”等的六西格玛组织结构，六西格玛实施结果与管理人员晋升和奖金紧密结合。1995 年底，随着 200 个六西格玛项目的实施，这种管理方法在通用电气大规模地开展起来。1997 年，这样的项目超过了 6000 个。根据通用电气 2000 年度的报告：1999 年通用电气公司的利润为 107 亿美元，比 1998 年增长了 15%。其中，实施六西格玛而获得的收益就达到了 15 亿美元。到 21 世纪初，这个数字达到了 50 亿美元。而 2000 年，在通用电气中获得绿带认证的员工已达到 90% 以上，公司中层以上的经理中有过六西格玛黑带经历的人员已达 15%。

与摩托罗拉实施的六西格玛相比，联合信号和通用电气在推行六西格玛方面更加强调高层领导的推动作用与管理层的参与。在通用电气，成为六西格玛黑带或绿带是职位晋升的必要条件。这一切，都要归功于韦尔奇强有力的自上而下的推动。韦尔奇希望通过六西格玛实现通用电气的文化变革，他认为，当一个组织内部的变革速度慢于组织外部的变革速度时，则组织的寿命行将结束，至于何时结束，只是一个具体的时间问题。

在通用电气公司应用六西格玛取得巨大成功之后，六西格玛为全世界企业，特别是许多《财富》世界 500 强企业所关注、认识并接受。很多企业发现六西格玛同样可以对自己产生深远而重大的影响，他们也开始大力地推行六西格玛管理，包括福特、卡特彼勒、道化学、杜邦、ABB、3M、东芝、惠尔浦、三星、LG、西门子、爱立信、洛克希德·马丁、庞巴迪、花旗银行、J.P. 摩根、美国运通、英特尔、微软等跨国公司。今天，六西格玛的应用已经从摩托罗拉、通用电气走向了全世界：从西方走向了东方，从世界 500 强跨国公司走向了普通企业乃至中小企业，从电子、机械、化工、冶金等制造业走向了银行、保险、航空、电子商务等服务业乃至非营利组织。

六西格玛已经走过了 30 年的发展历程，六西格玛的理论和方法体系也在不断地发展和完善。六西格玛已经由原来的质量目标发展成为一种管理模式；六西格玛的应用也由原来主要解决质量问题扩展为组织整体业务流程的优化设计和系统改进；六西格玛方法也由重视统计技术发展为与精益生产、平衡计分卡、并行工程以及卓越绩效模式等理论和方法的整合。

3. 六西格玛管理与质量大师的理论

六西格玛管理是现代质量管理的新发展，其范畴已经超越了传统的质量管理。六西格玛管理的一些工具、方法和核心理念是建立在许多质量管理大师提出的质量管理理念、方法和理论基础上的。在质量管理的发展历程中，许多质量大师如美国的休哈特、戴明、朱兰、费根堡姆、克劳斯比，瑞典的桑德霍姆，日本的石川馨、田口玄一等，他们使人们对质量及质量管理有了更进一步的认识，对质量管理的发展和进步起了巨大的推动作用，了解他们所做的工作对于了解六西格玛也非常有帮助。这里简要介绍其中最重要的几位。

（1）W. A. 休哈特（1891—1967）

沃特·阿曼德·休哈特出生于美国伊利诺伊州的新坎顿，1917 年获得加州大学伯克利分校的物理学博士学位，1918—1924 年在西方电气公司（Western Electric）任工程师，1925—1956 年任贝尔实验室研究员，其间曾先后在伦敦大学、斯帝文理工学院、美国农业部研究生院和印度讲学。

休哈特博士基于对西方电气公司所制造产品的特性变异的关注和对抽样结果的研究，创立了统计过程控制（SPC）理论。1924 年 5 月 16 日提出了世界上第一张控制图，1931 年发表经典著作《制成品质量的经济控制》，并将控制图应用在西方电气公司霍桑工厂的保险丝、加热控制和电站装置的生产上。

休哈特最早提出的 PDCA（计划—执行—检查—处置）循环被戴明等人广泛推广应用，至今仍然是质量管理最经典的持续改进管理模式和思维方式。

（2）W. E. 戴明 (1900—1993)

威廉·爱德华兹·戴明博士 1921 年获得怀俄明大学工程学士学位，1925 年在科罗拉多大学深造并获数学及物理学硕士学位，1928 年获耶鲁大学物理学博士学位。1947 年开始，戴明应美国军方邀请到日本参加战后人口普查工作，其后应日本科学技术联盟邀请，多次讲授质量管理课程，把质量管理的新理念带给了日本企业界。为了促进日本质量管理的发展，纪念戴明对日本的友好和贡献，日本于 1951 年设立了戴明奖，对日本质量振兴起到了重要的促进作用。但直到 1980 年 6 月，美国国家广播公司（NBC）作了题为“如果日本可以，为什么我们不能？”的报道之后，戴明才在美国名声大震。

戴明的主要思想理念体现在他提出的质量管理 14 要点中：

1）制订改进产品和服务的目标和实施的计划，致力于超过竞争对手。

2）采用新的质量管理思想。

3）停止依靠大量检验来提高质量。

4）不要仅凭价格选择供应商，要以总成本最低为目标。

5）发现问题并致力于改进工作体制。

6）采用现代的在岗培训方法。

7）提升领导能力、采用新的领导方式。

8）消除员工的畏惧感。

9）打破部门封锁，倡导产品设计、销售、生产等部门团队合作。

10）消除那些要求员工做到零缺陷及高生产力水准的口号、劝诫及目标，低质量和生产率是制度造成的而不是员工的问题。

11）取消工作定额，代之以领导职能强化。

12）消除各种影响员工为自己工作质量而自豪的障碍。

13）设立生动活泼的教育和自我提高计划。

14）建立使高层管理者能够推动每个员工按上述 13 条努力工作的机制。

（3）J. M. 朱兰（1904—2008）

约瑟夫·M. 朱兰博士（Joseph M. Juran）1924 年获得明尼苏达大学电子工程专业学士学位，并就职于芝加哥西方电气公司霍桑工厂（Hawthorne Works）检验部。1928 年，朱兰撰写了他的第一部关于质量的著作，一本名为《生产问题的统计方法应用》的小册子。1937 年，朱兰将帕累托原理概念化并应用于质量改进。1945 年，朱兰离开华盛顿和西方电气公司，作为独立的咨询师开展工作。1951 年，第一版《朱兰质量控制手册》出版，为他赢得了国际威望。1954 年，朱兰博士应日本科学技术联盟的邀请，到日本为中高层管理人员讲授质量管理课程。1979 年，朱兰建立了朱兰学院，如今它已成为世界上领先的质量管理咨询公司。半个多世纪以来，朱兰的质量管理理念和方法对整个世界质量管理学界产生了巨大的影响。

他认为质量来源于顾客的要求，在他的《朱兰质量手册》（第 5 版）中对质量的定义是：

1）“质量”意味着能够满足顾客的需要从而使顾客感到满意的那些产品特性；

2）“质量”意味着免于不良，即没有那些需要重复工作（返工）以及会导致现场失效、顾客不满、顾客投诉等的差错。

朱兰认为在质量管理活动中频繁应用的三个过程是：质量策划、质量控制和质量改进，即著名的朱兰质量管理三部曲。他将“人的因素”加入质量管理过程中，使质量管理超越了过去的统计学。

（4）石川馨（1915—1989）

石川馨（Kaoru Ishikawa）1939 年毕业于东京大学工程系，1960 年获工程博士学位。他的《质量控制》一书获戴明奖、日本 Keizai 新闻奖和工业标准化奖。1971 年，其质量控制教育项目获美国质量协会“格兰特奖章”。1968年，石川馨出版了《质量控制指南》。他是因果图的发明者，质量管理小组（QCC）的奠基人之一，是将国外先进质量管理理论和方法与日本实践相结合的一位专家。

石川馨认为，全面质量管理（TQC）在日本就是全公司范围内的质量管理（CWQC），具体内容包括：

1）所有部门都参加的质量管理，即企业所有部门的人员都学习、参与质量管理；

2）全员参加的质量管理，即企业的经理、董事、部课长、职能人员、工班长、操作人员、推销人员等全体人员都参加，并进而延伸到供应商、代理商；

3）综合性质量管理，即以质量管理为中心，同时推进成本管理（利润、价格管理）、数量管理（产量、销量、存量）、交货期管理。

（5）田口玄一（1924—2012）

田口玄一（Genichi Taguchi）博士是数理统计应用技术方面的著名学者，“田口方法”的创始人，戴明奖的获得者。

“田口方法”包含四大技术：线外质量控制、线内质量控制、计量管理技术和试验设计技术。“田口方法”提出了质量损失函数（QLF）的概念，把质量和经济两个范畴的概念统一起来，为质量波动的定量统计分析奠定了基础。他还提出了信噪比（SNR）的概念，为试验设计技术充实了新的内容，为解决产品或生产过程的动态特性、稳健性以及测量误差等问题开辟了新途径。

“田口方法”提出了在新产品开发过程中进行三阶段设计的思想，即系统设计、参数设计、容差设计，也就是系统地考虑问题，选择参数间的最优水平组合，以及最恰当的容差。

“田口方法”以工程学和技术观点研究质量管理理论和方法，因此又被称为“质量工程学”。“田口方法”在日本工业界得到了广泛的应用，并带来了巨大的经济效益，目前世界上越来越多的国家在使用“田口方法”。

1.2　六西格玛管理方法论

1.2.1　六西格玛改进的模式——DMAIC

前面讲到，六西格玛自20世纪80年代诞生于摩托罗拉以来，经过30年的发展，现在已经演变成为一套行之有效的解决问题和提高组织绩效的系统的方法论，其具体实施模式为DMAIC。

DMAIC代表了六西格玛改进活动的五个阶段：

- 界定阶段（Define）

- 测量阶段（Measure）
- 分析阶段（Analyze）
- 改进阶段（Improve）
- 控制阶段（Control）

在六西格玛项目选定之后，团队成员一起合作，依照这个过程的五个阶段，可以有效地实现突破性改进。团队的工作从对问题的陈述到执行解决方案，中间包括了许多活动，通过 DMAIC 过程的活动方式，团队成员可最有效地发挥作用，完成项目使命。

DMAIC 是一个逻辑严密的过程循环，它是在总结了全面质量管理几十年来的发展及实践经验的基础上产生的，是由项目管理技术、统计分析技术、现代管理方法等方面综合而成的系统方法。DMAIC 强调以顾客（外部和内部）为关注焦点，并将持续改进与顾客满意以及组织经营目标紧密地联系起来；它强调以数据的语言来描述产品或过程绩效，依据数据进行管理，并充分运用定量分析和统计思想；它追求的是打破旧有习惯、有真正变化的结果和带有创新的问题解决方案，以适应持续改进的需要；它强调面向过程，并通过减小过程的变异或缺陷实现降低风险、成本与缩短周期等目的。

1. DMAIC 过程

DMAIC 过程共分五个阶段实施，每个阶段的工作内容如下：

界定阶段：确认顾客的关键需求并识别需要改进的产品或流程，组成项目团队，制订项目计划，决定要进行测量、分析、改进和控制的关键质量特性（CTQ），将改进项目界定在合理的范围内。

测量阶段：通过对现有过程的测量和评估，制定期望达到的目标及绩效衡量标准，识别影响过程输出 Y 的输入 Xs，并验证测量系统的有效性，确定过程基线。

分析阶段：通过数据分析确定影响输出 Y 的关键 Xs，即确定过程的关键影响因素。

改进阶段：寻找最优改进方案，优化过程输出 Y 并消除或减小关键 Xs 的影响，使过程的缺陷或变异降至最低。

控制阶段：对改进成果进行固化，通过修订文件等方法，使成功经验制度化，通过有效的监测方法，维持过程改进的成果并寻求进一步提高改进效果的持续改进方法。

2. DMAIC 过程活动要点及其工具

各阶段使用的工具和技术如表 1–2 所示。

表 1-2　DMAIC 过程活动要点及其工具（供参考）

阶段	活动要点	常用工具和技术	
D（界定阶段）	明确问题 确定 Y（CTQ/CTP）	头脑风暴法 亲和图 树图 流程图 SIPOC 图 平衡计分卡	力场图 因果图 顾客的声音 质量功能展开（QFD） 不良质量成本 项目管理
M（测量阶段）	确定基准 测量 Y，Xs	排列图 因果图 散布图 流程图 测量系统分析 失效模式与影响分析 过程能力指数	不良质量成本 水平对比法 直方图 趋势图 检查表 抽样计划
A（分析阶段）	确定要因 确定 Y=f(X)	头脑风暴法 因果图 FMEA 水平对比法 方差分析 浪费分析 * 价值流图 * 流程程序分析 *	试验设计 抽样计划 假设检验 多变异分析 回归分析 作业时间分析 * 价值工程 * 全面生产维护 *
I（改进阶段）	消除要因 优化 Y=f(X)	试验设计 响应曲面法 调优运算（EVOP） 目视管理 * 5S 管理 * 定置管理 * “5W1H”提问技术和“ECRS”原则 *	FMEA 测量系统分析 过程改进 看板 * 快速换型 * 设备布局改进 * 约束理论 TOC*
C（控制阶段）	保持成果 更新 Y=f(X)	控制图 统计过程控制 防差错措施 *	过程能力指数 标准化作业及标准操作程序（SOP）* 过程文件控制

* 融入六西格玛改进各阶段的精益工具。

1.2.2 六西格玛设计的模式

DMAIC 流程对质量优化仍具有局限性。众所周知，产品的质量、成本和周期都是由设计决定的。实践表明，至少 80%的产品质量是在早期设计阶段决定的，所以没有六西格玛设计，仅采用 DMAIC 流程来提高产品质量，其成效是有限的。若想真正实现六西格玛的质量水准，就必须考虑六西格玛管理战略实施的另外一种途径——六西格玛设计（DFSS），DFSS 是一种实现无缺陷的产品和过程设计的方法。它基于并行工程和 DFX（design for X）的思想，面向组织系统或产品的全生命周期，采用系统的解决问题的方法，把关键顾客需求融入产品、过程设计中，从而确保产品的开发速度和质量，降低产品生命周期成本，为组织解决产品和过程设计问题提供了有效的解决方法。

与六西格玛改进中的 DMAIC 流程一样，DFSS 也有自己的流程，但目前还没有统一的模式。迄今，研究者已提出的 DFSS 流程有多种，如 DMADV 流程，即界定、测量、分析、设计和验证；DMADOV 流程，在 DMADV 流程的基础上增加了优化环节；IDDOV 流程，即识别、界定、开发、优化和验证；还有 DCCDI 流程，即界定、识别顾客需求、概念设计、产品和过程设计、实现；DMEDI 流程，即界定、测量、调查、开发和实现；此外还有其他的六西格玛设计流程，如 DMCDOV、DOCV、DMADIC、RCI 等，虽然这些流程的表述不同，但内容大同小异，这里就不逐一介绍了。

在业界广泛应用的是由美国质量管理专家乔杜里（Subir Chowdhury）提出的 IDDOV 流程，即识别（Identify）、界定（Define）、开发（Develop）、优化（Optimize）和验证（Verify）。

（1）识别（Identify）：DFSS 在识别阶段的主要任务是收集和确定待开发产品的顾客需求，并论证即将开展的 DFSS 项目的可行性。DFSS 的特点之一在于产品设计之初就充分考虑顾客的需求，聆听顾客的声音，利用一些评价工具对顾客需求进行识别和优先级排序，以保证设计出的产品满足顾客的需要。在此基础上系统地考虑外部环境、市场和企业内部满足此项目开发所需的资源等，如市场上的竞争对手的产品状况，企业的工艺水平、人员情况、开发费用等，以确定项目的可行性。这一阶段对整个 DFSS 项目是非常重要的，所谓差之毫厘，谬以千里，若此阶段不能充分收集和分析顾客的需求，客观评价项目的可行性，将给项目带来致命的打击。此阶段的输出一般包括：顾客的需求分析报告、项目的成本分析及可行性报告、产品的功能要求等资料。

（2）界定（Define）：界定阶段是 DFSS 实施的核心过程，此阶段的任务是进一步细化展开顾客的需求（Voice of Custom, VOC），并将海量的、具有模糊和不确定性、甚至矛盾的 VOC 利用一些模糊信息处理技术转化为准确 VOC，再通过质量功能展开将 VOC 逐层展开为设计要求、工艺要求、生产要求，并提炼出顾客的关键需求，准确地识别、量化顾客需求和期望并针对需求和期望进行产品设计，最后生成产品的设计方案和工艺要求说明书。

（3）开发（Develop）：在 DFSS 的开发阶段，所做的工作是对新产品进行详细的局部设计，在前期工作给定的解决方案框架以及关键质量特性（Critical To Quality, CTQ）和关键过程特性（Critical To Process, CTP）尺度之内进行新产品的设计，即可以把设计过程看作满足一定功能约束与设计约束的优化过程。本阶段结束后应完成样品的设计，并为采购、生产和售后服务提供一定的参考标准供后阶段讨论，如原材料和产品的验收准则，规定安全和正常使用所必需的产品特性以及初步的售后质保体系等。

（4）优化设计（Optimize）：此阶段是对产品和过程设计参数的优化，其目标是在质量、成本和交付时间允许的基础上达到企业利益的最大化。首先，设计应该是稳健的，在 DFSS 中强调预防和稳健性；其次，设计应尽量消除产品或服务失效的潜在可能，通过失效模式和效应分析（FMEA，Failure Mode and Effects Analysis）分析潜在的失效模式和功能变异性，从而在设计阶段就尽量减少产品和过程失效的可能。此阶段结束后应有详细的产品生产流程图，并对生产的各环节有相应的生产要求标准，完善的售后质保体系。

（5）验证（Verify）：DFSS 验证阶段的任务是对产品设计是否满足顾客要求、是否达到期望的质量水平的确认过程。通过试生产等手段营造一个仿真的生产环境，测试设计的能力、稳健性和可靠性。最后提交设计的验证报告和 DFSS 项目的总报告。

以上是 DFSS 实施阶段的简要介绍，需要说明的是，虽然 DFSS 有固定的流程可以遵循，但在实施的过程中也不可拘泥于流程或工具的运用，而要从 DFSS 的本质上去把握其精髓，根据产品和流程的差异有选择地应用 DFSS 中的工具。此外，在产品设计的过程中还必须考虑并行的产品和过程设计，利用并行工程的思想并行设计产品和过程，每个阶段的工作都要充分考虑其后续阶段，在相邻的阶段之间需要有一定的交叉。

1.3 六西格玛与精益管理的融合

1.3.1 精益管理的概念和发展

精益生产（Lean Production）源于日本丰田汽车公司所创造的丰田生产方式 TPS（Toyota Production System），是继单件小批量和福特大批量流水线生产方式之后诞生的生产方式。它的基本理念是在产品设计、制造、销售以及零部件库存等各个环节消除一切不必要的浪费。它提出的准时化（Just in Time）、自动化（Jidoka）等思想改变了日本企业的经营方式，极大地促进了日本制造业的飞速发展，被称为“改变世界的机器”。

为揭开日本汽车工业成功之谜，1985 年美国麻省理工学院制订了一个名为“国际汽车计划”的研究项目，组织了 53 名专家、学者，历时 5 年对 14 个国家的近 90 个汽车制造厂进行了实际考察，并对西方的大量生产方式与日本的丰田生产方式进行分析对比，最后作为研究结果，于 1990 年出版了《改变世界的机器》一书，第一次把丰田生产方式称为 Lean Production, 即精益生产方式。“Lean”原意是“瘦”，因为与大量生产方式相比，该生产方式的一切投入都大为减少。“精益生产”概念的出现，在世界范围内掀起了一股研究先进制造模式的浪潮。

20 世纪 90 年代美国进行了一系列针对精益生产的研究和实践，这其中包括美国军方 1993 年出台的美国“国防制造企业战略”“精益航空计划（Lean Aerospace Initiative）”等政府指令性的活动。除了汽车行业，又有更多的美国企业，如波音、洛克希德·马丁、惠普等投入实施精益生产的实践。实际应用和研究表明，精益思想反映了在现代竞争条件下企业对多品种、小批量、高质量、快交货、低成本要求下制造管理模式的先进理念，尽管它源于日本，但它实际上反映的是几十年来人们对现代制造所面临新环境所作的管理变革。精益制造在世界范围的广泛应用，证明了精益思想在世界上的普遍意义，并升华为新一代的生产哲理。1996 年，詹姆斯·沃迈克（James Womack）和丹尼尔·琼斯（Daniel Jones）所著的《精益思想（Lean Thinking）》一书问世，成为精益生产方式的里程碑。

在《精益思想》一书发表前后，精益思想跨出了它的诞生地——制造业，作为一种普遍的管理哲理在各个行业传播和应用，先后出现了精益建筑（Lean Construction）、精益服务（Lean Services）、军事精益后勤（Lean Logistics）、精益医疗（Lean Healthcare）、精益软件开发（Lean Programming）和精益政府（Lean Government）的概念，精益思想的应用取得了飞跃性的发展。由于精益生产的理念和方法也可延伸至非生产制造领域，故也通称为“精益”或“精益管理”。其定义是：通过持续改进，识别和消除产品、服务和流程中的浪费 / 非增值作业的理念和方法。

1.3.2 精益管理的核心理念

精益管理以消除浪费为核心思想。浪费包括很多类型，如闲置的库存、不必要的工序、不必要的运输、超过需求的生产、人员的不必要动作和各种等待等，所有这些日常生产中很少为人们所注意但却大量存在的活动（在很多制造流程中甚至超过了 90%），不仅不能为企业创造价值，反而增加了成本，都是精益生产致力消除的。从企业获取订单到生产过程，再到最后的销售，消除浪费的思想贯穿始终。

生产过程中的浪费可以分为两种：1）生产中不创造价值，但在现有技术与生产条件下不可避免的作业内容，称为Ⅰ型 Muda，如必要的在线检验、物料运输等。2）不创造价值且可以立即去掉的作业内容，称为Ⅱ型 Muda，如等待、多余的动作、不必要的审批等。在精益生产中，首先努力消除Ⅱ型 Muda，降低成本，然后使产品在整个流程中流动起来。通过连续流动，进一步消灭Ⅰ型 Muda，优化流程，并且流动越快，所暴露出的浪费会越多，越有利于精简流程和降低成本。

在企业管理及生产活动中，存在七种典型的浪费，它们是：1）过量生产，生产出的产品数量超过顾客的要求，或生产出未有订单的产品。精益管理强调“在必要的时间，生产必要数量的必要产品”，而由于其他理由生产出的产品，都是浪费；2）等待：作业的过程有空当，在等待下一个作业。其原因通常有，生产计划不平衡、各工位间的作业不均衡、作业活动不当、停工待料、处理质量问题和设备故障等；3）运输：包括移动、放置、整理等不增加产品附加价值的运输等；4）额外作业：作业的浪费分为两种，一种是质量标准过高造成的浪费，另一种是额外的作业过程造成的浪费。比如，抛光、去毛刺等计划内或计划外的人工补操作；5）库存：库存或在制品（WIP）不仅占用资金，同时掩盖了质量问题（如返工、缺陷）、人力或生产计划问题、过长的交货期及供应问题等诸多管理问题。精益管理视库存为“万恶之源”，在精益管理中，几乎所有改善活动都直接或间接地与减少库存有关；6）多余动作：人员、产品或设备的不能为流程增加任何价值的动作。比如，工人往返于工作区和供应区，移动不需要的设备，产品在工作区域内的移动或者操作者的多余的动作等；7）返工返修：任何不合格品的产生和修复都是额外的时间和成本支出，造成浪费，精益管理强调“零缺陷”，控制不合格品产生的源头。

精益生产也是一个企业实现业务流程持续改进的过程，与六西格玛实现持续改进类似，这个过程也需要发现企业在流程中存在的问题。在发现问题方面，精益思想特别强调暴露问题，找到引起该问题的根本原因，然后才能彻底地解决问题。如在很多企业里，过多的库存量非常普遍，究其原因，可能是由于供应商供货不及时或时间不确定、机器需要较长时间的换模或换线、某台设备机器经常出故障等。为了保证整个生产表面上看起来顺畅，企业不得不增加大量的库存以备不测，即使采用统计分析或经济批量模型求得最佳的批量从而控制库存，也是治标而非治本。从精益思想的角度看，库存不仅占用了资金和消耗库存管理成本，更重要的是，库存掩盖了背后的问题，从而使得这些问题成为企业的顽疾。因此，精益生产要求尽量减少库存，才能暴露出这些问题，然后调动团队，确定改进项目，找到根本原因，解决问题，保持持续改进。

1.3.3 精益生产的五项基本原则

1996年，沃麦克和琼斯在《精益思想》中，将精益生产的理念总结为精益思想，从整个价值流上对精益生产进行了更深层次的研究。他们提出了精益生产的五个基本原则，这些原则是：

1. 正确地确定价值 (Value)

精益生产中经常使用“价值”这一概念，这里的价值是从顾客的角度定义的，所谓有价值的活动是能为顾客增加效用、顾客承认它的必要性并愿意为其付款的活动。正确地确定价值就是以顾客的视角而不是公司或部门的视角确定价值和从设计到生产到交付的全部过程。以顾客的视角确定价值还必须将生产全过程的多余消耗减至最少，不将额外的花销转嫁给顾客。以客户为中心的价值观来审视企业的产品设计、制造过程、服务项目就会发现有太多的浪费，从不满足客户需求到过度的功能和多余的非增值消耗。当然，消灭这些浪费的直接受益者既是顾客也是生产方。

2. 识别价值流 (Value Steam)

价值流是指从原材料转变为成品、并给它赋予价值的全部活动。这些活动包括：从概念设计到产品设计、工艺设计，再到投产的技术过程，从订单处理、计划，到送货的信息过程和从原材料到产品的物质转换过程，以及产品全生命周期的支持和服务过程。精益思想识别价值流的含义是在价值流中找到哪些是真正增值的活动，哪些是应该消除的不增值活动。识别价值流就是发现浪费和消灭浪费。

3. 流动 (Flow)

如果正确地确定价值是精益思想的基本观点，识别价值流是精益思想的准备和入门的话，“流动（Flow）”和“拉动（Pull）”则是精益思想实现价值的中坚。精益思想要求创造价值的各个活动（步骤）流动起来，强调的是不间断的流动。价值流本身的含义就是“动”的，但是由于根深蒂固的传统观念和做法，如部门的分工（部门间交接和转移时的等待）、大批量生产（机床旁边等待的在制品）等阻断了本应流动起来的价值流。精益管理认为，如果价值不流动了，则停滞将为企业带来损失。即“淤（停滞）则痛（损失）”。因此，精益管理要求“所有的人都必须和部门化的、批量生产的思想作斗争”，用持续改进、JIT、单件流（one-piece flow）等方法创造价值流的连续流动。当然，使价值流流动起来，必须具备必要的条件。这些条件包括：1）消灭缺陷。因为缺陷造成的废品和返工都造成价值流的中断，甚至回流。实现连续的流动要求每个过程和每个产品都是零缺陷的；2）环境和设备的完好性是流动的保证。任何设备故障和性能的降低，都会对价值连续流动造成负面影响，因此开展全面生产维护（Total Productive Maintenance, TPM) 是价值流动的前提条件之一；3）系统地进行流程设计和能力规划，避免瓶颈造成的阻塞等。

4. 拉动 (Pull)

“拉动”就是按顾客的需求投入和产出，使顾客精确地在他们需要的时间得到需要的产品。实行拉动以后，顾客或制造的下游就像在超市的货架上取到他们所需要的东西一样，而不是把顾客不想要的产品强行推给顾客。由于按照拉动原则，将生产和需求直接对应，消除了过早、过量的投入，从而减少了大量的库存和在制品 WIP，大量压缩了提前期。拉动原则更深远的意义在于，企业具备了当顾客一旦需要，就能立即进行设计、计划和制造出顾客真正需要的产品的能力，最后实现抛开预测，直接按顾客的实际需要进行生产。

5. 尽善尽美 (Perfection)

按照上述四个原则对过程不断进行改进，其结果必然是价值流动速度显著加快。而不断地用价值流分析方法找出更隐藏的浪费并进一步改进，这样循环使过程趋于尽善尽美。精益管理的目标是："通过尽善尽美的价值创造过程（包括设计、制造和对产品或服务整个生命周期的支持）为顾客提供尽善尽美的价值。"尽善尽美是难以达到的，但持续地对尽善尽美的追求，将造就一个永远充满活力、不断进步的企业。

事实上，上述五个基本原则，不仅适用于生产过程，也适用于管理过程、服务过程等等，因此，它们是精益管理的原则。

1.3.4 精益管理的方法体系

企业追求精益的过程实质上就是一个持续改进的过程，而且是一个长期的过程，一

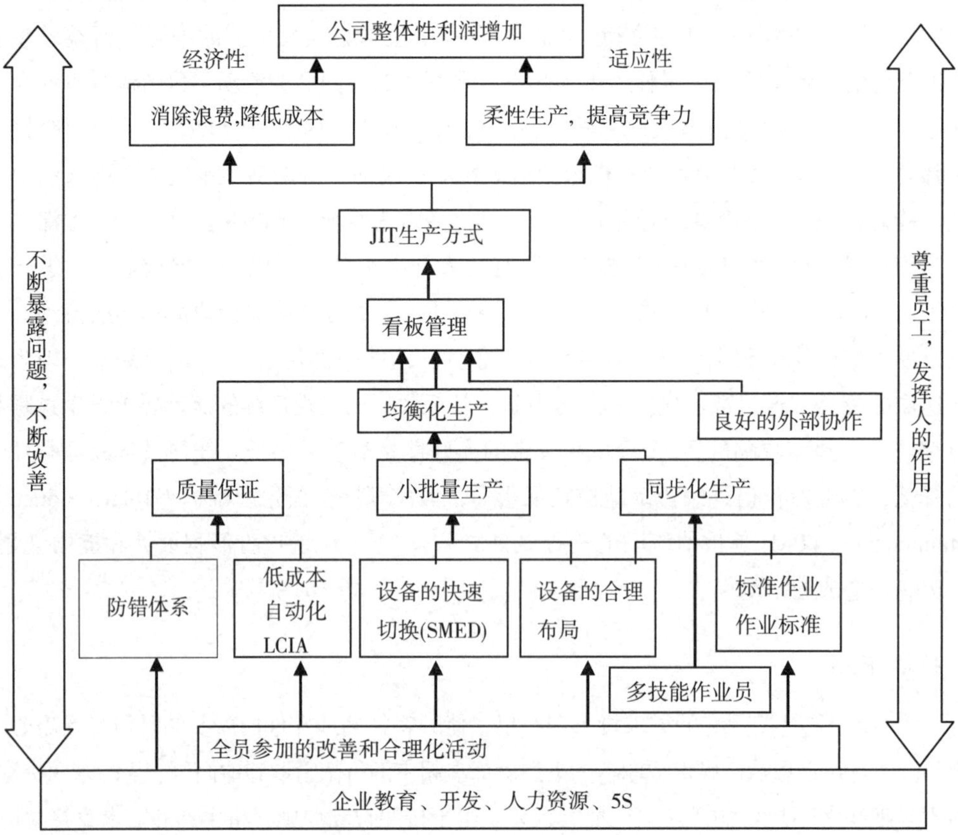

图 1–5　精益生产方法体系

场没有终点的比赛。改善过程需要综合应用现场管理、设施布局与优化、人因工程、作业研究、质量控制与保证、流程管理与控制、现代制造技术等一系列方法与工具，因此精益生产是一个包含多种制造技术和管理技术的综合技术方法体系。图 1–5 表示了精益生产的方法体系构成，同时也表明了该体系的目标以及实现目标的各种技术、手段和方法及其相互间的关系。

要实现“消除浪费、增加利润”这一基本目标，就必须杜绝过量生产以及由此产生的在制品过量和人员过剩等各种直接浪费和间接浪费。如果生产系统能够具有足够的柔性，能够适应市场需求的不断变化，即实行准时化生产，在必要的时刻生产必要数量的必要产品或零部件，创造出能够灵活地适应市场需求变化的生产系统，就能够从经济性和适应性两个方面来保证公司整体利润的不断提高。此外，这种生产系统具有一种内在的动态自我完善机制，即在准时化生产的激发下，通过不断地缩小加工批量和减少在制品储备，使生产系统中的问题不断地暴露出来，使生产系统本身得到不断的完善，从而保证精益生产的顺利进行。

1.3.5. 精益与六西格玛的结合

精益与六西格玛管理都是旨在实现持续改进的活动，都强调顾客满意和系统集成。六西格玛的出发点是减少变异，精益生产的核心是消除浪费，消除变异的过程本身也消除浪费。两者目标的一致性、工具的互补性、管理模式上的相互借鉴和补充，使得精益和六西格玛的结合成为必然。

精益与六西格玛之间虽然起源不同，解决问题的方法上也有一定的差异，但是从核心理念上，两者都强调基于顾客满意的持续改进。二者具有很强的互补性。六西格玛管理是解决问题的方法论，有一个非常好的解决问题的框架。它以数据分析为基础，旨在通过消除过程变异、持续改进获得近乎完美的质量，进而获得顾客完全满意和顾客忠诚。六西格玛关注质量和价值，其核心目的是增加价值，满足顾客。精益生产是一种消除浪费、优化流程、准时制造的方法。精益关注成本和速度，其核心是降低成本、提高效率。精益六西格玛是精益生产与六西格玛管理的有机融合，作为一种先进管理模式，精益六西格玛不仅能通过六西格玛管理大幅度提升产品质量、增加顾客价值，同时能利用精益方法减少资本投入、提高效率和市场响应能力。实际上，目前许多组织在推进六西格玛的过程中已经将精益的一些思想和工具应用于六西格玛项目，不管名称是六西格玛或精益六西格玛，精益和六西格玛的结合是六西格玛管理应用于组织系统的业务流程改进的必然。企业需要将精益和六西格玛结合解决的项目很多，如：

- 减少原材料和零部件采购成本；
- 减少备品备件采购成本；
- 缩短新产品开发周期；

- 缩短产品线换型时间；
- 减少在制品占用；
- 提高设备利用率；
- 改善设备布置；
- 改善生产系统的物流。

另外需要指出，许多服务业企业在推进六西格玛的过程中，也特别注意引入精益的思想和方法，不难看出，与六西格玛一样，精益的思想在服务业也是大有作为的。

为了实现六西格玛与精益生产的有机融合，本书将精益工具融入六西格玛改进的DMAIC各个阶段，有助于黄带读者在DMAIC的技术路线下，根据项目的需要，集成采用精益六西格玛工具解决问题。

1.4　六西格玛管理的组织结构和关键角色

组织实施六西格玛活动的首要任务是在高层领导的推动下，创建致力于流程改进的骨干团队，并确定团队内的各种角色及其责任，形成六西格玛的组织体系。这是实施六西格玛管理的基本条件和必备的资源。以高层领导和倡导者为推动力，以黑带、绿带及黄带团队为基础的六西格玛组织是实施六西格玛突破性改进的成功保证。图1–6为六西格玛管理组织结构示意图。

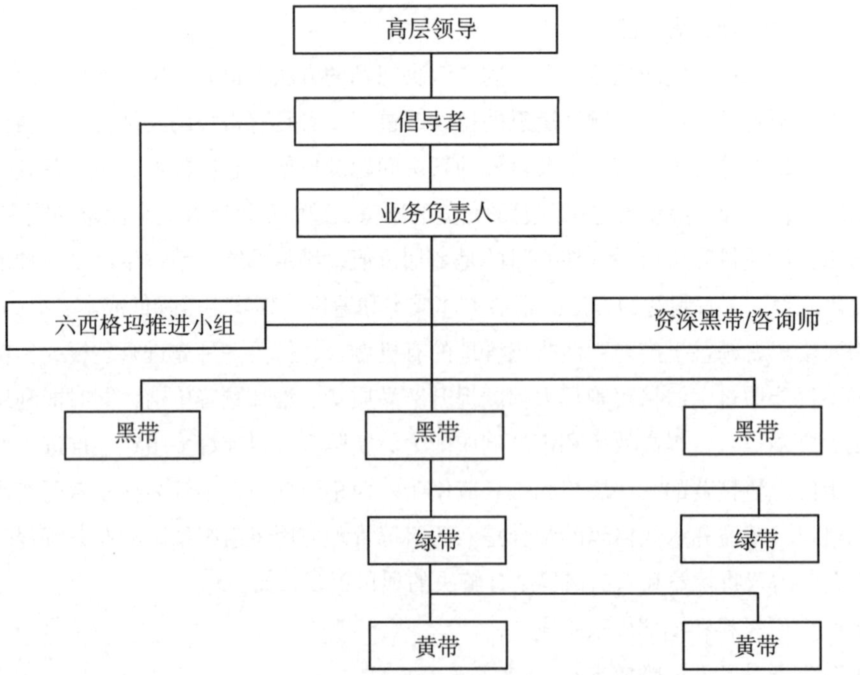

图1–6　六西格玛管理的组织结构示意图

六西格玛管理的组织是由高层领导、倡导者、资深黑带、黑带、绿带、黄带、流程业务负责人以及财务代表等构成。他们的职责与权限如下：

1. 高层领导

高层领导是推行六西格玛管理获得成功的关键因素。成功推行六西格玛管理并获得丰硕成果的组织都拥有来自高层的高度认同、支持参与和卓越领导，包括将六西格玛基本理念融入组织文化，制定 2 ～ 5 年的六西格玛推进规划和目标。

2. 倡导者

组织中六西格玛管理推进的主要负责人，由组织的一位或若干位高层领导担任。主要负责六西格玛规划的制定与展开、项目选择、目标确定、资源分配、组织协调及评价等。倡导者发起和支持黑带项目，是六西格玛管理的关键角色，其主要工作通常是以战略视角，对六西格玛管理进行全面的战略部署、项目及目标确定、资源分配与过程监控，最终对六西格玛活动整体负责。其核心任务包括：

- 充分认识变革，为六西格玛确定前进方向；
- 确认和支持六西格玛管理全面推行，制定战略性的项目规划；
- 决定该做什么，确定任务的实施优先顺序；
- 合理分配资源、提供必要的支持；
- 消除障碍；
- 检查进度，确保按时、按质完成既定目标；
- 了解六西格玛管理工具和技术的应用；
- 管理及领导资深黑带和黑带，鼓励、支持绿带和黄带。

倡导者在六西格玛组织中起着承上启下的作用，黑带、绿带及黄带应积极争取倡导者的支持。

3. 资深黑带

六西格玛管理方法和工具应用的专家，协助倡导者制定六西格玛规划、部署关键资源、选择和评审六西格玛项目，作为负责人实施重大六西格玛项目，并培训和指导黑带、绿带及黄带。

资深黑带的职责在不同的企业有不同的规定。例如，在通用电气公司，更多地强调其管理和监督作用；在霍尼韦尔（Honeywell）公司，资深黑带主要起协调作用，负责日程调整、项目领导和指导工具的运用；两者都很有效。

在一些组织中，资深黑带更多的是扮演企业变革的代言人角色，其工作更加具有管理性质，因为他们经常负责在组织整体或特定领域、部门开展六西格玛管理工作；他们是六西格玛管理的高参兼专家，是运用六西格玛管理工具的高手。六西格玛资深黑带的主要职责为：

● 担任高层领导和倡导者的六西格玛管理高级参谋，具体协调、推进六西格玛管理的开展，持续改进公司的运作绩效；

● 担任培训师，为黑带、绿带和黄带学员培训六西格玛管理及统计方面的知识，以及为黑带、绿带培训其他人员提供支持；

● 帮助倡导者、管理者选择合适的人员，协助筛选最能获得潜在利润的项目；

● 为参加项目的黑带提供指导和咨询；

● 作为指导者，保证黑带及其团队保持在正确的轨道上，能够顺利地完成他们的工作；

● 具体指导和协助黑带及其团队在六西格玛改进过程中完成每个步骤的关键任务；

● 为团队在收集数据、进行统计分析、设计试验及与关键管理人员沟通等方面提供意见和帮助。

4. 黑带

黑带是六西格玛管理中最为重要的一个角色，需要系统地掌握六西格玛方法，负责或参与六西格玛项目，培训和指导绿带及黄带实施六西格玛项目，是具有较高的项目管理水平的专业人才。他们专职或兼职从事六西格玛改进项目，是成功完成六西格玛项目的技术骨干，是六西格玛组织的核心力量。黑带的主要任务是：

● 领导：在倡导者及资深黑带的指导下，界定六西格玛项目，带领团队运用六西格玛方法完成项目；

● 策划：决定项目每一个步骤需要完成的任务，包括组织跨职能的工作；

● 培训：具有培训技能，为项目团队成员提供解决问题的工具及技术应用的专门培训；

● 辅导：为组员提供一对一的支持，带领项目团队快速有效地达到改进目标；

● 传递：在各种形式的培训、案例研究、工作座谈会和交流活动中，将六西格玛理念、工具方法传递给团队的其他成员；

● 发现：在内部或外部（如供应商和顾客等）找出新的改进机会；与资深黑带一起确定有价值的项目；

● 影响：拥有良好的人际关系和组织技巧，令团队始终保持高昂的士气与稳定的情绪；

● 沟通：包括与项目团队成员的沟通和项目完成后向最高管理层提供项目报告。

在六西格玛项目中，黑带组织、管理、激励、指导一支特定的六西格玛黑带项目团队开展工作，负责团队运作的启动，管理团队的进展，并最终使项目获得成功。在推行六西格玛管理的组织中，如果没有一些掌握六西格玛工具且不怕辛苦、具有优秀的管理和沟通能力的黑带，六西格玛黑带项目通常不会取得最佳效果。

除掌握一些六西格玛的专业知识外，作为一名黑带必须拥有以下多项软技能：

● 管理和领导能力。黑带必须能够运用权力和职责来指导项目的执行，要能够综合运用自己的管理能力和领导才能，并且能够熟练运用项目管理的方法和技巧；

● 决策制定。在六西格玛项目中，黑带可能要作多次决策。为可靠、及时地决策，黑带必须随时掌握和了解项目的各个方面，能够平衡成本、时间和效果；

● 沟通。将项目活动内容与结果及时与相关人员（团队成员、上层管理者、项目倡导者和组织的关键利益相关方等）沟通；

● 团队建设和谈判。黑带必须能够与不同的人建立持久的联系，如管理层、顾客、团队成员、项目倡导者及供应商等。一个优秀的黑带必须能够经常与上级领导沟通和谈判，获得领导对六西格玛项目的支持；

● 项目管理能力。与其他项目管理活动相同，六西格玛项目管理包括：目标建立、项目细化、绘制工作流程、任务调度、成本预算、协调团队、组员沟通等活动，黑带必须掌握项目管理能力，平衡项目规划和进度安排，这些是项目成功的关键；

● 关注全局。一个成功的黑带要有系统的观念，从六西格玛项目整体推进角度处理各种复杂关系；对项目细节的过分专注，可能会失去对项目整体上的判断；

● 人际交往的能力。作为项目领导，黑带必须具有一定的人格魅力：诚实、有能力、可信赖、有包容心；与项目倡导者和组织的关键利益相关方建立良好的关系；将具有不同背景的人员组成一个统一的团队。

5. 绿带

绿带是黑带项目团队的成员或较小项目的团队负责人，他们接受的六西格玛技术培训与黑带类似，但内容所达层次略低。是掌握六西格玛基本方法，负责或参与六西格玛项目，培训和指导黄带实施六西格玛项目的专业人才。一些实施六西格玛的企业，很大比例的员工都接受过绿带培训，他们的作用是把六西格玛的概念和工具带到组织的日常活动中去。

绿带人数较多，是六西格玛管理中的基本力量。他们的职责是：

● 提供相关过程的专业知识；

● 建立绿带项目团队，并与相关人员进行沟通；

● 促进团队观念转变；

● 把时间集中在项目上；

● 执行改进计划以降低成本；

● 与黑带讨论项目的执行情况及今后的项目；

● 保持高昂的士气。

当绿带作为项目团队负责人完成绿带项目时，也应具有黑带在项目团队负责人方面的职责、权限和技能。

6. 黄带

黄带是六西格玛黄带项目的负责人，或六西格玛黑带、绿带项目的主要参与者，应当掌握六西格玛基本理念、流程和基础工具。在六西格玛管理中，黄带人数众多，也是最基层的力量。在很多公司，培训黄带属于普及性质的任务。

他们的职责是：

- 提供相关过程的专业知识，增进团队意识和合作；
- 建立黄带项目团队，并与相关人员进行沟通，实施黄带项目；
- 参与黑带或绿带项目，协同黑带或绿带完成项目。

7. 流程业务负责人

除了要选择培养好项目负责人——黑带、绿带和黄带之外，成功的六西格玛项目还需要相关业务部门负责人（过程管理者）的支持和配合，没有他们的协调和帮助，六西格玛很难取得丰硕的成果。他们在六西格玛管理中的职责是：

- 达成对六西格玛的共识；
- 协助选择黑带、绿带；
- 为黑带、绿带提供资源支持；
- 关注黑带、绿带的项目实施过程；
- 协调所管辖范围内的黑带、绿带项目，保持与业务方向的一致性；
- 确保过程改进能够落实，保持改进成果。

8. 财务代表

成功的六西格玛项目除了相关流程业务负责人的支持和配合外，还需要财务人员的支持和帮助。这些财务人员通常也参与项目活动，他们在六西格玛管理中的职责是：

- 在界定阶段，帮助开发财务收益核算框架，确定潜在的财务收益，核算项目不良质量成本；
- 在改进阶段，进一步跟踪数据，确定需要较大财务投入的改进措施的投入产出回报；
- 在控制阶段，核实改进成效及其产生的实际财务收益、年化财务收益。

六西格玛团队建设也是六西格玛组织工作的关键环节，具体内容详见本章第 5 节（即 1.5）。

1.5　六西格玛项目管理

1.5.1　六西格玛项目团队

1. 六西格玛项目团队的组建和授权

六西格玛项目是在项目负责人（黑带 / 绿带 / 黄带）带领下，由项目团队实施完成的。因此，团队的作用是非常重要和不可替代的。拥有受过专业训练的团队领导和拥有高度热忱的团队成员同样重要。

六西格玛团队通常由以下人员组成并授权承担下述职责：

（1）团队领导 / 组长，由黑带或绿带、黄带担任，对整个项目负责。

（2）核心成员，是团队领导 / 组长选择来实施项目计划的人员，全程参与项目。

（3）扩展成员，即根据项目的需要，只需部分参与项目的成员，如团队中财务核算人员、供应商代表、个别的技术专家等。

（4）业务负责人，是项目所在部门的负责人和过程的管理者。

（5）倡导者，有时也直接或间接参与团队活动。

（6）项目指导人或教练，是为团队成员提供六西格玛方法、工具指导的人员，一般由资深黑带或咨询顾问担任。

具体职责参见本章第 4 节的 1.4.1。

团队应明确使命，建立目标共识，并明确各自的角色、职责以及项目里程碑，并获得管理层的授权和支持。

为了使团队领导 / 组长履行好其职责，保证项目的顺利开展，在项目启动前，需要做好相应准备工作，表 1–3 和表 1–4 列出了可供团队领导 / 组长参考的准备工作的注意事项和活动建议。

表 1–3　团队领导 / 组长核查表：六西格玛项目团队首次会议前准备工作

□ 与业务负责人及发起人一起起草项目立项表
□ 如需要，挑选小组成员
□ 联系并欢迎成员加入
□ 起草首次会议日程
□ 安排会议后勤事项
□ 选择一个启动会议时调节气氛的小技巧
□ 与过程负责人建立联系，并让其了解项目的整体方向
□ 作相关方分析
□ 开始罗列小组所需外部支持人员名单等

表 1–4　项目小组首次会议

<table>
<tr><td colspan="3">与会人员：[名单]</td></tr>
<tr><td>日期：</td><td>时间：</td><td>地点：</td></tr>
<tr><td colspan="3">会议目的：[六西格玛项目名称] 启动会</td></tr>
<tr><td colspan="3">日程安排：
● 致欢迎词
● 小组成员介绍
● 讨论小组成员的目标、期望及角色，团队活动规则、章程等
● 审核项目立项表
● 列出主要相关方名单
● 根据小组成员提出的疑问、项目立项表及下次会议所需准备，列出行动事项
● 确定下次会议时间和议程
● 评估会议效果
● 结束会议</td></tr>
</table>

2. 团队发展阶段

随着团队成员共同工作，团队逐步成长和成熟。理解其发展阶段对有效管理团队过程是很有价值的。这些阶段可能表现出不同的强度和持续期，这取决于团队的类型、团队工作环境以及构成团队的个体。布鲁斯·达克曼描述了团队发展阶段的一般模型（见图 1–7）。

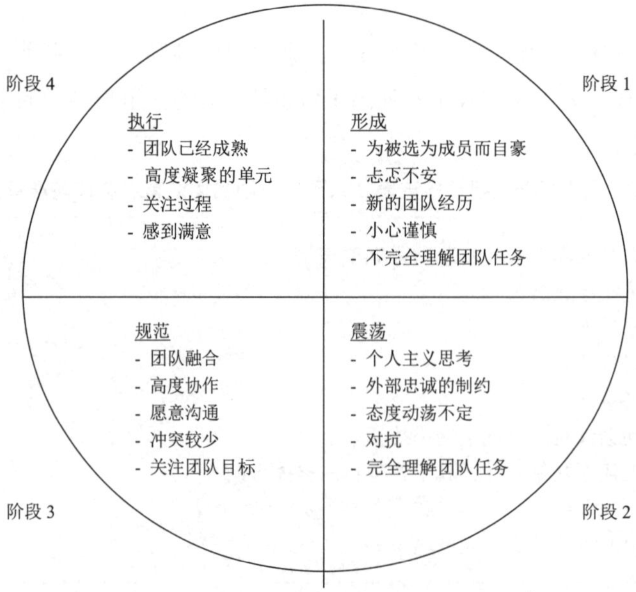

图 1–7　项目团队发展的四个阶段

阶段 1：形成期——团队首次聚在一起，随之而来的是团队成员本人个性及价值观与环境的整合。每参与一个团队都是一个新的经历，甚至对那些以前曾参加过团队的成员来说也是如此。每个人都小心谨慎地进入这个环境，他们在这个新的经历中对角色和绩效感到忐忑不安。因此，在形成阶段，团队通常要阐明其目的，确定每个成员的角色，进行团队培训，以及制定可接受的行为准则。

阶段 2：震荡期——在此期间，团队成员对团队任务的真实情况已完全理解，但团队成员仍首先作为个体来思考，并往往根据自己的经历作出决定，而不是与其他成员协商，广泛听取建议。随着团队一起工作，他们对于实现项目目标的最佳方法存在分歧，甚至对项目的总体目标也可能存在分歧。大家还会发现每个人在项目中的工作方法不同，这些分歧可能引起团队内的争论甚至矛盾。对于团队来讲，如果不能处理好这一阶段的问题，很可能就会导致项目最终失败。对此，团队领导 / 组长应该事先估计到这是团队组建过程中必然出现的正常阶段。他可以通过与团队成员的个别沟通、重申团队的目标、鼓励成员发表解决问题的意见等方式，排除障碍，带领团队跨过这一阶段。必要时可以请业务负责人或倡导者出面支持。

阶段 3：规范期——在此阶段，团队成员已从关心个人问题转变为关注实现团队目标，个人已融入团队中。团队成员间会达到一定程度的适应。团队成员开始就各种问题达成一致，并愿意为了团队而协商和消除分歧，因而在这个阶段团队有了更多的协商和对话。团队领导 / 组长应予以支持和赏识。

阶段 4：执行期——在此阶段，团队已经成为一个具有高度凝聚力的整体。团队成员对他人的优缺点以及他们如何完成使命了如指掌，并能够群体解决问题。在此期间，团队在实现目标上取得重大进展，团队领导 / 组长可给予更多的授权。

虽然发展的四个阶段表明了时间的逻辑结果，但每个团队的实际发展过程千差万别。例如，前进到阶段 3 或阶段 4 的团队可能退回到阶段 1 或阶段 2。如果他们认识到之前的相互假设并不真实，他们已用于决策的信息并不确切，或是由于工作的调动而改变团队的成员关系，这种情况就可能发生。一些团队可能在原阶段停滞不前，但项目的时间有限，必须在动态中及时调整、解决团队的问题。

3. 团队建设

一个成功的团队应该是一个高度团结、独立自主的团队。这些不仅仅是在选择团队成员时要注意的，也是一个团队在开展工作的过程中应该去努力营造的。当然，其中团队领导 / 组长要承担主要的职责。通常团队建设的步骤如下：

（1）仔细分析任务，确定所需的技能组合和工作风格，以取得互相补充、互相促进的组合；

（2）向每一位团队成员讲述团队的使命、目标以及对个人的任务要求；

（3）提供必要的技能培训以及必要的处理工具（软件、硬件等）；

（4）共同建立团队规则（见图 1–8），包括团队的例会制度、问题的沟通解决机制、编制项目立项表等；

（5）监控进度，保证团队凝聚力，并不断向目标迈进；

（6）注意团队工作中的成绩，并给予祝贺。

六西格玛团队规则
我们一致同意从我们团队自己做起，最有效地利用时间。我们承诺以下行为准则：
1. 会议准时开始和结束。
2. 如果有人不能参加会议，要至少提前 1 天通知组长。
3. 每次会议的内容都要提前通知：做一个议程，或在会前作一讨论。
4. 准时完成所分派的工作。如果做不到，则要至少提前 1 天通知组长。
5. 对任务坚持不懈。
6. 会议仅通知那些需要参加的人。
7. 会议以开放式论坛的方式进行。我们彼此挑战，坦诚相见。
8. 可能时，我们将利用午饭时间开会。

图 1–8　团队规则举例

面对六西格玛管理的挑战，团队必须注重团队技巧。人们希望努力工作去争取成就，但个人的成就总是有限的，团队的绩效要优于个人成就。团队负责人不仅必须具备使用统计方法的能力，同时必须拥有卓越的领导力与亲和力，使六西格玛团队成员相互依存、相互帮助，项目才能取得真正的成功。

六西格玛团队组建之后，必须结合项目的情况实施专题培训，教导“为何”（why），指导“如何”（how）。

在项目团队的发展过程中，应当不断地对项目团队的绩效进行评估，从中及时发现团队发展中的问题。同时，团队绩效评估也是向管理层反馈团队在实现目标过程中的进展情况的一种有效手段，它对项目团队获得管理层的支持十分重要。

在项目实施的过程中，除了跟踪项目目标的实现情况，并由此评价项目团队的绩效外，也可以采用内部导向的测量指标，如团队会议的出勤率、团队成员的满意程度以及其他表征团队动力的因素。项目团队应当进行自我评价，并向倡导者和业务负责人报告这些评价指标的测评结果。

团队进行自我评价的方式是建立在有效团队的指南或团队行为规范一览表上的。每次团队会议结束后，对团队的表现作出评价。评价标准可以随着时间的推移而修订。

对于一个项目团队而言，良好的沟通很有必要，但同时又很困难。团队负责人要对项目结果负责，在项目推进过程中，带领团队营造一个良好的沟通环境是非常重要的。

●什么时候沟通？是不是出了问题才沟通？当然不是。成功的团队应该随时保持良好的沟通。立项时团队要充分地沟通，确保每个团队成员都能够认同项目的意义，愿意为团队的成功贡献自己的智慧。确定项目目标、计划时需要沟通，让每个团队成员都认可项目的目标与计划，才能保证大家努力的方向一致，才能保证项目按计划推进。出现问题后要沟通，要迅速消除大家心中的隔阂，找到问题的解决方案。项目成功后要沟通，使大家一起分享荣誉，增强大家的团队归属感。

●什么地点沟通？良好的沟通不是只在会议室才能进行。一个轻松的环境有助于团队的沟通取得更好的效果。所以餐桌上、茶水间、运动场等都是团队沟通的场所，"沟通无处不在"。

●以什么方式沟通？开会并不是最好的沟通方式。大多数团队习惯于以开会的形式来沟通。其实沟通的方式有很多，并且有些效果比开会还要好。不同的团队可以根据自己团队成员的特点，采用不同的沟通方法。因为每个人对沟通的需要不同，每个人的沟通习惯不同，作为团队负责人需要了解每个人的沟通特点并采取有针对性的沟通方式。有的人属于外向型，喜欢与别人讨论，对于这样的人可以采取面对面的沟通；有的人属于内向型，喜欢思考，对于这样的人采取邮件的沟通方式可能会更有效。

沟通的目的是使团队统一思想，采取正确的行动。因此，无论何时、何地、以何种方式，双向互动式的沟通都非常重要。这种交互式的沟通需要双方的投入。团队负责人和团队成员以可以理解的方式，明白无误地传递信息。团队成员积极处理信息。如果交流中某一个环节出现了偏差，沟通双方应该意识到这一点，迅速要求对方给出反馈，或使用其他方法来确定哪些信息没被理解。为了确保高效和交互式的沟通，团队负责人必须：

●以身作则，做一个良好的沟通模范；

●肯定员工中优秀的沟通技巧；

●建立团队的沟通制度；

●不断进行培训和训练，提高沟通技巧；

●提供面对面的、电子的以及其他形式的沟通途径，鼓励频繁的、坦诚的沟通；

●提供充分的非正式交流机会，培养合作关系。

1.5.2 团队工具

用于团队工作的工具很多，这里重点介绍头脑风暴法、名义组技术、多重投票法及其应用。

1. 头脑风暴法（brainstorming）

头脑风暴法是团队工作中经常运用的方法，一般可以分为三个阶段。第一阶段关注的是小组创造出的点子的数量。第二阶段审视这些点子，删除与实现目标无关的点子。第三阶段要对筛选下来的点子作进一步的审视，并按照小组的意见对它们进行优先排序。

头脑风暴是一个团队对诸如为解决已知问题产生多个想法的一种简单方法。一般的头脑风暴会议过程如下：

（1）头脑风暴的主题为小组接受，并用清晰的语句，以小组成员都能看到的方式写出。

（2）组织者向小组成员征求想法。

（3）成员写下每个想法，不讨论、分析或批评。

（4）这个过程延续到没有新的想法出现。

再次审视想法表，保证每个人都理解它，然后将相类似的想法合并，形成可用于投票的想法表。

头脑风暴也可以做得更加结构化，如轮回法：要求小组的每个成员每次提出一个想法，如果没有想法则简单地跳过他们，接着询问下一个人的想法，然后是再下一个，以此类推，当最后一圈每个人都没有新的想法时，头脑风暴会议完成。也可以使用类似的过程，用几张纸片贴在房间的四周，在每张纸片的顶端写上特定的主题或问题，小组成员从一张纸走到另一张纸，把他们的想法写下来。在桌旁围坐的小组同样可以用传递纸片的方法来完成类似的过程。

头脑风暴还有一种特别的方法可用于以下场合：所处理的是特别敏感的主题，或小组成员间还没有建立高度的信任。这个方法叫作 Crawford 纸片法，请每个人制作列有他或她自己想法的纸片，接着递给一个可信赖的人（例如，团队负责人），这个人将其编辑成单一的列表。这种方法的匿名性可以使人们自由提出他们的想法，在小组中经常会发现几个人有着相同的想法，从此开始建造共同的平台。

2. 名义组技术（nominal group technique）

处理头脑风暴所产生想法的一般方法是名义组技术。应用这个技术可以帮助团队从他们提出的想法中选出少数重要的想法。名义组技术由下列步骤构成：

（1）对想法列表进行整理并简化 / 合并，使想法列表完整、清晰，且不重复。

（2）请每个参加者为各个想法按顺序标出等级（例如，1 表示最好，2 表示次好，以此类推）。

（3）在每项旁边记录全部参加者评出的等级。

（4）对每项等级评分求和。那些总分最低的项目是人们乐意接受的选择。

表 1–5 是名义组技术应用的一个简单案例。案例中某小组成员要决定他们的改进方案。通过头脑风暴他们提出了四个供选择的方案：方案一、方案二、方案三和方案四。

小组组长请每个人为这四个选项打分，将他或她的选择按最佳选择至最末选择从 1 ～ 4 评分，将每个人的评分填入下表中。

表 1–5　名义组技术应用举例

	个人与排序					
方案	组员 A	组员 B	组员 C	组员 D	组员 E	合计
一	4	4	4	4	3	19
二	3	3	3	3	4	16
三	1	2	1	2	1	7
四	2	1	2	1	2	8

在四个选择中，方案三总分最低（优先级最高）成为首选。

3. 多重投票法（Multivoting）

多重投票法是使团队成员将他们的想法统一起来的另一种方法。首先，将团队成员的所有想法列表。然后，要求他们投票选出他们认为最适宜的想法，通常允许每人投的票数是总数的一半左右。在全部参加者都做出投票选择之后，项目负责人将逐项进行统计。按照帕累托多数原则，保留得票较多的，将没有得票或得票很少的挑出并从列表中剔除。投票过程重复进行，直到达到预期的项目数量。

下面仍以某小组成员要决定他们的改进方案为例，第一次每人可以有 3 个选择；第二次每人可以有 2 个选择；第三次每人可以有 1 个选择（见表 1–6）。

表 1–6　多重投票法举例

	投票		
方案	第一次投票	第二次投票	第三次投票
一	1		
二	3		
三	3		
四	4	3	
五	5	4	
六	6	6	2
七	8	7	8

通过三轮投票，最终大家确定选择方案七。

1.5.3 项目管理工具

应用项目管理工具可以帮助六西格玛项目团队更有效地组织并实施项目。下面重点介绍六西格玛项目实施中常用的项目管理工具。

1. 亲和图（affinity diagrams）

亲和图是由日本学者川喜田二郎 (Kawakita Jiko) 于 1970 年前后研究开发并加以推广的一种质量管理方法，又称为 KJ 法。所谓亲和图法，就是针对某一问题，充分收集各种经验、知识、想法和意见等语言、文字资料，通过图表进行汇总，并按其相互间的亲和性归纳整理这些资料，使问题得以明确，统一认识和协调工作，以利于问题的解决。

亲和图的主要用途：

（1）归纳思想、认识事物。对未知的事物或领域，广泛收集实际资料，并从杂乱无章的资料中整理出事物的相互关系和脉络，就某件事情达成共识。

（2）打破现状和可能的束缚。通过集思广益产生新的想法，并加以归纳整理。

（3）参谋筹划。不同观点的人集中在一起，很难统一意见。最好能由相互理解的人组成团队。为着共同的目标，团队成员提出自己的经验、意见和想法，然后将这些资料编成卡片并进行整理。

（4）贯彻方针。向下级贯彻管理人员的想法和方针。靠强迫命令不会取得好的效果，亲和图可以帮助人们进行讨论，集思广益，从而将方针自然地贯彻下去。

亲和图是用来把大组的项目重组成较小的、容易理解和处理的部分的方法。这种方法通常与头脑风暴法，分析口头数据或绘制树图结合使用，对罗列出的想法进行组织。可以通过首先创建分类，然后将想法按分类组合，或首先将所有的想法按相似性分组，在组合完之后给分组命名两种方式做亲和图。这个过程可以借助写卡片完成，每个想法写一张卡片，团队成员移动卡片进行组合，直到全体成员对组合满意为止。当确实需要时，一些条目可以放在多个组中。因此，该方法适用于事实或观点处于混乱状态；问题看起来太大、太复杂而无法掌握时；团队必须达成一致意见时。

亲和图的绘制步骤：

（1）将要讨论的问题清晰地表述出来；

（2）用头脑风暴法产生与讨论问题有关的事项（思想、方案），一般至少要产生 20 项，每一项写在一张卡片或便利贴 Post-it Note 上；

（3）将所有项目分类；

（4）将每一类的项目放在一起，并对每类项目命名（用卡片表明）。

亲和图的主要优点是建立了每个人对各种想法参与讨论的平台，所产生的图表是团队成员联合建立的对所分析问题的概念模型。图 1–9 是改善团队行为方法的亲和图的例子。

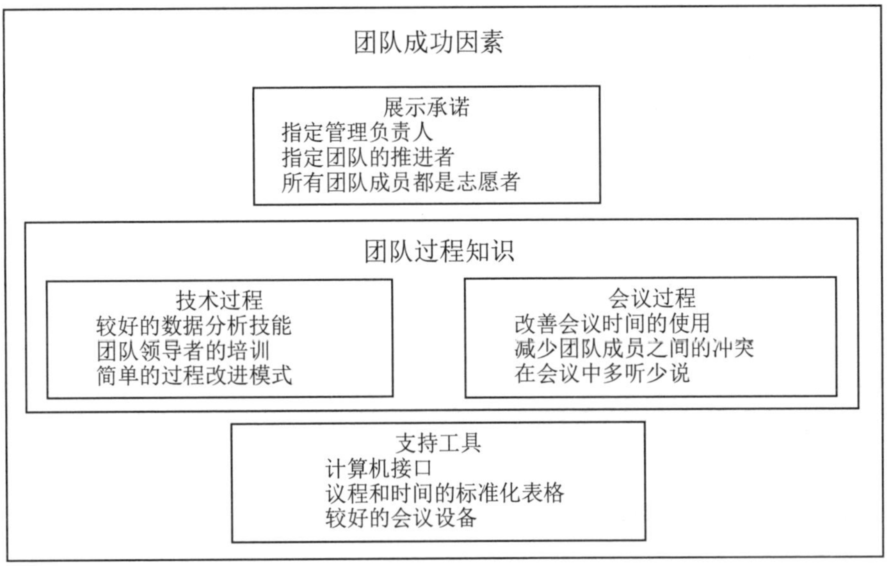

图 1–9 “改善团队行为方法”的亲和图

在亲和图的形成过程中，团队要打破习惯思维和已有的分类。这项技术需要有强大的知识和存在于我们直觉中没被开发的理解力。在亲和图法的使用过程中，资料的收集是至关重要的一环。语言文字资料收集的方法将随亲和图的用途与目的不同而不同。

2. 矩阵图（matrix diagrams）

所谓矩阵图，就是从问题的各种关系中找出成对要素，并按数学上矩阵的形式，把问题及与其有对应关系的各个因素按行和列排成图，并在其交点处标出两者之间的关系，从中确定关键点的方法。

在寻求问题的解决手段时，若目的（或结果）能够展开为一元性手段（或原因），则可用树图法。然而，若有两种以上的目的（或结果），则其展开用矩阵图法较为合适。

在分析质量问题的原因、整理用户需求、分解质量目标时，将问题、顾客需求、质量目标（设为 F）放在矩阵图的左边，将问题的原因、顾客需求转化而来的质量目标或针对质量目标提出的质量措施（设为 R）列在矩阵图的上方，用不同的符号表示它们之间关系的强弱，一般称 L 形矩阵图。

矩阵图的绘制步骤：

（1）明确要分析的问题，确定与问题有关的因素；

（2）组成跨职能小组；

（3）选择适宜的矩阵图；

（4）确定因素间的关系。

矩阵图，尤其是因果矩阵图在六西格玛实施中得到大量应用。在六西格玛项目选择过程中，一般用矩阵图进行项目选择和排序。如表 1–7 所示：

表 1–7　矩阵图在六西格玛项目选择中的应用

	对质量的影响	对运转周期的影响	对成本的影响	对管理水平的影响	项目排序
项目 1	◎	○	◎	△	1
项目 2	○	◎	○	○	2
项目 3	○		△	◎	3
项目 4		○	○	△	4

注：◎—强相关　○—较强相关　△—弱相关

除此以外，矩阵图还可用于：

（1）设定系统产品开发或改进的着眼点；

（2）产品的质量展开以及其他展开，被广泛应用于质量功能展开（QFD）之中；

（3）系统核实产品的质量与各项操作和管理活动之间的关系，从而便于全面地对工作质量进行管理；

（4）发现制造过程中产生不良品的原因；

（5）了解市场与产品的关联性，制定市场产品发展战略；

（6）明确一系列项目与相关技术之间的关系；

（7）探讨现有材料、元器件、技术的应用新领域。

3. 关联图（interrelationship digraphs）

关联图也称关系图，用于将关系纷繁复杂的因素（因素与因素或因素与问题之间互相缠绕），按原因—结果或目的—手段有逻辑地连接起来，理清复杂问题，整理语言文字资料的一种图形方法。关联图主要用于：

（1）界定六西格玛项目的范围和边界；

（2）原因分析：因素之间相互缠绕，或者一个因素同时影响两个及两个以上问题；

（3）确认关键影响因素；

（4）拟定制造过程中预防不良品的措施；

（5）提出解决市场问题的措施；

（6）改进企业的日常管理活动。

下面结合实例（见图 1–10），介绍关联图的绘制步骤：

（1）明确所分析的问题。确认问题的存在，用图形圈起来（如：学校教学质量差）；

（2）组成小组。小组成员要对问题有统一的认识，小组成员要对问题比较了解，小组成员规模不宜过大，一般 4 ～ 6 人，小组成员自由地提出导致存在问题的有关因素（包括原因、理由、个人看法等）；

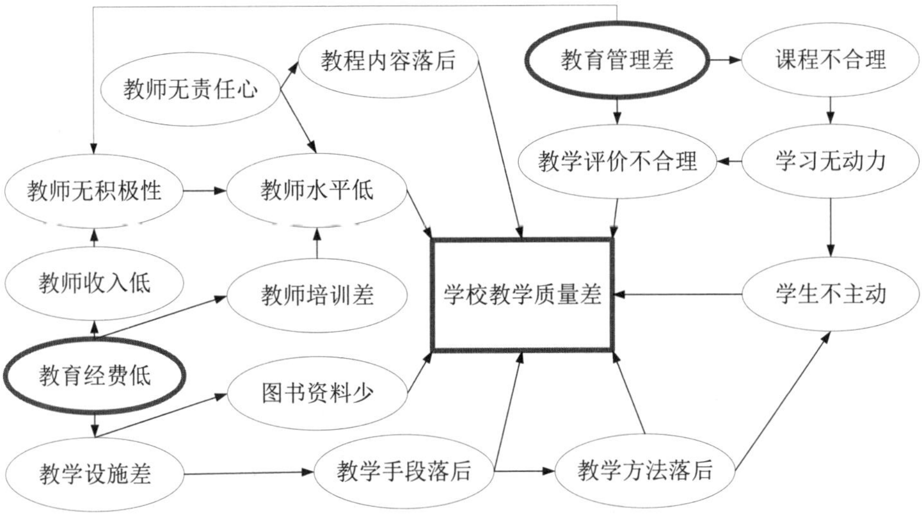

图 1–10　关联图举例

（3）整理出所有的问题要素。用明确的语言标示出问题和因素的名称，用图形圈起来，最好写在卡片上（如教学设施差，教学手段落后，教学方法落后，等等）；

（4）根据因果关系进行连接。确定问题和各种因素间的因果关系，并用箭头线连接起来，箭头由原因指向结果，只能使用单向箭头（如教育经费低 → 教学设施差等）；

（5）对图形进行整体分析，对要素间的因果关系进行确认，小组成员意见一致后定稿。根据图形进行分析讨论，检查有无不够确切或遗漏之处，复核和认可上述各种因素之间的逻辑关系；

（6）确定关键要素。将重要问题或重要因素用红色粗线醒目地标示出来，并确定从何处入手解决问题（如教育经费低，教育管理差）。

4. 树图（tree diagram）

树图又称系统图。它按照“主题—主要类别—组成要素—子要素”的顺序，将主题分解或者分层，以不断增加细节内容，旨在使笼统的主题分解成较小的部分，使之变得更易于理解和解决。从一个项目出发，展开两个或两个以上分支，然后从每一个分支再继续展开，以此类推，很像一棵树。树图通常是用来将主要的类别逐渐分解成许多越来越详细的层。绘制树图有助于思维从一般到具体的逐步转化。树图是将复杂问题（任务或目标）进行分解的一般工具。可以自左而右，或自上而下地展开（见图 1–11 所示）。

树图有以下几种类型及用途：

（1）“目标—手段”类别的树图。将欲实现的目标与需要采取的措施或手段系统地展开，以寻求最佳手段或措施。采用自左向右展开的较多。

（2）“问题—原因”类别的树图。用于分析质量问题与其影响因素之间的因果关系，以寻求根本原因和对策措施。采用自左而右展开的较多，实际上是因果图的另一种表现方式。

（3）组织结构图。用于描绘组织结构，一般采用自上而下的展开形式。

（4）项目管理中的任务分解（Work Breakdown Structure，WBS）。用于分解项目管理的任务范围，一般采用自上而下的展开形式。

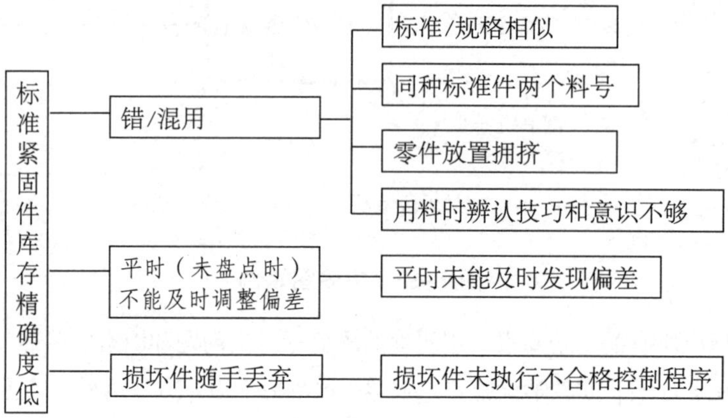

图 1–11　用于原因分析的树图示例

绘制系统图的一般步骤如下：

（1）简明扼要地讲述清楚要研究的主题（目标、问题等）；

（2）确定该主题的主要类别，即主要的层次。这时可以利用亲和图中的主卡片，也可以利用头脑风暴法中确定的主要层次来确定；

（3）构造树图。把主题放在最左侧或上侧的开始框内，把主要类别放在右面或下面的框内；

（4）针对这个主要类别确定其组成要素和子要素，并依次画出；

（5）评审画出的树图，确保无论在顺序上或逻辑上均没有差错和空当。

在实施六西格玛的过程中，树图可以用来将复杂的改进机会进行分解，从而确定具体的六西格玛项目，如某企业针对提高顾客满意度进行分解得到图 1–12 所示的树图，根据顾客满意度调查的数据发现对售后服务的抱怨最多，而且绝大部分的抱怨是缺陷品的处理周期过长，最后确定将降低缺陷产品处理周期作为六西格玛项目。

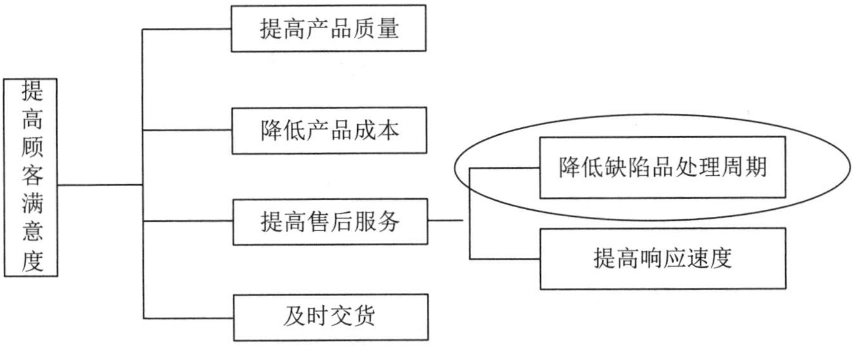

图 1–12 利用树图选择六西格玛项目

5. 过程决策程序图 (process decision program charts，PDPC 法)

在质量管理活动中，要达到目标或解决问题，总是希望按计划推进原定的各实施步骤。但是，随着各方面情况的变化，当初拟订的计划不一定行得通，往往需要临时改变计划。特别是解决困难的问题时，修改计划的情况更是屡屡发生。为应付这种意外事件，一种有助于使事态向理想方向发展的解决问题的方法——PDPC 法被提出。

PDPC 法也称为过程决策程序图法，其工具就是 PDPC。PDPC 法于 1976 年由日本学者提出，是运筹学中的一种方法。所谓 PDPC 法，是为了完成某个任务或达到某个目标，在制订行动计划或进行方案设计时，预测可能出现的障碍和结果，并相应地提出多种应变计划的一种方法。这样在计划执行过程中遇到不利情况时，仍能按第二、第三或其他计划方案进行，以便达到预定的计划目标。该方法适用于当计划既庞大又复杂时；当计划必须如期完成时；当失败成本很高时；特别是执行计划之前。如图 1–13 所示，当 A 方案在 A2 步骤遇到困难时，可改用 B 方案；当工作刚开始时（A0），A1 就受到严重阻碍，只有使用 C 方案，而在 C2 步骤也很有可能受阻，则可实施 D 方案，也还能够实现理想目的 Z。

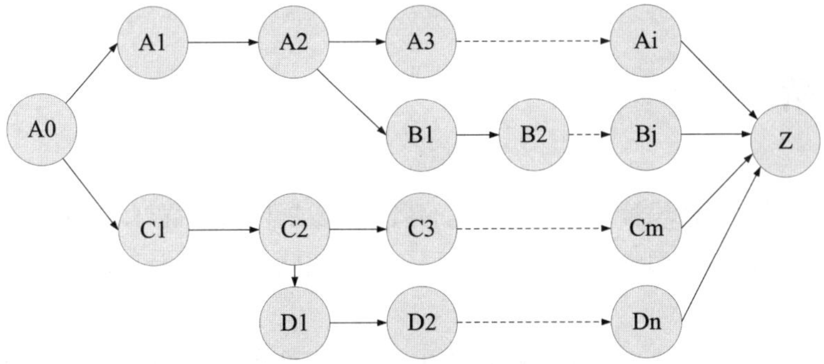

图 1–13 PDPC 法概念图

PDPC 法具有如下特征：

（1）从全局、整体掌握系统的状态，因而可作全局性判断；

（2）可按时间先后顺序掌握系统的进展情况；

（3）密切注意系统进程的动向，掌握系统输入与输出间的关系；

（4）情报及时，计划措施可被不断补充、修订。

使用 PDPC 法的基本步骤如下：

（1）召集有关人员讨论所要解决的课题；

（2）从自由讨论中提出达到理想状态的手段、措施；

（3）对提出的措施，列举出预测的结果及遇到困难时应采取的措施和方案；

（4）将各研究措施按紧迫程度、所需工时、实施的可能性及难易程度予以分类；

（5）决定各项措施实施的先后顺序，并用箭条向理想状态方向连接起来；

（6）落实实施负责人及实施期限；

（7）不断修订 PDPC 图。

图 1–14 是某设备维修改进团队应用 PDPC 法进行设备维修计划安排的例子。

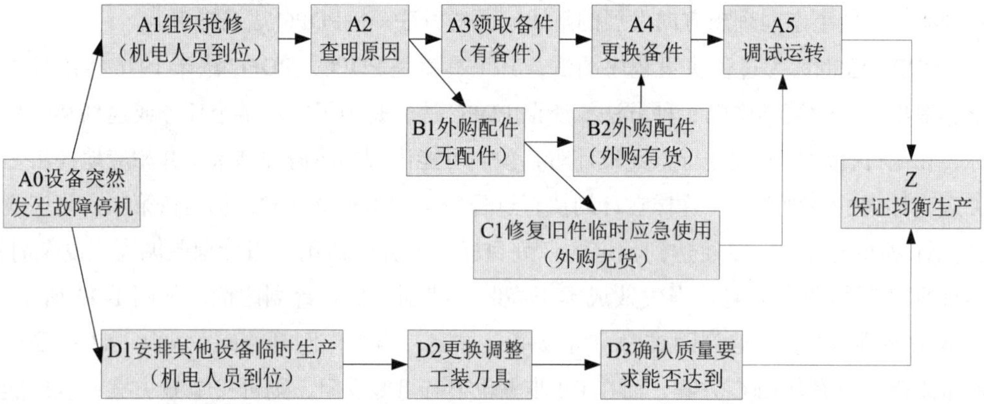

图 1–14　某设备维修改进团队 PDPC 法应用示例

本章小结

本章介绍了六西格玛管理与精益管理的概念和发展以及精益与六西格玛的融合、精益六西格玛管理的组织和推进、精益六西格玛项目团队、常用项目管理工具等，是精益六西格玛管理的基础。

组织实施精益六西格玛的实质是为了建立持续改进的业务模型，获得和保持持续的竞争优势。只有让组织的高层领导真正了解六西格玛的核心内涵，从企业的战略层面进行规划和部署，建立精益六西格玛管理的组织结构，明确黄带、绿带、黑带、资深黑带、流程负责人、倡导者和财务人员的角色和职责，开展精益六西格玛项目团队建设，并掌握必要的方法和工具，才能取得成功。

本章还就六西格玛项目团队组建和团队管理方法，以及常用项目管理工具进行了较详细的介绍，为六西格玛项目的组织实施提供了团队和项目管理工具方法。

推荐阅读

1. 中国质量协会组织编写 . 六西格玛管理（第 3 版）. 北京：中国人民大学出版社，2014.

2. 中国质量协会组织编写 . 六西格玛绿带手册 . 北京：中国人民大学出版社，2011.

3. Thomas Pyzdek 著，孙静译 . 六西格玛（6σ）手册 . 北京：清华大学出版社，2003.

4. 美国朱兰研究院著，上海质量管理科学研究院译 . 六西格玛基础教程（绿带读本）. 北京：中国财政经济出版社，2002.

5. [美] 约瑟夫·M . 朱兰等著，焦叔斌等译 . 朱兰质量手册（第五版）. 北京：中国人民大学出版社，2003.

6. 中国质量协会编著 . 质量经理手册（第二版）. 北京：中国人民大学出版社，2017.

第二章 界定阶段

六西格玛 DMAIC 五步法的第一个关键步骤是界定（Define），它是六西格玛项目过程的第一个关键阶段，这个阶段的工作主要是为项目正式启动打好基础。界定阶段是过程改进中不可省略的一个重要环节，在界定阶段要根据顾客的关键要求或者组织发展的战略重点，将对流程的要求逐层分解展开，形成针对相关流程的关键质量 CTQ（Critical To Quality）及其测量标准，明确缺陷是什么，并在此基础上建立明确的改进目标。上述这些是对六西格玛管理的基本思考，它驱动我们以新的和独创的方式来思考过去经常忽略了的问题。我们可以通过明确和界定要解决的问题编制、更新和完善团队的 DMAIC 项目立项表（Project Charter），并用其来组织项目活动。

2.1 改进机会的识别

改进机会的识别和确定是六西格玛项目实施中非常关键的内容，也是界定阶段非常重要的工作。确定顾客的关键要求，是六西格玛项目识别中的重要一步。整个项目工作是在这个步骤的基础上展开的。因此，在六西格玛项目的界定阶段，需要特别关注这一点。顾客只有在其需求得到充分理解并获得满足后，才会满意和忠诚。如何准确地定义顾客的需求及其要求，是六西格玛项目团队的职责。当顾客的需求被正确理解并被恰当地转换为过程输出的关键质量特性 (Critical To Quality，CTQ) 时，项目才具备了展开的基础。在此基础上，六西格玛项目团队还要对问题进一步细化，对相关过程进一步界定，对相关方及其影响进一步确定，以便将项目界定在那些对顾客和企业影响最大的，可以在有限的时间和资源条件下集中力量解决的问题上。

2.1.1 顾客需求

提高顾客满意度和降低经营成本是六西格玛管理所追求的目标，要提高顾客满意度，首先应真正了解顾客要求，并且要真正把握顾客的关键要求，除顾客明示的要求外，还包括顾客的潜在要求。并且，企业要运用质量功能展开等工具把顾客的关键要求进行多层次演绎分解，转化为产品的技术特性、设计要求等。这是目前世界先进企业的通用做法，也是六西格玛管理中最困难的一步，需要从以下几方面去实践。

1. 顾客的识别

顾客是指“接受产品的组织或个人”（ISO9000 定义），这是一个广义的定义，除了传统意义上的顾客外，过程输出（产品）的接受者还包括社区、股东、员工等其他利益相关方。

（1）按照产品或服务的接受者的情况，顾客可以分为外部顾客和内部顾客两类。

外部顾客：是指组织的外部接受产品或服务的组织或个人，如消费者、最终使用者、委托人、零售商等。

内部顾客：是指组织内部依次接受产品或服务的人员或部门。通常我们描述为过程输出的内部接受者。如产品生产流水线上的装配工，下道工序的操作者则是上道工序的顾客，依次类推。

（2）按照接受产品和服务的方式，顾客可以分为中间顾客和最终顾客两类。

中间顾客：经销商、分销商或其他渠道伙伴；

最终顾客：组织产品或服务的使用者。

（3）按照接受产品和服务的时间顺序，可分为过去顾客、当前顾客和潜在顾客三类。

过去顾客：已接受过组织产品或服务的顾客；

当前顾客：正在接受组织产品或服务的顾客；

潜在顾客：尚未接受过组织产品或服务，但有购买期望的顾客群或者是竞争者的顾客。

（4）按照顾客层次、业务量、市场区域、产品特征等，顾客还可进行细分，如大、中、小型顾客，关键顾客和一般顾客，等等。

顾客要求是指顾客“明示的、通常隐含的或必须履行的需求和期望”（1SO9000 定义），是 种特定的要求，由明示的，或者是不言而喻的惯例及 般做法所考虑的顾客需求或期望组成，其潜在的、动态变化的特点使得顾客要求将越来越复杂而且多变。

细分顾客的根本目的在于：针对不同顾客群体采用不同的方法，倾听和了解不同顾客群的具体、差异化的要求，建立与之相适应的顾客关系，进而增进顾客满意和顾客忠诚。

对于一个六西格玛项目而言，项目产品的接受者也就是项目的顾客。

首先，应当识别特定项目的顾客，包括内部顾客和外部顾客，并根据项目实际和顾客要求的差异程度进行进一步的细分，从中确定出关键的细分顾客群。

其次，分析在该项目中各种顾客的需求是什么？有哪些影响因素？哪些是关键需求？如何将顾客的需求转化为项目目标等。

2. 顾客满意与顾客忠诚

顾客满意是指“顾客对其要求已被满足的程度的感受”（ISO9000）。顾客抱怨是一种满足程度低的最常见表达方式，但顾客不抱怨并不一定表明顾客很满意。即使达到顾客规定的要求，也不一定确保顾客很满意。

顾客满意的程度取决于顾客的价值观和期望值（认知质量）与所接受的产品或服务状况的比较。顾客的价值观决定了顾客的期望值，而组织提供的产品或服务（过程的输出）形成对顾客的感知效果（感知质量），两者对比的符合程度确定了顾客是否满意。

由于顾客满意是顾客通过对一个产品（或一项服务）的可感知的效果（感知质量）与他的期望（认知质量）相比较后所形成的感觉状态，因此，满意水平是感知的效果和期望值之间的差异函数。顾客可以经历三种不同感觉状态中的一种。如果效果低于期望，期望得不到满足，则顾客不满意；如果可感知效果与期望相匹配，期望得到满足，顾客就满意；如果可感知效果超过期望，顾客就会惊喜，超出期望，直至产生忠诚（如图 2–1 所示）。

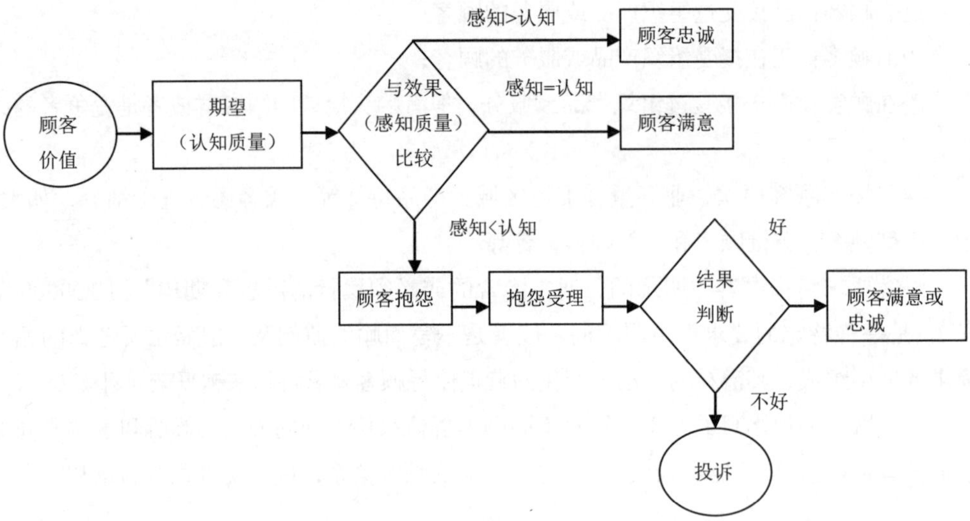

图 2–1　顾客满意示意图

一般来说，顾客的要求是变化的，反映产品的质量特性也会随着变化，组织不仅要考虑顾客当前的要求，还应考虑顾客未来的要求，以适应顾客不断变化的要求。顾客的要求包括明示的、通常隐含的或必须履行的三个方面，由于顾客是根据感受来理解产品或服务质量，所以很难提出准确的、量化的需求指标，需要组织主动了解顾客的期望，确定其真正的需求，从而来定义自己的产品或服务质量。

顾客忠诚是指顾客在对某一产品或服务的满意度不断提高的基础上，重复购买该产品或服务，以及积极向他人推荐该产品或服务的表现。忠诚的顾客对组织及其产品或服务有明显的情感倾向性，能承受组织有限的涨价和抵制竞争者的降价或倾销价。

市场营销调查研究表明，保留现有顾客的成本比赢得新顾客的成本要低得多（1 比 6）。顾客的忠诚程度越高，意味着越低的销售成本、越高的营业收入和利润，也就意味着能够给组织带来更好的财务绩效。提高顾客忠诚度对组织的稳定和发展有着重要的意义，主要体现于：

（1）忠诚顾客重复购买和推荐购买，能够带来更多的营业收入和利润；

（2）忠诚顾客能够更积极地参与企业的产品、服务和管理的改进，或提出建议；

（3）忠诚顾客会主动宣传企业的品牌和形象，有利于市场的拓展；

（4）借助于忠诚顾客的影响，有助于企业化解不满意顾客的投诉或抱怨。

3. 顾客数据的收集

要真正把握顾客要求，首先要建立顾客反馈系统，倾听和了解“顾客之声”（Voice of the Customer，VOC）。这是了解顾客要求的关键一步，必须给予充分的重视。应注意“顾客的声音”中的“顾客”是一个广义的概念。除了产品使用者和潜在使用者，必要时还应包括分销商、产品维修人员等在产品寿命周期内关系密切的外部及内部的组织和人员。对于大型复杂产品的开发，“顾客的声音”将来自更多的方面。另外，环境法规、安全标准等国家和行业的法令、法规和标准、规范，由于构成了产品开发的约束条件，也应列入顾客要求的范畴。从企业长远的利益考虑，还必须深入地分析研究和考虑顾客的潜在需求和产品的更新换代规划、企业的发展方向和发展战略等。

可以从不同的顾客那里收集反馈的数据和信息，包括：当前感到满意的顾客；当前感到不满意的顾客（包括那些抱怨和没有抱怨的顾客）；流失的顾客；竞争对手的顾客；潜在的顾客等。用于收集“顾客之声”的方法包括：

（1）顾客调查：通过调查表、顾客代表座谈会等形式了解和归纳顾客对未来产品的要求；

（2）顾客抱怨和投诉的处理：积极主动地收集顾客的抱怨和投诉，通过及时有效的处理，增进顾客满意和忠诚，改进产品、服务和管理，并了解顾客的真实要求；

（3）同类产品质量跟踪和售后服务信息分析：了解现有产品中令顾客满意或抱怨的质量特性，将其转化为以顾客要求的形式表述；

（4）政策法规约束分析：将有关的政策法规、环保要求等纳入顾客要求或作为产品开发的约束条件；

（5）战略展开：分析公司的战略和策略在产品开发中的贯彻方式，提炼出必要的顾客要求；

（6）产品发展现状与趋势分析：通过媒体及专业杂志等手段收集信息，分析处理，从全局上把握产品发展方向。

4. 顾客数据的分析

收集了顾客数据只是第一步，还需要分析顾客数据。“顾客之声”提供了原始的顾客需求，应加以规范化，进行分解、归并、筛选，并进行确认和分级，通过调查分析，确定各顾客要求的重要度。对顾客要求的表述是有一定要求的，这些要求是：

（1）用语简洁，无歧义；

（2）一项顾客需求只表达一个特定的意思；

（3）不把对应的技术解决方案纳入顾客需求；

（4）便于理解；

（5）同一级别的顾客需求彼此独立，内容无覆盖及交叉。

为便于理解，应对用语进行规范化处理，可据此提出相应的解决方案。

为了建立顾客需求间的层次关系，亲和图法（详见第一章第 1.5.3 节）是有效的工具方法。应用亲和图法对顾客需求进行整理的步骤如下：

（1）把每项顾客需求分别填在一张小纸条上，去掉内容重复的纸条，再把所有纸条排列起来；

（2）把内容相近的纸条聚为一堆，起一个可以概括其内容的名字，作为高一级的顾客需求，另外写在纸条上；

（3）将新写的纸条按内容相近程度归类、命名，作为更高一级的顾客要求，并另外写在纸条上；

（4）如有必要，继续上一过程，直到顾客需求被系统而分层次地组织起来。

对于稍复杂一些的产品，为了深入细致地分析顾客对产品的要求，可能需要建立多级顾客需求，将它们填入需求质量展开表中（见表 2–1）。

表 2–1　某无线电远距操纵装置的需求质量展开表

1 次	2 次
1　操作方便	1.1　携带方便
	1.2　操作中不感觉疲劳
	1.3　对操作易于理解
	1.4　能轻松愉快地操作
	1.5　能处理复杂问题
……	……
5　安全	5.1　无误动作
……	……

注：对收集、整理的顾客数据，可采用图表方法、统计方法、定性的工具来分析和理解顾客的需求。

5. 关键顾客要求的转化

许多情况下，需要在顾客调查的基础上，对顾客需求进一步展开，以便将其转化为具体可测量的要求，并细化到团队可以把握的层次，便于项目工作的开展。图 2–2 所展示的是某服务过程顾客要求展开树图，它是顾客需求展开的一个例子。

采用树图展开顾客需求的一个好处是为设计调查顾客满意度问卷提供了框架，而且基于问卷结果的分析，可以发现哪些方面是急需改进的项目。

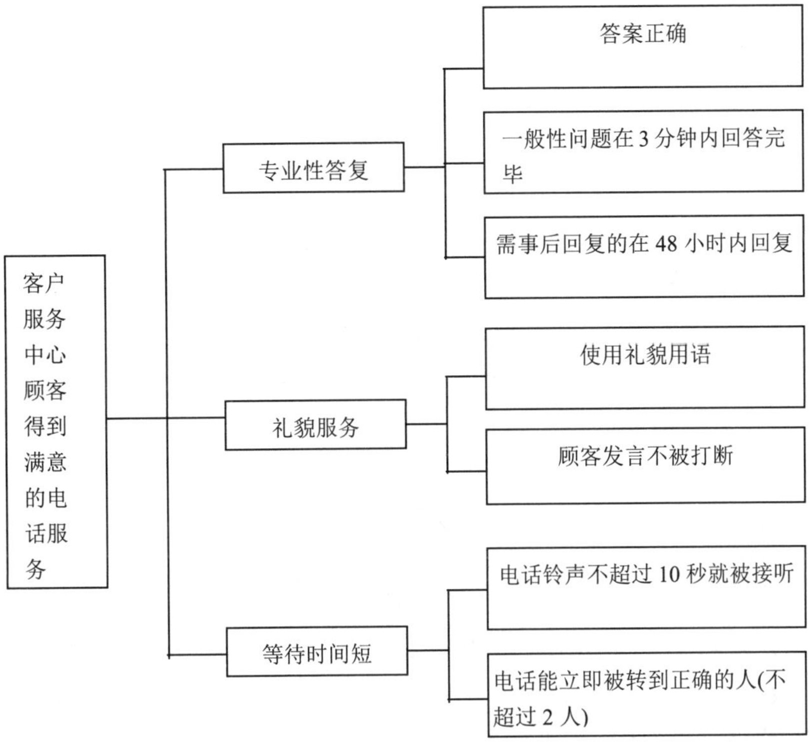

图 2–2　顾客要求的树图展开

6. 顾客需求分类与卡诺模型（KANO Model）

获得顾客需求之后，需根据卡诺模型（KANO 模型）对顾客需求进行分类。KANO 模型的目的是通过对顾客的不同需求进行区分处理，帮助组织找出提高顾客满意度的切入点。模型中定义了三个层次的顾客需求：基本型需求、期望型需求和兴奋型需求。如图 2–3 所示。

基本型需求是顾客认为产品“必须有”的属性或功能。当其特性不充足（不满足顾客需求）时，顾客很不满意；当其特性充足（满足顾客需求）时，无所谓满意不满意，顾客充其量是满意。

期望型需求是提供的产品或服务比较优秀，但并不是“必需”的产品属性或服务行为，有些期望型需求连顾客都不太清楚，但是他们希望得到的。在市场调查中，顾客谈论的通常是期望型需求，期望型需求在产品中实现的越多，顾客就越满意；当没有满意这些需求时，顾客就不满意。

兴奋型需求是提供给顾客一些完全出乎意料的产品属性或服务行为，使顾客产生惊喜。当其特性不充足时，并且是无关紧要的特性，则顾客无所谓；当产品提供了这类需求中的服务时，顾客就会对产品非常满意，从而提高顾客的忠诚度。

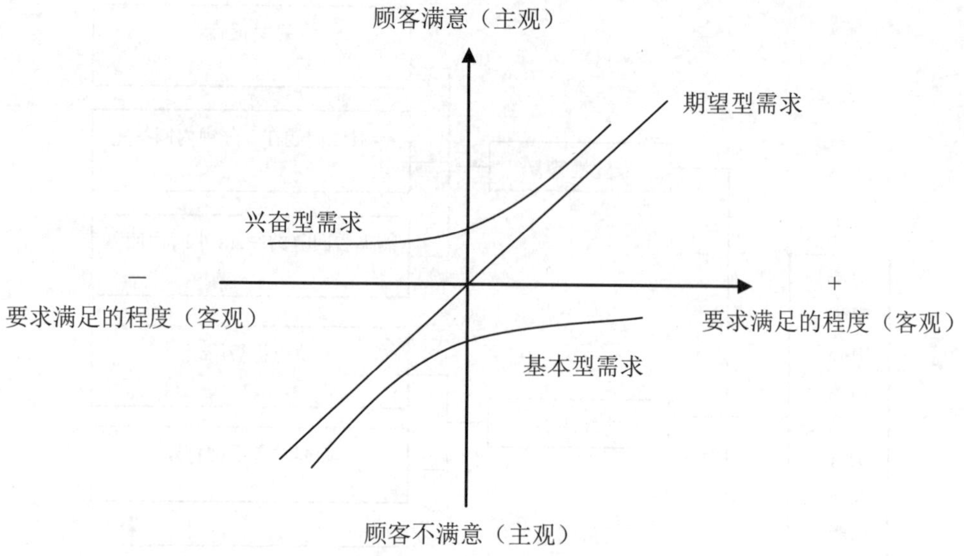

图 2–3　KANO 模型

KANO 模型是一个典型的定性分析模型，一般不直接用来测量顾客的满意度，它常用于对绩效指标进行分类，帮助组织了解不同层次的顾客需求，找出顾客和组织的接触点，识别使顾客满意的至关重要的因素。

7. 关键质量特性 CTQ 及其测量

在顾客需求转化的基础上，需要确定与顾客满意密切相关的关键质量特性 CTQ。关键顾客要求转化的过程，也是 CTQ 梳理的过程。它通常是通过树图展开的过程实现的。一个 CTQ 树图的展开过程将从一般的顾客要求开始逐层展开至具体的过程输出的要求，或者说从难以测量的特性逐步展开至容易测量的特性。一般说来，将一般需求展开到过程的关键质量特性 CTQ，需要经过 2 ～ 3 个层次的展开。

构建 CTQ 树图的步骤如下：

（1）识别顾客

（2）识别顾客要求

（3）识别第一层顾客要求

（4）逐层细化到适当的层次

（5）确认这些要求，以确保 CTQ 树反映顾客要求

例 2–1 某快餐店的 CTQ 树图的展开

该快餐店的顾客是那些希望方便快捷地解决吃饭问题的消费者。他们的主要需求是：方便快捷地订餐。各层 CTQ 树图展开见图 2–4 的示例。

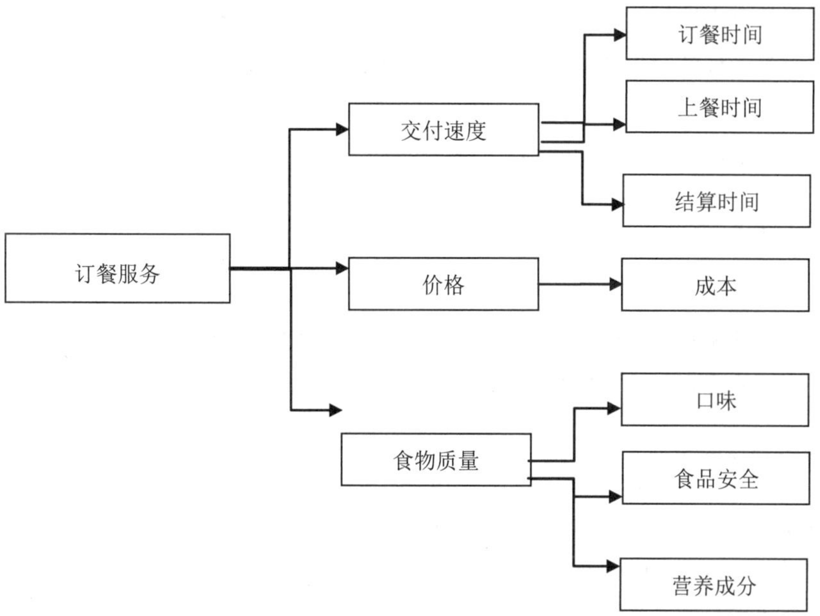

图 2–4　快餐店 CTQ 树图展开示例

在 CTQ 树图展开的基础上，团队需要针对项目关注的 CTQ 选择适当的测量指标，以便建立测量、确定标准、定义缺陷。可以按下述步骤选择出适用的 Y 的测量指标：

（1）选出要测量什么。在界定阶段，团队确认了 DMAIC 项目要解决的主要问题，以及关键的顾客要求。这时要根据测量来获得对问题严重程度及出现频率的了解，以及对于顾客要求的达成程度的评判。在选择测量指标时应注意测量指标对问题分析的价值，以及收集数据的可行性和难易程度。表 2–2 是选择测量指标时的一些参考建议。

表 2–2　测量指标选择时的一些参考建议

可用性 / 测量指标的价值	可行性 / 难易程度
√ 与重要的顾客要求有关	√ 是否有历史数据供分析使用
√ 能准确表达顾客要求的满足程度	√ 测量周期是否很长
√ 易于暴露问题与改进机会	√ 测量是否复杂
√ 可以作为与其他组织进行对比的标杆	√ 是否与其他测量指标冲突
√ 可以持续测量并提供有价值的信息	√ 是否可以重复和再现

（2）用 CTQ 树来确认测量。通过 CTQ 树图展开，Y 的测量会进一步明确。可以通过 CTQ 树图进一步明确项目的测量。例如，图 3–4 对快餐店的顾客来说，顾客要求的一个重要方面是交付速度，这个问题也是团队重点要解决的问题。那么，团队选择的测量指标可以是：1）订餐时间；2）上餐时间；3）结算时间。对这些测量指标，团队可

以考察它们的可用性和可行性，以便确认它们是否是合适的测量指标。

（3）测量指标的细化及测量评估。更加详细的测量以及数据收集方法的确定，对整个项目的实施会非常有帮助。但是，在项目界定阶段，关于测量指标的选择在比较高阶的层面上展开即可。更加详细的测量以及数据收集的方法，将在测量阶段展开。

2.1.2 项目选择

六西格玛管理是通过有组织、有计划地实施六西格玛项目而实现其经济效益的，同时也是通过六西格玛项目的实施来促进人们观念和行为方式转变的。因此，六西格玛项目实施是六西格玛管理的重要组成要素。

1. 六西格玛项目选择的一般原则

六西格玛项目的选择的原则是：选出的六西格玛项目要有意义（meaningful）以及选出的项目要可管理（manageable）。

六西格玛项目的意义和价值体现在以下几个方面：

（1）六西格玛项目要支持顾客满意的改善。以顾客为中心是六西格玛价值观之一。六西格玛有两个基本点：一是产品或服务让顾客满意直至忠诚；二是减少缺陷直至彻底消除缺陷。因此，所解决的问题必须来自对顾客需求、顾客反馈等信息的分析，找出顾客真正关心的问题，在此基础上确定关键质量特性。

（2）六西格玛项目要支持企业战略目标的实现。六西格玛管理是企业实现战略目标的有效手段，每一个六西格玛项目都应支持企业战略的实现。也就是说，通过六西格玛项目为企业架设实现未来战略目标的桥梁，促进企业战略目标实现。

（3）六西格玛项目目标要有挑战性。一般来说，六西格玛项目都要将缺陷显著降低，只有这样，才能实现过程绩效的突破性改进。

（4）六西格玛项目要强调过程的改进。聚焦于过程改进也是六西格玛价值观之一，六西格玛是通过应用过程方法来实现过程绩效突破性改进的。

（5）六西格玛项目要为企业带来较大的经济效益。六西格玛管理要用财务的语言阐述现状水平和改进后的绩效，用财务指标将绩效转化成财务效益。

选出的六西格玛项目要可管理（manageable）是指：六西格玛项目欲解决的问题应清晰且可测量。六西格玛改进不仅关注产品质量，而且关注缩短制造或服务周期、改善服务或交付的响应时间、提高生产能力、提高产品开发过程能力、提高效率、降低不良质量成本等。无论对哪种问题，都必须先定义“缺陷”，换句话说，就是先定义评判“好”“坏”的标准及其测量方法，然后才能评估欲解决问题的现状水平。六西格玛项目的范围应清晰可控。每个项目都要有一个明确要解决的问题，每个问题的范围应界定清楚，并且适当，一般来说项目应在 4 ～ 6 个月内完成。但在许多情况下，一个问题的解决会涉及多个方面，比如：缩短产品的交付时间可能会涉及制造过程的质量，也会涉及原材料采购周期、产品运输周期、运输质量等一系列问题，这时可分解成几个小项目，在相对小的可控范围内解决，便于管理。

2. 排列图法在项目选择中的应用

六西格玛项目的选择要支持顾客满意的改善和支持企业战略目标的实现，同时还要便于管理，使其欲解决的问题明确且可测量，问题的范围被清晰界定。为了达到这样的目的，通常采用排列图法，优先选择出那些对顾客影响大的、问题清晰可测量的、解决问题的范围与投入的资源相匹配的关键质量特性 CTQ，并据此设立六西格玛项目。

排列图是建立在帕雷托（Pareto）原则之上的，即 80% 的结果源于 20% 的原因。排列图的目的是比较不同的缺陷类型所导致的结果或对顾客的影响，以便找出最重要的需要优先关注的问题；设置优先权并定义问题 / 机会；确定关键输出变量。

一般来说，排列图的作图步骤如下：

步骤一：收集过程输出在某时间段内的数据，并确定过程输出中都有哪些不符合顾客要求的缺陷项；

步骤二：将各项缺陷发生的频数按从大到小的顺序排列，计算各自占总缺陷数的比率（%）和累计比率（%）；

步骤三：将横坐标按从大到小的顺序，依次列出各种缺陷项；

步骤四：以左侧纵坐标为缺陷发生频次数，右侧纵坐标为比率（%）；

步骤五：在横坐标上的每个缺陷项处，画出与其发生频数对应的矩形；

步骤六：由左至右累加每个缺陷项的比率，画出累计频率曲线。

表 2–3 和图 2–5 是某服务过程输出缺陷排列图作图和分析的一个例子。

表 2–3 某顾客服务过程输出缺陷排列图计算表

缺陷类型	发生频次（2005 年 1—10 月）	累计缺陷数	比率（%）	累计比率（%）
A：顾客等待时间长	51	51	51	51
B：迟于规定时间回复	25	76	25	76
C：回复不准确	13	89	13	89
D：遗漏顾客信息	7	96	7	96
E：账单错误	2	98	2	98
F：收费错误	2	100	2	100
合计	100		100.0	

下面是根据上述排列图计算表做出的排列图：

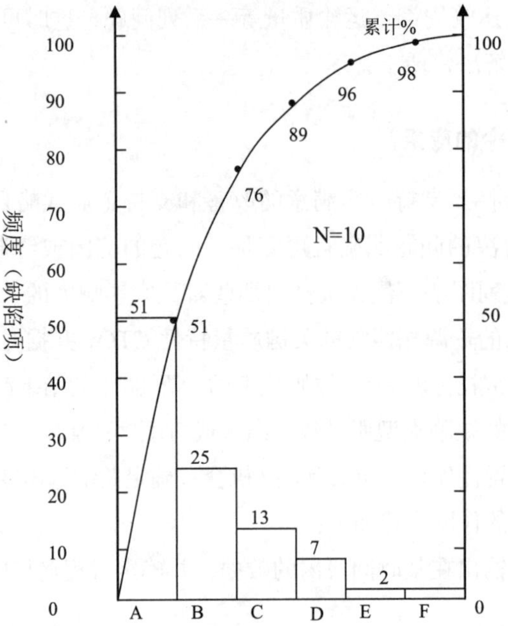

图 2–5　顾客服务流程缺陷的排列图

从排列图上可以看出，占发生频次总数的 80% 左右的缺陷是 A 类缺陷和 B 类缺陷。因此，项目需要改善的过程关键输出变量应该是:（1）顾客等待时间;（2）回复时间。

采用计算机作排列图时，作图步骤将大大简化。图 2–6 所示的是用 Minitab 软件作出的某铸造过程输出缺陷的排列图。从这张排列图上可以看出，项目应当关注的 CTQ 或项目的 Y 应当是“气孔”和“夹渣”，这两种缺陷占过程输出总缺陷数的 82% 左右。

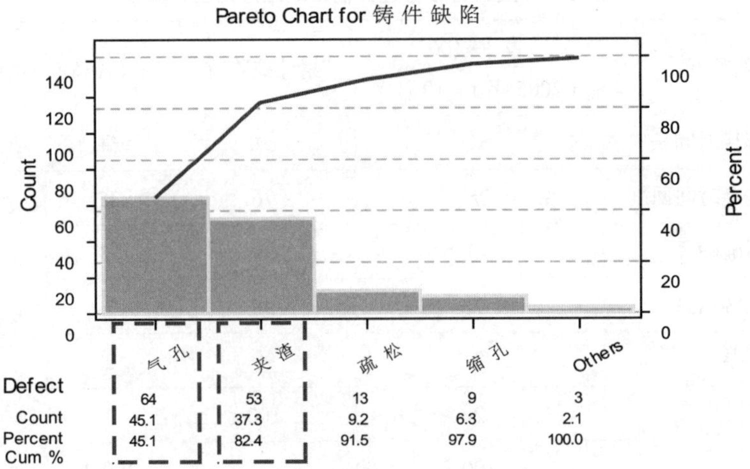

图 2–6　某铸造过程输出缺陷的排列图

3. 六西格玛项目选择中需注意的问题

在六西格玛项目选择过程中，应注意避免下述常见问题或错误：

（1）项目欲解决的问题与企业发展重点或关键顾客需求等没有联系，因此体现不出项目价值，无法得到管理层的支持和承诺，此类问题不适合选为六西格玛项目。

（2）项目改进内容不是针对顾客的 CTQ，项目实施后看不到对 Y 的改善，不见成效，此类问题也不适合选为六西格玛项目。

（3）没有针对 Y 进行分析、分解，直接将 Y 作为改进项目，造成因素太多，项目太大，抓不住重点，项目难以达成目标，应该将 Y 分解成若干个具体的六西格玛项目。

（4）欲解决的问题原因已经明确，行动措施已经初步确定，此种问题应该立即采取行动，而不需要再选做六西格玛项目，避免比葫芦画瓢走过场，搞形式主义。

（5）项目衡量指标不明确或项目目标没有挑战性，此类问题浪费资源、无意义，不适合选为六西格玛项目。

（6）项目难度太大，超出项目团队的能力或授权，不适合选为六西格玛项目。

（7）项目改进空间太小，预期收益太低，企业得不到适当的回报，此类问题也不适合选为六西格玛项目。

总的来说，好的开始是成功的一半，选择好的项目是企业六西格玛管理成功的关键。初次导入六西格玛管理的企业在考虑选择什么项目时，可能不是那么顺利，会占用一些时间，甚至会有一些反复的过程，然而，这却是六西格玛管理活动中必不可少的一项重要工作，多花一些时间也很必要。

2.2 过程的基本概念

过程是现代管理最基本的概念之一，六西格玛价值观之一就是聚焦于过程改进，减少或消除过程变异。因此，要了解过程的基本概念，把握好过程的输入、输出以及过程的主要构成要素等，掌握过程分析方法。

2.2.1 过程及其输入输出

1. 过程的基本概念

在 ISO9000:2005《质量管理体系基础和术语》中，将过程定义为：将输入转化为输出的相互关联的或相互作用的一组活动。

在过程示意图（图 2–7）中：

（1）过程的任务在于将输入转化为输出，而输出就是过程的产品（包括服务），输入、输出以及过程特性应是可测量的。输入和预期的输出可以是有形的（如设备、材料和元器件），也可以是无形的（如能量或信息）。输出也可能是非预期的，如废料或污染。

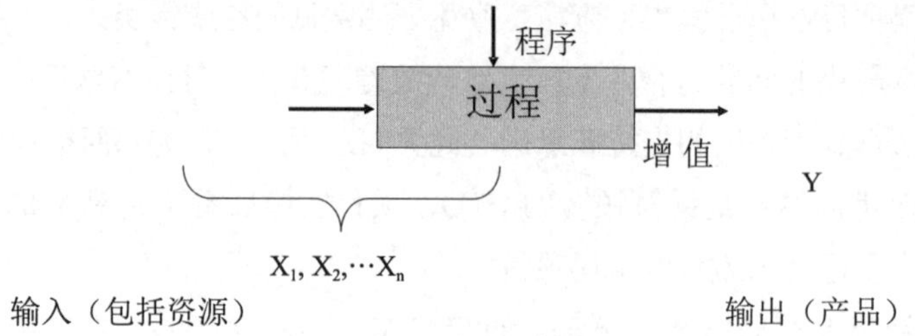

图 2–7　过程示意图

（2）对形成的产品是否合格不易或不能经济地进行验证的过程，通常称之为“特殊过程”。

（3）增值是对过程的期望，即：每一个过程均应该是增值的过程，反之则应进行改进或删除。

（4）为了使过程增值，组织应当对过程进行策划，即识别过程及其要求，进行过程设计并形成程序，建立过程绩效测量和过程控制方法。过程程序的实施能够使组织稳定受控地获得增值，但为了使过程具有更强的增值能力，组织还应当对过程进行持续改进和创新。

（5）将输入转化为输出的动因是活动，而且是一组相互关联或相互作用的活动。

（6）过程具有伸展性：一个过程可以分解成若干更小的子过程；若干小过程可集成为一个较大的过程。

（7）根据所含活动的多少、大小，过程可以是一个大过程（如产品实现过程），也可以是一个小过程（某一个冲裁生产过程）。

过程输入可以是人力、设备设施和材料，或者是决策和信息等。输入包括可控因素，也包括噪声因素，即那些被认为不可控制、不期望控制或控制费用昂贵的因素。实用而简单的过程概念模型是“Y 是 X 的函数”：

$$Y = f(X_1, X_2, \cdots, X_n)$$

这里，Y 代表结果变量，而 X 为输入变量或过程变量，它是自变量，是独立的因素，而 Y 是因变量、非独立因素。上式表达的信息是，通过选取和控制各 X 值，能够改进过程输出 Y。值得强调的是，在众多 X 中，只有少数 X 对 Y 起决定性的影响。我们称这些 X 为关键 X 或关键输入变量 KPIV(Key Process Input Variables)。

2. SIPOC 分析

在项目的界定阶段，为了识别项目重点关注的内部流程，需要将内部流程与顾客关键要求联系起来，在此基础上，清晰地界定项目范围。这个识别过程首先从宏观的流程分析（也被称为高阶流程分析）开始。而 SIPOC 分析方法正是通常使用的宏观流程分析方法。

SIPOC 图，也称高阶流程图（见图 2–8），名字来自供方、输入、过程、输出和顾客的第一个英文字母的缩写。其中：

供方（Supplier）：提供输入的组织或个人，在六西格玛项目管理中，专指向过程提供关键信息、材料或其他资源的组织或个人，供方可以是内部的也可以是外部的。

输入（Input）：供方提供的输入（信息和资源，包括人员、机器、材料、方法、环境等）。

过程（Process）：将输入转化为输出的活动。过程是使输入发生改变的一组步骤，理论上，这个过程（由这些步骤组成的过程）将增加输入的价值。

输出（Output）：过程的结果。

顾客（Customer）：接受输出的人、组织或过程。

图 2–8 SIPOC 图

SIPOC 图上还可以加上过程输入和过程输出的基本要求，用来表示一个业务流程或产品（服务）实现过程中的主要活动或子过程，帮助项目团队界定过程的范围和过程的关键因素，确定关键输入变量（KPIV）和关键输出变量（KPOV，Key Process Output Variables）。SIPOC 图的优点是：能在一张简单的图中展示出从输入到输出的跨职能活动。因此，在项目界定阶段应使用 SIPOC 分析和 SIPOC 图，来识别项目涉及的主要业务流程和相关职能，确定项目范围，识别项目相关方并组织项目团队。此外，通过 SIPOC 分析，使项目团队保持对流程的宏观认识也是非常重要的。

为了提供一份宏观的过程步骤和关键的供方、输入、输出与顾客关联关系的 SIPOC 图表，需要确定项目所关注的过程起点和终点，在此基础上，确定相应的供方和输入，以及输出和顾客（包括组织内部的和外部的顾客）（见表 2–4）。

表 2–4 SIPOC 工作表

供方	输入	过程	输出	顾客

西蒙先生（Simon）建议，采用下述办法带领团队来绘制 SIPOC 图：

（1）用一块足够大的墙面或白板，供团队成员来讨论和列写过程的供方、输入、过程、输出和顾客，直到最后确定它们。

（2）过程的步骤不宜列写得过细，只需用 4 ～ 5 个关键宏观步骤来表达从输入到输出的核心业务流程。

（3）首先，团队先来讨论过程的输出是什么。过程有哪些结果（产品或服务）产生？应该包括哪些内容？过程的输出点或结束点应该在什么地方？

（4）列出过程输出的顾客。谁是过程结果的用户 / 使用者？

（5）列出过程的输入。过程的输入来自何处？

（6）列出提供输入的供方。谁是关键的供方？

（7）顾客的主要要求是什么？

（8）与团队的负责人、流程主管、倡导者以及其他相关方一起，确认项目的 SIPOC 图。

表 2–5 是一个设备租赁过程的 SIPOC 工作表的例子：

表 2–5　SIPOC 工作表（样例）

供方 S	输入 I	过程 P	输出 O	顾客 C
申请人	租赁申请	（见下表）	批准的申请表	申请人
	资质证明		出租的设备	
	信用证明		随机文件	
信用调查部门	信用报告		服务信息	

过程（Process）

顾客信用调查	⇨	设备确认与准备	⇨	随机文件的准备	⇨	收抵押金	⇨	交付

为了保持 SIPOC 图形的正确性，可采取下面一些检验活动：

（1）如果在 SIPOC 图形的“P”中，步骤数量超过了 7 ～ 8 个，则可能项目团队对过程的考虑过于详细了。在项目界定阶段，需要在比较宏观的层面上把握项目范围，审视项目需要关注的流程，需要以宏观视角将需要包括在项目工作中的相关过程识别出来。过细的流程图可能会导致团队的视角变窄，忽略了应该在项目中考虑的跨职能合作的问题。

（2）如果 SIPOC 图形显示出需要对项目涉及的步骤、输出或输入进行重新确定，则意味着需要调整项目的范围。

2.2.2 过程绩效度量指标

1. 离散型数据度量指标

六西格玛管理中的过程绩效离散型度量指标有很多，这里介绍几种常用的指标：单位缺陷数、机会缺陷率和百万机会缺陷数等计点值指标；最终合格率、一次合格率、流通合格率等计件值指标。

这里，先介绍以下一些基本概念。

单位（Unit）：过程加工过的对象，或传递给顾客的一个产品及一次服务。

缺陷（Defect）：产品（或服务）没有满足顾客的要求或规格标准。

缺陷机会：单位产品上可能出现缺陷的位置或机会（缺陷机会与缺陷的度量应保持一致）。一般在确定缺陷机会数时可以分三步：列出可能出现缺陷类型的清单；判定哪一种缺陷是顾客特别关心的、真实发生的缺陷；用其他标准来复核产生缺陷机会的数目。

（1）单位缺陷数（Defects Per Unit, DPU）

单位产品上平均的缺陷个数。它由以下公式计算：

$$\mathrm{DPU}=\frac{\text{检测发现的缺陷数}}{\text{抽取的单位产品数}}$$

例 2–1　抽取 100 块电路板，检查出 5 个缺陷，则：

$$DPU=\frac{5}{100}=0.05$$

（2）机会缺陷率（Defects Per Opportunity, DPO）

每次机会中出现缺陷的比率，表示了样本中缺陷数占全部机会数的比例。它由下式计算：

$$\mathrm{DPO}=\frac{\text{缺陷数}}{\text{产品数}\times\text{单位产品的品均缺陷机会数}}$$

例 2–2　假定这 100 块电路板中，每一个电路板都含有 100 个缺陷机会，若在制造这 100 个电路板时共发现 21 个缺陷，则：

$$DPO=\frac{21}{100\times100}=0.0021=0.21\%$$

（3）百万机会缺陷数（Defects Per Million Opportunity, DPMO）

DPO 常以百万机会的缺陷数表示，即 $\mathrm{DPMO}=\mathrm{DPO}\times10^6$。

例 2–3　上例中，0.0021 的 DPO 即为 2100 的 DPMO。

例 2–4　某物料清单可能会发生四种错误，即 4 个机会，它们是：有多余项目；缺少项目；项目选错；参数写错。则

$$DPMO = \frac{总的缺陷数 \times 10^6}{4 \times BOM的总数}$$

假如在 1376 张物料清单上发现 41 个缺陷，则其

$$DPMO = \frac{41}{1376 \times 4} \times 10^6 = 7449$$

即每百万个机会中有 7449 个缺陷。

（4）最终合格率（Process Final Yield，PFY）

过程最终的合格率，通常是指通过检验的最终合格单位数占过程全部投产单位数的比率。但是，此种质量评价方法不能计算该过程的输出在通过最终检验前发生的返工、返修的损失。这里我们把返工等叫作“隐蔽工厂”（hidden factory）。隐蔽工厂不仅出现在制造过程，同时也出现在服务过程。

（5）一次合格率（First Time Yield，FTY）

第一次就把事情做对，由没有经返工返修便通过的过程输出单位数而计算出的合格率。

（6）流通合格率（Rolled Throughput Yield，RTY)

对于一个串行生产过程，假定各过程彼此独立，则其流通合格率为每个子过程的 FTY 的乘积，表明由这些子过程串联构成的大过程的一次合格率。

$$RTY=FTY1 \times FTY2 \times \cdots \times FTYn$$

式中：FTYi 是各子过程的一次合格率，n 是子过程的个数。

例 2–5　某产品的生产过程有三道工序：首先是下料，合格率为 95.5%；其次是车削，一次合格率 97%；第三是钻孔，一次合格率为 94.4%。请计算该过程的流通合格率。

$$RTY=FTY1 \times FTY2 \times \cdots \times FTYn= FTY1 \times FTY2 \times FTY3 =95.5\% \times 97\% \times 94.4\%=87.4\%$$

流通合格率就是一种能够找出隐蔽工厂的“地点和数量”的测量方法。

最终合格率与流通合格率的区别是，RTY 充分考虑了过程中子过程的存在，即隐蔽工厂的因素。若过程有 n 个子过程，而子过程的合格率分别为 y_1，$y_2 \cdots y_n$（i =1，…n），则 RTY= $y_1 \times y_2 \cdots y_n = \prod_{i=1}^{n} y_i$（$i$ = 1，…n），这样，就充分考虑了过程中各子过程的因素，比较客观地反映过程运作的实际。而最终合格率没有考虑过程的返修，因而掩盖了隐蔽工厂，从而掩盖了质量问题。但是在实际生产过程，不少企业计算的合格率是最终合格率，并没有统计流通合格率，这是需要改进的地方。

例 2–6　某生产过程投产 1000 单位产品，包含五个子过程，每个子过程都有独立的合格率（y_i）（i=1，…5），分别计算 PFY 和 RTY（图 2–9）。

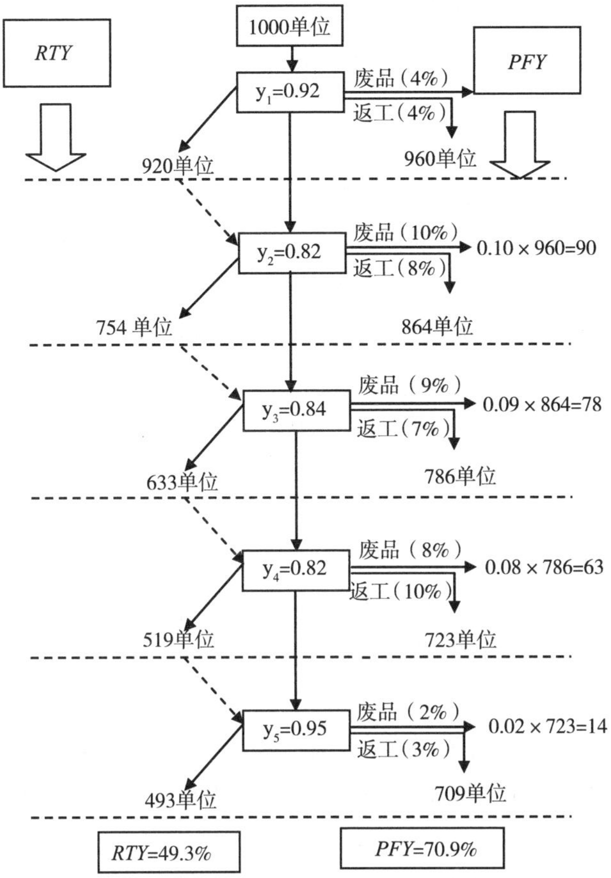

图 2–9　流通合格率（RTY）计算实例

在图 2–9 的右边说明如何计算 PFY。经过第一个子过程，原 1000 个投入单位减少为 960，因为其中 40 单位成为废品无法返工。可返工的 40 单位合格后（为简化起见，我们假定所有返工的产品都能通过检验），投入第二个子过程继续加工，这样第一子过程的 PFY 为 96%。类推至第五个子过程，过程最终合格率降为 70.9%。

在图 2–9 的左边，我们发现通过每一个子过程的单位数自 1000 逐渐递减至 920，754，633，519，直至 493 单位。当 1000 单位投入第一个子过程时，只有 920 单位一次合格。在图的右边，我们可以看到另外 80 单位的去向：40 单位成为废品，40 单位需要返工并重新回到生产循环。在第一个子过程中，共 920 单位一次合格而直接进入第二个子过程，其一次合格率为 82%，得到 754 个一次合格的在制品……如此继续运作，直到完成所有五个子过程，得到 493 个全过程均不需返工的合格品，其流通合格率（RTY）为 49.3%。

本例中 RTY 也可这样计算：$RTY= y_1 \cdot y_2 \cdot y_3 \cdot y_4 \cdot y_5 = 0.92 \times 0.82 \times 0.84 \times 0.82 \times 0.95 = 0.493 = 49.3\%$。

本例中，两种方法计算的合格率分别为 70.9% 与 49.3%，企业的统计方法通常未能显示返工损失，返工部分往往被一般企业所忽略，因此称为“隐蔽工厂”。

2. 连续型数据度量指标

六西格玛管理中常用的过程绩效连续型度量指标包括：关键产品特性、周期时间、库存周转率和质量成本等过程输出绩效指标，以及关键过程输出特性、关键过程参数特性的过程能力指数（Cp, Cpk）。这里主要讨论前者的周期时间、库存周转率和质量成本三个典型指标；后者参见本书“第三章测量”中的“3.4 过程能力分析”。

（1）周期时间（cycle time）

周期时间属于衡量过程效率的精益六西格玛典型指标，指制造一批或一件产品、完成一个加工过程或者完成一次服务（如 CT 医疗检查）所需要的时间，通常由实际测量得出。有时，也称为生产时间（throughput time）。

周期时间的计算往往与所选择的对象相关。例如，某个喷漆工序完成一批共 22 个零件需要 5 分钟，那么对于这一个批量而言，周期时间就是 5 分钟。然而，对于这个批量里的每个零件而言，周期时间则为 13.6 秒。

（2）库存周转率（inventory turnover）

精益生产将降低库存作为关键改进方向，因此库存周转率是精益生产、也是精益六西格玛的典型指标。提高库存周转率对于加快资金周转，提高资金利用率和变现能力具有积极的作用。

存货周转率是企业一定时期（如年、半年或季度等）主营业务成本与平均存货余额的比率。用于反映存货的周转速度，即存货的流动性及存货资金占用量是否合理，促使企业在保证生产经营连续性的同时，提高资金的使用效率，增强企业的短期偿债能力。

很简单的算法，如某制造公司在 2016 年一季度的销售物料成本为 200 万元，其季度初的库存价值为 30 万元，该季度末的库存价值为 50 万元，那么其库存周转率为 200/[（30+50）/2]=5 次。相当于该企业用平均 40 万元的现金在一个季度里面周转了 5 次，赚了 5 次利润。照此计算，如果每季度平均销售物料成本不变，每季度底的库存平均值也不变，那么该企业的年库存周转率就变为 200×4/40=20 次。就相当于该企业一年用 40 万元的现金赚了 20 次利润。

通常，可以进行不同时期库存周转率的比较分析，并与同行业对标，以便确定改进机会。

2.2.3 利益相关方分析

每一个过程都有顾客和受过程输出影响的其他相关方，他们可以是组织内部的，也可以是组织外部的。利益相关方是指受组织的行动以及成功与否所影响的所有群体，关键的利益相关方（Stakeholder）通常包括顾客、股东、供应商、合作伙伴以及社区等，在组织内部，过程的相关方还包括管理者和员工等。

六西格玛项目团队常常需要跨职能开展工作，要确保团队活动的有效展开及项目的顺利进行，需要对项目的利益相关方进行确认和分析。项目利益相关方就是与项目有着密切关系和相互关联的部门或人员，通常包括：

- 被项目结果所影响的部门或人
- 影响项目结果的部门或人
- 有决定权的人
- 提供资源的部门或人
- 流程的相关专家
- 为项目提供数据 / 信息的部门或人

为确保六西格玛项目的顺利进行，识别上述“利益相关方”，让他们对六西格玛项目产生正确的认识，并提供有效的支持是十分重要的。

瑞斯和斯特朗（Rath & Strong）以及贝肯哈德和哈理斯（Beckhard & Harris）都提出了识别项目“利益相关方”并制定项目沟通和影响策略的方法。表 2–6 所示的就是项目利益相关方分析的一个示例。

表 2–6 项目利益相关方分析表

承诺水平	销售	管理	员工	顾客 A	供应商 A
支持		× ○			
顺从	○		○		○
无关紧要				× ○	
不合作			×		
反对	×				
敌对					×
不需要					

注：× 表示当前的承诺水平　　○表示需要达到的承诺水平

在此基础上，团队应当制定减小或消除阻力的项目相关方沟通与影响策略，以使所有项目相关方的承诺水平达到期望的水平。比如：上表中表明，销售部门对本项目持反对态度，而本项目的成功实施需要销售部门的承诺从“反对”至少转变到“顺从”，因此项目团队需要制定相关的沟通与影响策略，消除来自销售部门的阻力，使其态度得到相应的转变并达到期望的承诺水平。同理，项目团队应当完成其他相关方的分析并制定相应的策略。

2.3 质量成本和不良质量成本

质量成本和不良质量成本是过程的重要度量，是精益六西格玛管理的核心指标。

1. 质量成本

质量成本的概念是 20 世纪 50 年代由美国质量管理专家朱兰、菲根堡姆等人首先提出的。其定义是：为了确保满意的质量而发生的费用以及没有达到满意的质量所造成的损失。它是企业生产总成本的一个组成部分。

传统的质量成本由以下四部分构成：

（1）预防成本：指为了预防故障所支付的费用，一般包括：质量策划费用、过程控制费用、顾客调查费用、产品设计评审和验证费用、体系研究和管理费用、供应商评价费用、培训费用以及其他预防费用。

（2）鉴定成本：指为评定质量要求是否被满足而进行试验、检验和检查所支付的费用，一般包括：检验和试验费用、计量服务费用、质量审核费用以及顾客满意度调查等其他鉴定费用。

（3）内部故障（损失）成本：指产品在交付前，不能满足质量要求所造成的损失，一般包括：报废损失、返工返修损失、降级损失、停工损失、质量事故处理费用、纠正措施费用以及其他内部故障费用。

（4）外部故障（损失）成本：指产品在交付后，不能满足质量要求所造成的损失，一般包括：产品售后服务及保修费用、顾客投诉处理费用、产品责任费用等外部故障费用。

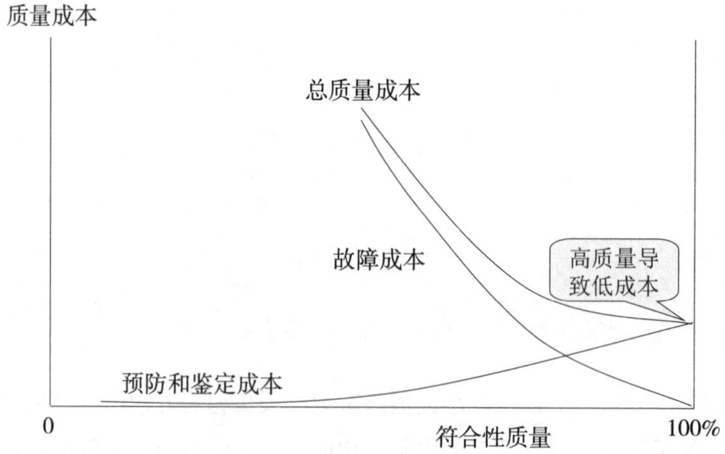

图 2–10 现代质量成本模型

资料来源：朱兰:《朱兰质量手册》(第 5 版)，北京：中国人民大学出版社，2003.

传统的质量成本在故障成本方面的收集范围过窄，而且忽视了三个方面的“隐藏成本”：一是工作和过程质量（特别是非生产过程的工作和过程质量）故障损失；二是尽管生产着合格产品但过程低效率的损失，这种低效率来自过大的资源消耗和非增值的过程步骤等；三是由于不良质量而导致的销售损失，包括顾客流失损失等。

这导致了人们对故障成本的过低估计，以至于认为在低于 100%合格水平的某处存在着一个“适宜的质量成本”。当我们将三个方面的“隐藏成本”分别加入内部、外部故障成本后，可以得出如图 2–10 所示的现代质量成本模型。

组织在推行质量成本管理的初期，注重通过增加预防和鉴定成本来降低内外部故障成本，随着质量水平和经营管理成熟度的提升，将着力于通过增加预防成本以降低鉴定成本和故障成本。完美无缺无疑是我们未来的向往，从长远和总体的角度看，质量水平越高，其质量成本越低，即所谓“质量是免费的”。

2. 不良质量成本

不良质量成本（cost of poor quality, COPQ）则是在质量成本基础上，为聚焦于改进机会而将“非增值的预防和鉴定成本”加上“内外部损失成本”而构成，也是由于我们没有“第一次就把事情做对、做好”而额外付出的成本。

这一概念已经广泛地用于六西格玛管理。不良质量成本的观念将有助于我们选择或者界定六西格玛项目，因为在成本节省方面是否有潜力是我们选择项目的重要考虑事项之一。在项目初期进行不良质量成本测算，可以作为项目选择的依据，也有利于明确项目改进的方向，同时，也为项目总结时评估项目财务效益奠定基础。如果项目团队能够根据各项目的不良质量成本金额大小制作排列图，然后制定改进的优先顺序，那将是十分有效的，当然要花费很大的工夫。

由于质量不良而造成的成本损失是十分惊人的，遗憾的是这部分成本往往不为人们所知。如果说不良质量成本是“矿中黄金”，那么降低不良质量成本就意味着“挖掘金矿”，一般企业的“黄金量”高达销售额的 25% ～ 40%，挖到的就是赚到的额外利润（见图 2–11），而精益六西格玛正是“挖掘金矿”的最有效方法之一。

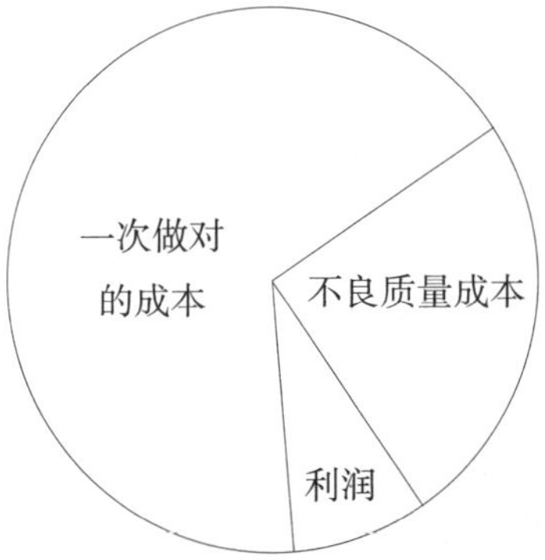

图 2–11 不良质量成本：“挖掘金矿”

2.4 价值链与价值流图

价值、价值流、流动、拉动和尽善尽美，是精益管理的基本原则。也是指导精益六西格玛项目实施的基本原则。为顾客创造价值是精益六西格玛管理的核心理念。因此，掌握关于价值、价值链、价值流的基本概念及其分析方法，是十分必要的。

2.4.1 价值、价值链与价值流的基本概念

1. 价值

应从顾客的角度定义价值。所谓有价值的活动是能为顾客增加效用、顾客承认它的必要性并愿意为其付费的活动。价值只有由特定的价格、能在特定的时间内满足顾客特定需求的产品或服务来表达时才能实现。价值只能由最终顾客来确定。因此：

（1）正确地确定价值就是以顾客的观点来确定企业从设计到生产到交付的全部过程，实现顾客需求的最大满足。

（2）以顾客的观点确定价值还必须将生产全过程的多余消耗减至最少，不将额外的花销转嫁给顾客。

（3）精益的价值观将生产方、顾客和供应商的利益统一起来，而不是过去那种对立的观点。

（4）以客户为中心的价值观来审视企业的产品设计、制造过程、服务项目就会发现有太多的浪费，从不满足客户需求到过分的功能和多余的非增值消耗。当然，消灭这些浪费的直接受益者既是顾客也是生产方。

精益管理的价值观与浪费（Muda）直接对立。浪费包括很多类型，如：闲置的库存、不必要的工序、不必要的运输、超过需求的生产、人员的不必要动作、各种等待等，即典型的七种浪费。所有这些日常生产中很少为人们所注意但却大量存在的活动（在很多制造流程中甚至超过了 90%），不仅不能为企业创造价值，反而增加了成本，都是精益生产反对和致力消除的。从企业获取订单到生产过程，再到最后的销售，消除浪费的思想贯穿始终。

沃迈克和琼斯把企业内部的浪费分为两种：生产中不创造价值，但在现有技术与生产条件下不可避免的作业内容，称为Ⅰ型 Muda，如必要的在线检验、物料运输等。不创造价值且可以立即去掉的作业内容，称为Ⅱ型 Muda，如等待、多余的动作、不必要的审批等。在精益六西格玛改进改善活动中，首先努力消除Ⅱ型 Muda，降低成本，然后使产品在整个流程中流动起来。通过连续流动，进一步消灭Ⅰ型 Muda 浪费，优化流程，并且流动越快，所暴露出的浪费会越多，越有利于精简流程和降低成本。

2. 价值链

企业要生存和发展，必须为企业的股东和其他相关方包括员工、顾客、供货商以及所在地区和相关行业等创造价值。如果把“企业”这个“黑匣子”打开，我们可以把企业创造价值的过程分解为一系列互不相同但又相互关联的经济活动，或者称之为“增值活动”，其总和即构成企业的“价值链”。任何一个企业都是其产品在设计、生产、销售、交货和售后服务方面所进行的各项活动的集合体。每一项经营管理活动就是这一价值链条上的一个环节。企业的价值链及其进行单个活动的方式，反映了该企业的历史、战略、实施战略的方式以及活动自身的主要经济状况。

哈佛大学商学院教授迈克尔·波特于1985年提出价值链的概念，波特认为：“每一个企业都是在设计、生产、销售、发送和辅助其产品的过程中进行种种活动的集合体。所有这些活动可以用一个价值链来表明。”价值链可以分为基本增值活动和辅助性增值活动两大部分。企业的基本增值活动，即一般意义上的“生产经营环节”，如材料供应、成品开发、生产运行、成品储运、市场营销和售后服务。这些活动都与商品实体的加工流转直接相关。企业的辅助性增值活动，包括组织建设、人事管理、技术开发和采购管理。这里的技术和采购都是广义的，既包括生产性技术，也包括非生产性的开发管理，例如，决策技术、信息技术、计划技术；采购管理既包括生产原材料，也包括其他资源投入的管理，例如，聘请有关咨询公司为企业进行广告策划、市场预测、法律咨询、信息系统设计和长期战略计划等。价值链的各环节之间相互关联，相互影响。一个环节经营管理的好坏可以影响到其他环节的成本和效益。比方说，如果多花一点成本采购高质量的原材料，生产过程中就可以减少工序，少出次品，缩短加工时间。

价值流则是将关注的重点放在那些创造价值的具体流程上。精益思想中识别价值流的含义是在价值流中找到哪些是真正增值的活动、哪些是可以消除的不增值活动。精益思想将所有业务过程中消耗了资源而不增值活动叫作浪费。识别价值流就是发现浪费和消灭浪费。识别价值流的方法是“价值流分析（Value Stream Map Analysis）”。价值流分析成为实施精益思想最重要的工具。价值流并不是从自己企业的内部开始的，多数价值流都向前延伸到供应商，向后延长到向客户交付的活动。按照最终用户的观点全面地考察价值流、寻求全过程的整体最佳。

2.4.2 价值流图概念

1. 价值流图

价值流图是一种帮助人们识别流程中的浪费和改进机会的图表工具，它不仅将流程中的步骤展示出来，同时将流程中物流和信息流一并展示出来，使流程中产生浪费的环节显性化。它体现了顾客需求是通过什么样的信息流和物流，对接到流程中的。展示了从原材料到成品，再到顾客的所有活动，有助于观察和理解产品通过价值流过程时的物料流动和信息流动，以及其中的增值和非增值活动，从而发现浪费和确定需要改善的地方，为改善活动确定蓝图和方向。同时也便于员工了解企业的状态，提供参与改善的机会。价值流图分析研究的是生产流程，它是指将现场观察到的生产流程中物料和信息的流动情况用简图描绘下来，对其进行分析找出产生浪费的原因，并应用精益生产原理提出改进方案，然后对生产过程实施改进的系统性方法。

应用价值流图分析企业生产流程，意味着要从全盘看待问题，而不是集中于某个单独的过程；意味着将改变整体，而不仅仅是优化某个部分。价值流图分析可以是针对企业内部（又称"四堵墙以内"）的活动进行分析和改善，也可以针对"四堵墙以外"，即从供应商出货起到顾客收货为止的整个价值流的分析和改善。对于价值流图，需要从以下几点进行深入理解：

（1）物料流和信息流是生产过程价值流的两个不可分割的重要方面。

（2）观察研究价值流的范围可以从一个过程、一个车间、一个工厂直至整个公司、整个供应链。一般从一个车间(从进口到出口)着手，然后向下对每一个过程进行研究并采取具体的改进措施，向上扩展到整个工厂、公司直至整个供应链，改进整个系统的价值流。

（3）价值流图分析技术强调研究人员亲自到现场观察、了解、记录和画图，而不只是凭书面资料。

价值流图分析包括以下主要步骤：

（1）了解并记录顾客的要求。如图 2–10 中右上角顾客要求框所示，主要应了解顾客的需求量、种类、交付频次和要求等。

（2）了解并画出工厂内材料流图。如图 2–10 中下部的线框所示，也是工厂内的基本生产过程，将能够连续进行的过程列入一个框内，无法连续的则在两框之间用库存三角分开。

（3）收集并记录每个生产过程的数据（数据框）。在每个过程线框下记录主要数据包括生产节拍、换型时间、操作人数、有效工作时间、设备使用率、废品率等与过程改进有关的数据。注意，这些数据应是现场收集的，而不是某些资料记载的。

（4）了解库存情况。小组应对所有库存（包括线上在制品库存）进行盘点，然后记在库存三角下面。注意，是点数而非查账！

（5）原材料采购和交付的情况。如图 2–12 中左上角所示，了解主要供应商的供货情况。

（6）了解、记录顾客订货、生产计划、原材料订货过程的信息传递途径及信息，画出信息流，如图 2–12 上部所示，表示出顾客订单、材料订单和生产信息传递途径和方法。

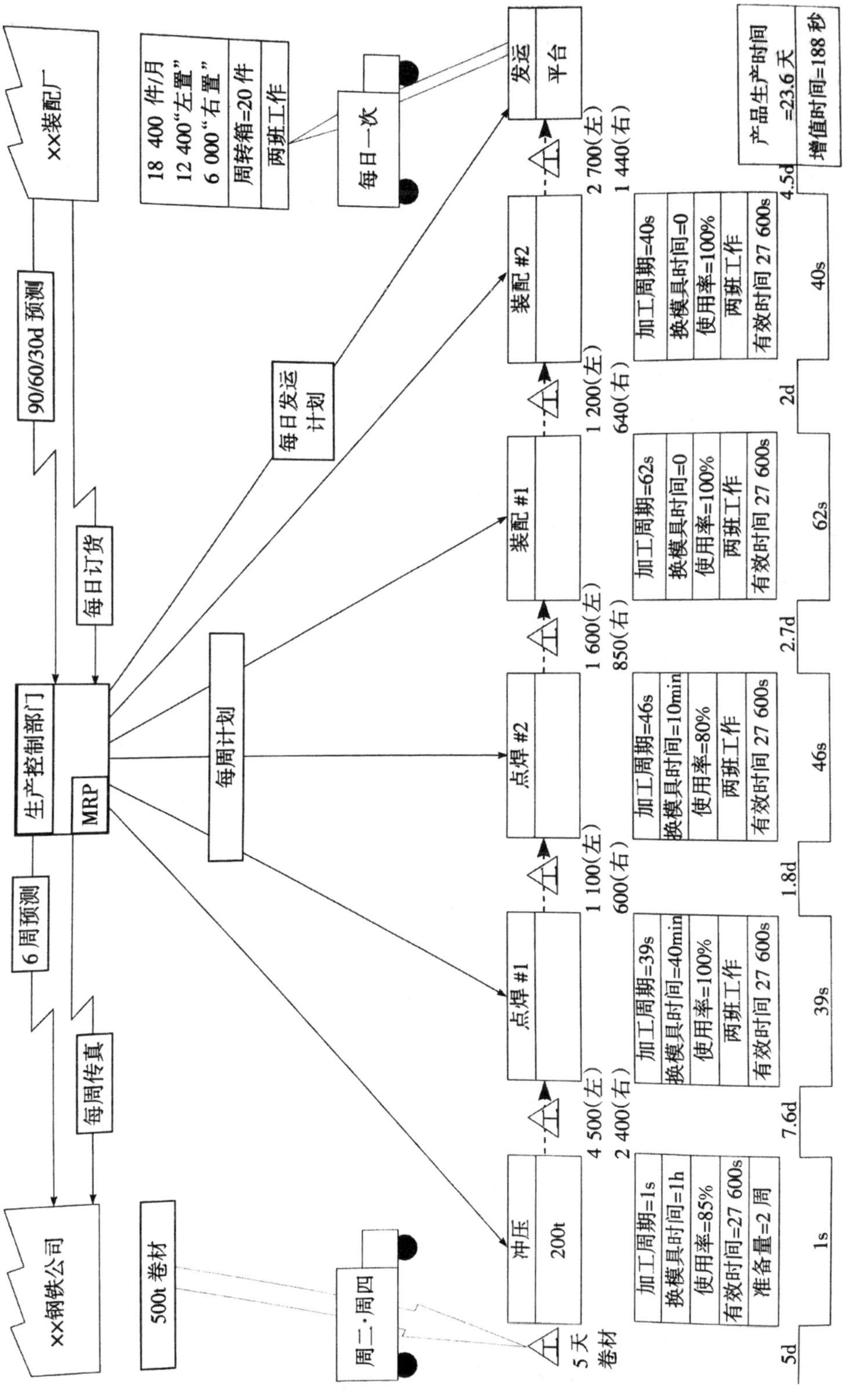
××钢铁公司
500t 卷材
周二·周四
6 周预测
每周传真
生产控制部门
MRP
90/60/30d 预测
每日订货
××装配厂
18 400 件/月
12 400“左置”
6 000“右置”
周转箱=20 件
两班工作
每日一次
每周计划
每日发运计划
冲压
200t
点焊 #1
点焊 #2
装配 #1
装配 #2
发运
平台
5 天
卷材
4 500(左)
2 400(右)
1 100(左)
600(右)
1 600(左)
850(右)
1 200(左)
640(右)
2 700(左)
1 440(右)
加工周期=1s
换模具时间=1h
使用率=85%
有效时间=27 600s
准备量=2 周
加工周期=39s
换模具时间=40min
使用率=100%
两班工作
有效时间 27 600s
加工周期=46s
换模具时间=10min
使用率=80%
两班工作
有效时间 27 600s
加工周期=62s
换模具时间=0
使用率=100%
两班工作
有效时间 27 600s
加工周期=40s
换模具时间=0
使用率=100%
两班工作
有效时间 27 600s
5d
1s
7.6d
39s
1.8d
46s
2.7d
62s
2d
40s
4.5d
产品生产时间
=23.6 天
增值时间=188 秒

图 2-12　现状价值流图

（7）画出生产时间线和计算相关数据。

（8）将库存数量按照顾客需求节拍转化为时间，与生产过程时间数据一同画在时间线上，求出生产过程时间占整个时间的百分比。

通常使用价值流图对流程的现状进行分析，以寻找流程中的浪费和改进机会。这种目的的价值流图，称为现状价值流图。团队还可以用价值流图对流程的改进做出规划，勾勒出怎样消除不增值的步骤，并促进价值流动和拉动等方法和工具，使价值流顺畅、高效、满足顾客需求。这种价值流，称之为未来价值流图。

2. 现状价值流图

图 2–12 是一个现状价值流图的例子。这是一个生产汽车转向柱支架的工厂，转向柱分左置和右置两种。顾客是表示在右上角的汽车装配工厂，供应商是表示在左上角的钢铁公司。图的下部描述物料流。每一个方框表示一个单独的过程，如冲压、点焊、装配和发运。方框的下面是数据框，如加工周期、换模时间、设备的使用率、几班制和有效工作时间等，方框左右的三角形表示库存，例如在冲压过程的前面有 5 天的原材料库存，在它和第一个电焊过程之间有 4600 件左置和 2400 件右置的半成品，等等。

图 2–12 的上部描述信息流。生产计划部门根据顾客 90 / 60 / 30 天的预测订单和每日送货要求，应用 MRP(物料需求计划) 系统制订每周生产计划，下达给每一个过程，MRP 系统按 6 周的预测数量通知钢铁公司进行原材料生产，按每周的传真组织发货。

从价值流现状图可以看出，这个公司当前实行的生产方式是一种按预测进行的“推动”式的批量生产。这种方式存在显而易见的浪费是，为保证不中断对顾客的供应，过程之间不得不保持较大数量的库存。其他的浪费还有：人员负荷不满、设备使用率低、换模时间长、过多的搬运、缺陷率高等。如图最下面的数字表示，物料由进入工厂到变成产品的生产周期长达 23.6 天，而实际用在增值加工的时间仅为 188 秒。

3. 未来价值流图

为了减少 (完全消除是很困难的) 当前价值流中的浪费，需要应用精益生产的原理和方法，并考虑实际实施的可能性，改进小组首先应该勾画出一个“未来价值流图”。图 2–13 是转向柱支架工厂的价值流未来图。在勾画价值流未来图时，主要应用以下几个原理：

（1）努力实现按节拍时间生产。在确定节拍时间时，应考虑生产节拍与销售节拍相一致，即节拍时间 = 每班有效工作时间 / 每班顾客需求量。在本例子中，节拍时间等于：27600 秒 / 460=60 秒。

（2）在可能的地方实现连续流动。连续流动是指产品不经中间停顿从一个过程传递到下一个过程，它是消除过程间库存和提高生产效率的有效方法。例如，把原来分割为

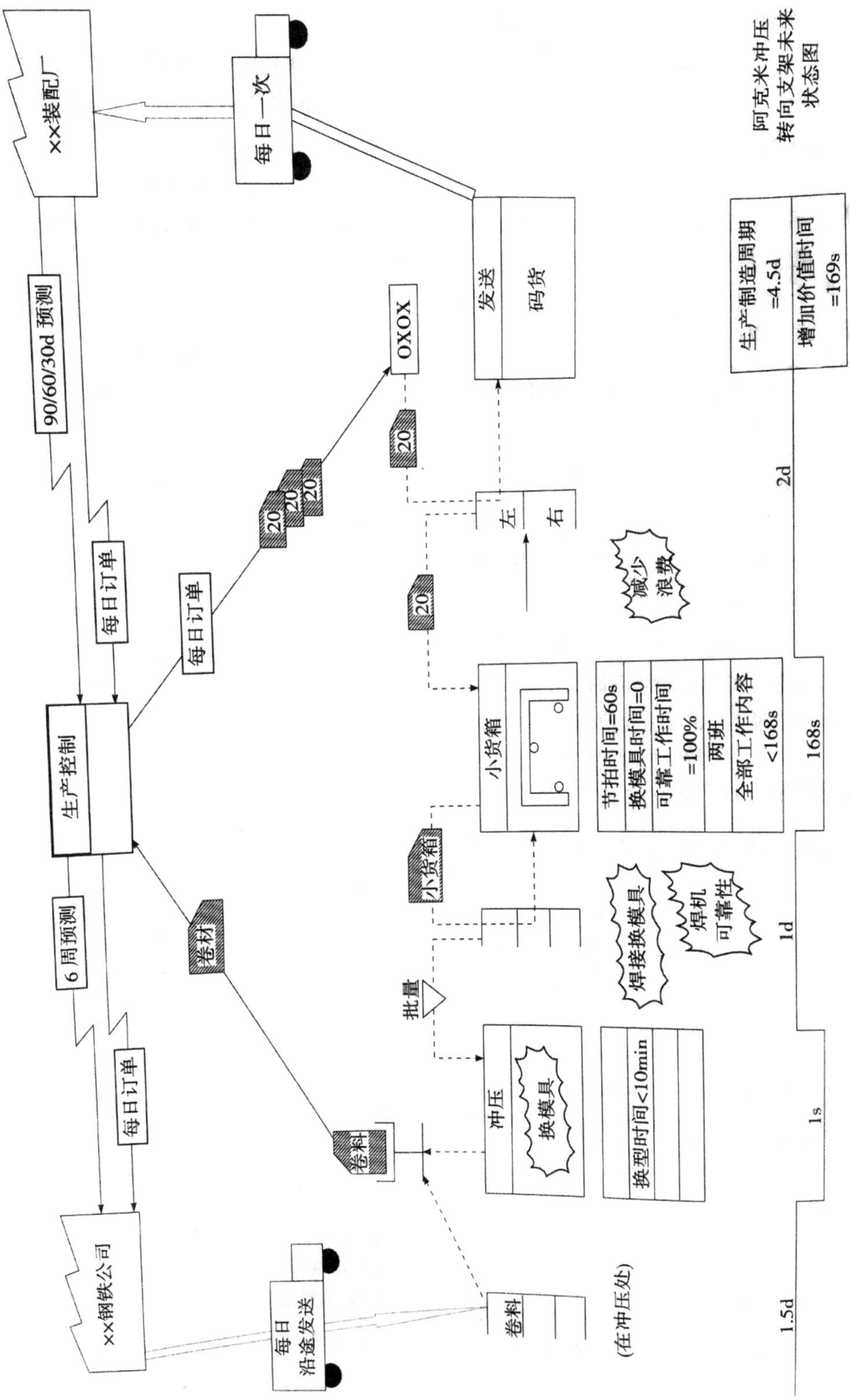
××装配厂
每日一次
90/60/30d 预测
每日订单
生产控制
6 周预测
每日订单
××钢铁公司
每日
沿途发送
卷料
(在冲压处)
卷材
卷料
批量
冲压
换模具
换型时间<10min
焊接换模具
焊机
可靠性
小货箱
小货箱
节拍时间=60s
换模具时间=0
可靠工作时间
=100%
两班
全部工作内容
<168s
减少
浪费
20
20
20
20
20
20
OXOX
左
右
发送
码货
生产制造周期
=4.5d
增加价值时间
=169s
阿克米冲压
转向支架未来
状态图
1.5d
1s
1d
168s
2d

图 2-13　未来价值流图

相互独立的冲压、焊接和装配过程组合成一个连续流动的过程，并实现按节拍生产。

（3）连续流动无法向上游扩展时，使用“超市”方式控制生产。实际中有些过程由于生产周期过快或过慢以及与其他的过程距离远等原因难以实现和其他过程节拍一致的连续流动生产。为了防止通过生产计划部门单独下达生产计划的管理方式，一个很好的经验方法是，采用类似“超市”的拉动系统。例如在本例中，在冲压过程前、冲压过程和其他过程中间以及发货过程前设置超市系统，冲压过程是按照从超市送来的“看板”指定的数量（一般为一个材料搬运箱，例如本例中的20件）和品种进行生产，不再有另外的库存，从而把库存减少到最少。这要求冲压过程实现快速换模，以实现多品种、小批量生产。

“未来价值流图”是以精益思想为指导，按照企业的实际情况，为未来的运作模式指明方向，设计新的精益流程。所谓“未来状态”，也仅仅是基于当前的技术和改善水平，在一定时间内可以达到的较为理想的目标。随着生产技术和改善水平的提高，原来的目标又变得不理想了，人们又进入了一个更高层次的改善循环。如此往复，正是精益思想中“与完美竞争，永无止境”的精髓之所在。价值流未来图为制订实现精益生产方式的计划提供了基础。但是，真正实施还需要周密的计划和大量的工作。管理者的决心和支持当然是最重要的，员工的理解和参与也不可缺少，需要价值流经理和精益计划推动小组具体指导和推动计划的实施。按照合理的步骤实施计划并在适当的阶段组织评审，根据评审结果，对评审进行必要的修改和调整。

4. 价值流制图图标

价值流图中所使用的图标如表2–7所示。

表2–7　价值流制图图标

		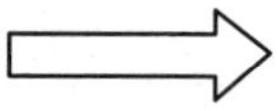	
电子信息流	先进先出	成品	观察
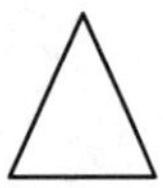		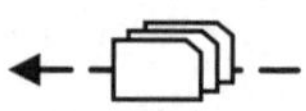	
库存	改善点	看板批量	看板箱
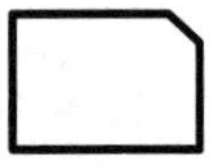			
生产看板	看板信号	取料看板	均衡

（续表）

手工信息流	操作工	过程框	拉动箭头
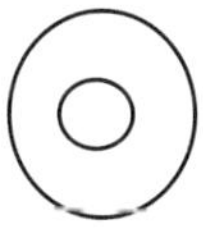		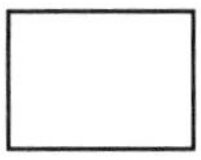	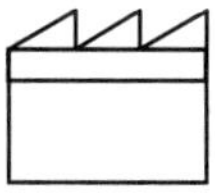
拉动圈	推动箭头	计划框	供应商

超市	卡车运输	缓冲库存	数据框

2.5 六西格玛项目立项与实施

实施六西格玛是一项系统工程，其成功的关键不仅是六西格玛方法和技术的应用，更与能否很好地管理好六西格玛项目相关。六西格玛项目管理涉及诸多方面，既包括改进机会的识别和项目选择，也包括有效地管理项目实施各阶段的工作；既涉及管理者的支持，也涉及项目团队的协作与共同努力。为了管理好六西格玛项目，在界定阶段，团队应建立项目立项表，制订好项目计划，并启动项目阶段评审工作。

2.5.1 项目立项表

编制和完善项目立项表（或称为项目特许任务书）是界定阶段工作的主要输出，项目立项表将表述项目的范围，阐明团队使命，陈述问题和机会，明确项目的目标和预期收益，并且帮助团队沟通他们的分工和计划。立项表是项目工作的第一个并且通常是最重要的里程碑，团队开始实施项目之前，立项表必须先由倡导者等领导批准。

1. 项目立项表的构成

作为界定阶段团队活动标志性的成果，立项表直接反映了项目团队活动的质量，直接关系到项目的进展和 DMAIC 过程的实施。项目立项表是正式批准项目的文件，该文件授权六西格玛项目组长（黑带或绿带）在项目活动中动用组织的资源。项目立项表包括以下要素：

（1）项目名称；

（2）项目背景及选择理由；

（3）问题 / 机会陈述；

（4）目标陈述；

（5）项目团队组成及职责分工；

（6）项目涉及的过程和职能范围、约束和假定；

（7）项目利益相关方及其影响；

（8）项目里程碑进度表（阶段性任务及时间安排）；

（9）倡导者的批准和授权。

项目立项表一般应由项目组长组织项目成员一起讨论、分析，制订出初稿，报企业负责六西格玛协调、推进的资深黑带或承担类似职责的主管人员审议，最后报送发起该项目的倡导者批准。

项目立项表的完善是一个动态的过程：在六西格玛项目的界定阶段，应对项目立项表要素进行进一步的明确和更新；当测量阶段结束后，如果项目过程绩效基线数据与界定阶段不同，也应对问题 / 机会和目标陈述予以必要的更新和完善；当项目总结时，基于项目立项表评价项目目标的完成情况等。

2. 问题 / 机会的陈述

一个有效的问题 / 机会的陈述必须遵守以下几个准则：

具体：明确地说明问题是什么；

客观：描述了问题 / 机会可见的迹象，问题发生在哪里；

可测量：这问题有多严重，已经产生了什么影响，用量化的语言来回答这些问题；

可控：阐述的问题是否属于本企业职能范围内，能否在规定的时间内（一般为 4 ～ 6 个月）解决，如果一个问题太大，它应该分解成若干个较小的可控的项目。

例 2–7　某企业的六西格玛项目立项表中的问题 / 机会描述是这样的：统计数据表明 2005 年 6 月至 12 月，SM300 数码仪的平均交付周期为 18 天，且波动较大。最快的交付周期可以达到 8 天，但最迟的交付期达到了 32 天。如果以交付周期不超过 12 天为标准，则大约有 82% 的交付批次超过了这个标准。

这个陈述是：

（1）具体：指明了 SM300 系列产品，且关注的问题是交付周期；

（2）客观：从内部的报告和交付记录中可获得有关数据和事实；

（3）可测量：以交付时间，即从订货到发货的天数来测量；

（4）可控：交付周期问题在本企业的职责范围内。

在问题陈述时应注意下述问题：

（1）陈述观点时，不应包含造成缺陷的原因。要由项目团队经过相应阶段的工作之后，再对问题产生的原因作出客观准确的判断。有关原因预先形成的想法可能是不准确的、不完全的或者是错误的，并且可能误导团队。

（2）不应提出一个改进方案。在不清楚根本原因的条件下，制订的解决方案是主观的，不是基于数据和事实的决策。

（3）陈述问题时，不应对相关责任人员加以指责。项目工作的目的是为了改进流程，通过流程的优化达到解决问题的目的，而不是追究相关人员的责任。六西格玛项目应当是“对事不对人”的。

（4）不要将几个问题集中在一个问题的陈述中，不同的问题应当由不同的项目来解决。

3. 项目目标

项目目标是团队共同努力的方向，是六西格玛期望达到的效果。组织需要在参考自己历史最优数据和竞争对手的目标之后，确定自己的项目目标。制定目标看似一件简单的事情，但是如果上升到技术的层面，就必须学习并掌握 SMART 原则，即：具体的 Specific、可测的 Measurable、可行的 Attainable、相关的（与欲解决问题是一致的）Relevant 、有时间限制的 Time Bound。

SMART 原则是对六西格玛项目目标进行评估的重要方法，首先，项目目标必须具体，比如，降低库存量就不是一个具体的目标，没有指出是什么类型的库存，在制品、原材料还是产成品，不同类型的库存成因是不同的，不能一概而论。其次，项目目标必须可以测量，能够量化出来。有的项目目标可能比较容易量化，有的就比较困难，如顾客满意本身就是一个难以量化的指标，但是现在一般采用问卷调查和统计分析工具把它量化出来。项目目标不能量化，就难以考核目标是否达成。第三，项目提出的指标必须是可行的，是通过项目组的努力可以达到的，项目目标既要有挑战性，又要有可行性。一般在制定目标时，要考虑历史上的本流程的最佳水平以及与同行最佳水平比较的结果。第四，项目的目标必须与企业的战略相联系，与战略的大方向保持一致或者能够支持企业战略目标的实现。最后，项目目标的实现要给出时间节点，如果总目标下有分目标，也要给出分目标实现的具体时间节点。

在立项表的目标陈述中，应明确通过六西格玛项目将取得什么样的成效。项目的目标陈述与问题的陈述应当对应。项目目标必须符合 SMART 原则。

例 2-8（续例 2-7） 该项目立项表中的目标陈述为：以交付周期不超过 12 天为标准，到 2005 年底，将 SM300 系列产品的交付周期超过 12 天的比例（缺陷率）从 82% 降低到 25%。

在此例中，问题是以 SM300 的交付周期超过标准的比例（相当于流程的缺陷率）来表达的，目标也是以这个比例来表述的，与问题陈述相对应，目标具体、可测，而且基于流程分析和历史最好水平，该目标是可以实现的。

4. 项目团队

六西格玛项目是在项目负责人带领下，由项目团队实施完成的。团队的作用是非常重要和不可替代的。

六西格玛项目团队通常由以下人员组成并授权承担下述职责：

（1）团队领导 / 组长，通常由黑带或绿带担任，对整个项目负责，具体职责参见本书第一章。

（2）核心成员，核心成员是团队领导 / 组长选择来实施项目计划的人员，全程参与项目，具体职责参见本书第一章。

（3）扩展成员，扩展成员即根据项目的需要，只需部分参与项目的成员，如团队中财务核算人员、供应商代表、个别的技术专家等。

（4）业务负责人，是项目所在部门的负责人和过程的管理者，具体职责参见本书第一章。

（5）倡导者，有时也直接参与团队活动，具体职责参见本书第一章。

（6）项目指导人或教练，是为团队成员提供六西格玛方法、工具指导的人员，一般由资深黑带或咨询顾问担任。

应根据项目涉及的范围选择项目团队成员，并在六西格玛项目立项时即对项目团队成员的职责以及在团队中的分工作出明确的规定。使团队成员了解自己在项目团队中的角色和职责，并积极发挥团队成员的作用。

一个成功的团队应该是一个高度团结、独立自主的团队。这些不仅仅是在选择团队成员时要注意的，也是一个团队在开展工作的过程中应该去努力营造的。当然，其中团队领导 / 组长要负主要的职责。通常团队建设的步骤如下：

（1）仔细分析任务，确定所需的技能组合和工作风格，以取得互相补充、互相促进的组合；

（2）向每一位团队成员讲述团队的愿景、目标以及对个人的任务要求；

（3）提供必要的技能培训以及必要的处理工具（软件、硬件等）；

（4）共同建立团队规则（如图 2–9），包括团队的例会制度、问题的沟通解决机制、编制项目立项表等；

（5）监控进度、保证团队凝聚力，并不断向目标迈进；

（6）注意团队工作中的成绩，并给予祝贺。

5. 六西格玛项目立项表样例

表 2–8 为某公司的六西格玛项目立项表。

表 2–8 某六西格玛项目立项表样例

<table>
<tr><td colspan="4">DMAIC 项目立项表</td></tr>
<tr><td colspan="4">项目名称：缩短 SM300 系列出口产品交付周期，提高市场竞争力</td></tr>
<tr><td colspan="2">项目领导：李向阳</td><td colspan="2" rowspan="2">团队成员：
李向阳：黑带，项目负责人
于一周：生产计划部副部长（绿带）
孙代红：供配部成品采购组组长（绿带）
张成雨：装配车间主任（绿带）
王德西：成品总库副主任（绿带）
李红：工程部副总工程师（绿带）
章法强：质量保证部 SM300 经理（绿带）
强为：财务部业务经理</td></tr>
<tr><td colspan="2">选题背景：
进入新一代数码仪产品国际市场是企业“十一五”计划期间重要战略增长点。2005 年，作为首批进入国际市场的 SM300 系列产品，遇到了较强的市场竞争。竞争压力主要来自交付周期。主要竞争对手的交付周期达到了 10 天，而本企业 SM300 的交付周期平均为 18 天。由此而带来的直接市场损失为 2600 万 USD/ 年。</td></tr>
<tr><td colspan="2">问题 / 机会陈述：
统计数据表明 2005 年 6 月至 12 月，SM300 数码仪的平均交付周期为 18 天且波动较大，最快的交付批其交付周期可以达到 8 天，但最迟的交付批达到了 32 天。如果以交付周期不超过 12 天为标准，则大约有 82% 的交付批次超过了这个标准。</td><td colspan="2">目标陈述：
本项目的预期目标是：以交付周期不超过 12 天为标准，将 SM300 系列产品的交付周期超过 12 天的比例（缺陷率）从 82% 降低到 25%。</td></tr>
<tr><td colspan="2">项目范围、约束和假定：
本项目范围是从生产计划、采购 / 配套、装配调试到包装发运的业务流程</td><td colspan="2">相关部门：
生产计划部、供配部、装配车间、成品总库、工程部、质量保证部</td></tr>
<tr><td>预期计划</td><td>目标日期</td><td>实际日期</td><td>评审</td></tr>
<tr><td>开始日期</td><td></td><td></td><td rowspan="7"></td></tr>
<tr><td>界定（Define）</td><td>3 月 28 日</td><td></td></tr>
<tr><td>测量（Measure）</td><td>4 月 15 日</td><td></td></tr>
<tr><td>分析（Analyze）</td><td>5 月 15 日</td><td></td></tr>
<tr><td>改进（Improve）</td><td>6 月 15 日</td><td></td></tr>
<tr><td>控制（Control）</td><td>7 月 15 日</td><td></td></tr>
<tr><td>完成日期</td><td>8 月 30 日</td><td></td></tr>
</table>

项目主管：李向阳　业务主管：洪常　倡导者：王广昌

日期：2003/3/28 日期：2003-3-30 日期：2003-4-1

2.5.2 项目计划

实施项目还必须有计划，这个计划为项目提供了一个指导框架，以此协调团队的活动和资源的使用。

1. 制订项目计划的基本考虑

六西格玛团队应基于总体里程碑进度表，制订细化的项目计划。六西格玛项目计划一般以进度计划为主，必要时，可制订成本费用、人力资源、沟通、风险管理等专项计划。

无论怎么做计划，有一点是肯定的：项目计划与实际情况不会完全一致。但项目计划仍是必需的框架性文件，能为项目组织和协调提供有效的指导；同时，随着项目的进展必须对项目计划不断进行更新。也就是说，在制订项目计划时必须采取以目标为导向的策略，项目计划必须与目标紧密结合。

切实可行的计划是实现项目目标的重要保证。在制订项目计划的过程中最重要的是团队成员的参与并达成一致意见。目前，在企业里以团队的形式来开展工作、解决问题的实践越来越普遍。每个人都负责一个甚至多个项目，项目计划制订的工作往往落在团队负责人的肩上。这种项目计划制订的方式一般存在两方面的问题：一是计划考虑得不够全面；二是执行过程中团队成员的不认同与执行不到位。因此，最终的结果是计划不能得到有效的实施，即便实施了也无法达到预期的项目目标。因此，团队成员参与项目计划的制订就变得尤为重要。

2. 任务分解 WBS

在制订项目计划时，可将任务分解为若干单元，即 WBS（work breakdown structure）：也就是将为达成项目目标而需要完成的 DMAIC 或六西格玛设计的阶段性工作分解为可执行、可跟踪的工作单元（任务、活动或关键阶段），并基于这些工作单元，制订项目实施计划。

为了使六西格玛项目有效实施，团队在界定项目时，就应该注意项目计划的编制和制订。依照六西格玛改进的五个阶段，可以相应地确定计划项目完成时间，制定“项目计划工作表”（见表 2–9）。然后按照各阶段任务分解（WBS）得出的工作任务，采用甘特图（Gantt chart）等方法把计划加以细化，便于团队活动。制订计划时，应让团队成员共同参与。由团队共同参与并听取成员的反馈意见将有助于增进团队的向心力。

表 2–9 项目计划工作表

项目名称			项目组长	
活动里程碑	责任团队成员	目标完成日期	实际完成日期	
D 界定阶段				
M 测量阶段				
A 分析阶段				
I 改进阶段				
C 控制阶段				

3. 项目规划工具

有很多工具和技术都可以协助项目团队制定项目时间表，按时间分配资源，在项目计划的实施过程中跟踪项目的进展。下面介绍最常用的甘特图。

甘特图显示了随着时间的推移，项目任务之间的关系。甘特图的横轴是时间单元（天、周、月等）。纵轴是需要完成的活动。条形显示了各个活动的估计开始时间和持续时间。表 2–10 是某企业六西格玛项目界定阶段的甘特图。

表 2–10 六西格玛项目计划甘特图

D 阶段	周（5 月 4 日至 31 日）			
任务	第 1 周 5 月 4—10 日	第 2 周 5 月 11—17 日	第 3 周 5 月 18—24 日	第 4 周 5 月 25—31 日
评价项目立项表和确定项目	▨			
确定顾客需求的关键质量特性（CTQ）		▨	▨	
确认关键过程输出变量（KPOV）		▨	▨	
界定不良质量成本（COPQ）		▨	▨	
估算 σ 质量水平，评价现有数据				▨
完成界定阶段，着手测量计划				▨

甘特图可以进行一些功能上的增强，如：增加里程碑事件的标志、项目进展图示、任务负责人等。

甘特图是在20世纪早期发展起来的经典的计划制订工具，具有形象、直观、简明、易懂、作图简单等优点，至今仍是行之有效的一种制订计划的方法。用甘特图制订项目计划时，必须清楚任务之间的相互关系，即哪些任务在其他任务开始之前必须完成，哪些任务可以同时进行。传统甘特图的主要缺点之一是不能在图上清晰和严密地显示各项任务之间相互关联、互为条件、互为因果的依存关系，以及在时间上的先行和后续的衔接关系。因此，如果一项任务被延误，其他哪些任务将会受到影响就不能明显地表示出来。不过，大多数项目管理软件包（如 Microsoft Project）能够提供通过应用连接箭头表示任务间相互依存关系的甘特图。

2.5.3 阶段评审

在项目开始阶段，团队往往会投入较多的时间精力来界定项目，编制项目立项表和计划。一旦项目立项表和计划被批准了，就需要采取一系列的措施，应用甘特图等，跟踪、监督和控制项目的实施状况，包括监测项目进程，预测、发现并解决问题以及更新计划，以使项目恢复正常运作。项目评审则是监督项目进展情况，沟通项目实施中的问题，促进项目按规定的时间达到预定目标的有效手段。

1. 项目阶段评审

在项目实施过程中，按阶段开展项目阶段评审工作，是项目跟踪和监督的有效手段之一。项目阶段评审的意义在于：

（1）它是一种持续地促进项目按计划实施的方法，是保证项目按阶段成功地实施的有效手段；

（2）它是项目团队与相关管理部门和人员交流与沟通的必要途径。

一般来说，应该按 DMAIC 分阶段开展项目阶段评审活动。而各个阶段项目评审关注焦点是不同的。通常：

D 阶段：关注项目的选择，需要以数据和事实为依据；

M 阶段：确定项目的测量 Y，并收集数据去测量和把握它的现状；

A 阶段：识别关键 Xs（用数据支持）和 Y=f（Xs）；

I 阶段：寻找改进 Xs 的方案；

C 阶段：确定监控关键 Xs 的方法。

项目阶段评审参加的人员，包括项目团队的成员、涉及的相关方的代表，部门负责人、倡导者，以及相关的黑带、绿带、黄带等。团队负责人（黑带、绿带或黄带）事先应当与主管黑带或资深黑带就项目问题进行讨论，项目报告已经过他们审阅应当以积极的态度对待评审，以积极的态度接受批评。对评审中提出的问题，采取相应措施，完善项目工作。

项目评审的氛围应当是积极的和建设性的，使每个人从项目评审中能有所收获：项目评审应包括有意义的技术和管理方法的讨论，交流精益六西格玛方法的应用，评审过程应没有指责和抱怨，取而代之的是“我们怎样能做得更好”。

2. 项目报告书

在六西格玛项目最终完成时，项目团队应编制完整的六西格玛项目报告。应基于项目立项表和项目文档，对活动记录进行整理归纳。报告书要文字精练，条理清楚，尽量选用图表表达。报告书一般可包括以下内容：

（1）前言；

（2）界定：项目背景、项目目标、项目计划、项目团队、流程分析等；

（3）测量：过程输出绩效的测量、过程因素分析、过程因素测量、测量系统分析等；

（4）分析：潜在失效模式与效应分析、关键过程因素与输出绩效的回归和相关分析、假设检验、方差分析等；

（5）改进：试验设计、解决方案的确定和实施等；

（6）控制：改进效果验证、收益评估（硬的和软的），控制图与过程能力分析、标准化等；

（7）经验教训、遗留问题和下一步打算等。

3. 成果发布与分享

企业应当对六西格玛项目成果进行科学、全面的评价，建立符合企业自身特点的激励政策，使改进活动步入良性循环。

企业应根据六西格玛管理的推进情况，定期举行六西格玛项目成果发布、评审与分享会，参加者包括：评审人员、项目团队成员以及各相关过程、部门的人员。

企业可建立由倡导者、资深黑带以及项目相关的业务负责人等组成的六西格玛项目评审委员会，对参与发布的成果进行无记名评分，必要时可结合进行现场核实。评价应鼓励和突出互相学习与交流，注重活动过程的有效性，倡导有特色的成果，兼顾经济、环境与社会效益。对项目成果的评价一是要科学，采用科学的评价方案，要实事求是，不能夸大项目的成果；二是要全方位地评价，不要仅局限于经济效益方面的成果，对不足之处也要指出。项目评审一般包括以下方面的内容：

（1）项目选择的合理性

1）选项是否有意义和有价值；

2）项目目标是否具有挑战性符合 SMART 原则，是否达成目标。

（2）应用六西格玛理念和工具方法的技能

1）是否正确运用六西格玛的思路、方法解决问题；

2）是否正确、合理运用统计工具和技能推进问题的解决；

3）项目报告书是否完整。

（3）项目收益

项目收益计算是否合理正确，是否为公司取得可观的项目收益或取得了显著的管理效果。

（4）项目范围和推广应用前景

1）在项目涉及的范围方面，团队成员是否与项目本身所涉及的职能部门一致，并承担适宜的项目工作，是否体现跨职能合作；

2）项目是否有推广应用价值。

（5）发布人的思维、表达、沟通、组织协调、回答问题等软性技能的表现

除了在企业内部进行发布、分享外，在不泄露公司商业机密的前提下，还可以与顾客、供应商和合作伙伴，以及在行业内外发布和分享（如参加全国或地区、行业六西格玛成果发布会和六西格玛优秀项目评选，编写资料或书籍等），促进社会进步和发展。分享的目的在于进一步扩大改进和创新的效应，在更广泛的意义上降低改进的成本和提高改进的效率，扩大收益区域，为利益相关方创造更多的价值。

本章小结

界定阶段的主要工作是识别顾客需求，明确要解决的问题，明确过程输出变量的测量和标准，确定项目涉及的内部流程以及对项目的财务收益进行预估，从而确立项目责任以及项目目标和项目实施关键步骤或里程碑。在此基础上，组织六西格玛项目团队，并且发挥六西格玛组织体系的作用，使六西格玛项目实现其预期目标。界定阶段的成果应该包括：清晰完备的问题输出，基于 SMART 原则的项目目标改进，正确合理的财务收益预估，适当的项目范围，和填写完备的项目立项表。界定阶段的主要输出是“项目立项表”。

本章中围绕界定阶段的主要工作，重点介绍了从顾客之声 VOC 到关键质量特性 CTQ 的识别过程及其相关知识；过程及其输入输出、SIPOC、过程绩效指标、利益相关方等概念与分析方法；质量成本及不良质量的概念；价值流与价值流图分析方法；以及六西格玛项目的立项和管理过程等。

推荐阅读

1. 中国质量协会编著 . 六西格玛管理 .

2. 中国质量协会编著 . 六西格玛绿带 .

3. Thomas Pyzdek 著，孙静译 . 六西格玛（6σ）手册，北京：清华大学出版社，2003.

4. 美国朱兰研究院著，上海质量管理科学研究院译 . 六西格玛基础教程（绿带读本）. 北京：中国财政经济出版社，2002.

5.［美］约瑟夫 · M . 朱兰等著，焦叔斌等译 . 朱兰质量手册（第五版）. 北京：中国人民大学出版社，2003.

6. 中国质量协会编著 . 质量经理手册 . 北京：中国人民大学出版社，2010

7. 杨跃进等著 . 六西格玛管理 DMAIC 操作实务 . 北京：国防工业出版社，2010.

第三章 测量

作为 DMAIC 过程的第二阶段，测量既是界定阶段的后续活动，也是连接分析阶段的桥梁，测量是六西格玛项目的关键环节，是六西格玛以事实和数据驱动的管理思想的具体体现。

测量阶段有两个目的，一是收集过程输入与输出的测量数据，确认并量化问题和机会，二是对过程数据进行分析，确定输出的波动规律，为查找原因提供线索；同时了解当前绩效水平与顾客要求或组织目标之间的差距，识别实现项目目标可能的途径和改进方向。

3.1 数据

3.1.1 数据类型

数据分类的方法很多，按照不同的方法或不同数据特性，可将数据分为不同的类别。

从计量尺度来说，可分为定性数据与定量数据。定性数据是指只能用文字或数字代码来表现事物的本质特征或属性特征的数据，如人口按性别分为男与女两种类别，或者用 1、0 分别表示男性与女性。定量数据是指用数值来表现事物数量特征的数据，如两位学生的考试成绩为 85 分与 80 分。

按统计角度分，可分为连续型数据（或称计量值数据）与离散型数据（或称属性值数据）。用量具进行测量得出的可连续取值的数据是连续型数据，也称计量数据，如长度、重量、温度等。它可以比较敏感地反映过程变化，包含的信息丰富。离散型数据反映过程变化不如连续型数据敏感，也称非连续型数据、属性值数据。如合格 / 不合格，成功 / 失败，是 / 否，接受 / 拒绝，好 / 坏，等等。离散型数据又分为计件值数据和计点值数据。计件值数据是指按件计数的数据，如不合格品数、彩色电视机台数等；计点值数据是指按缺陷点计数的数据，如疵点数、沙眼数、气泡数等。

按数据来源分，可分为观测数据与实验数据。观测数据是指在没有对现象进行人为控制条件下，通过统计调查或观察而得到的数据。实验数据是在人为控制条件下通过实验方式获取的关于实验对象的数据。

按加工程度分，可分为原始数据与次级数据。原始数据是研究者直接对研究对象进行调查、观测和实验所获得的反映个体特征的数据，也称为直接数据。次级数据也称为加工数据或二手数据，是指已经过加工整理、能反映总体数量特征的各种非原始数据。

3.1.2 过程波动

任何一个过程都受到两类因素的影响，一类是随机因素，也称普通因素影响。在随机因素的作用下导致过程输出的波动（或变异）称为随机波动。这种变异是由种种始终存在的、且不易识别的原因造成的，其中每一种原因的影响只构成总变异的一个很小的分量，而且无一构成显著的分量。然而，所有这些不可识别的偶然原因的影响总和是可度量的。也就是说，随机因素存在于任何过程中是一种常态，从这个意义上讲，随机因素也称为固有因素。由此，我们称仅有随机因素影响的过程为正常的过程。消除或纠正这些普通因素的影响，需要管理决策来配置资源，以改进过程和系统。

另一类是非随机因素的影响。这类因素作用于过程，制约着过程的输出结果，这种影响可归因于某些可识别的、非过程所固有的、并且至少在理论上可加以消除的原因。这些可识别的原因称为“可查明原因”或“特殊原因”。例如，它们可以归结为原材料不均匀、工具破损、工艺或操作的问题、制造或检测设备的性能不稳定等。这类因素称为特殊因素。

正是由于这两类因素对过程影响的统计规律性不同，消除或减小这两类因素的影响所采取的改进方向是不同的。测量阶段就是要收集过程数据，初步判断过程主要受到普通因素影响，抑或存在特殊因素影响，探测过程是否属于稳态，对确定过程改进方向是非常重要的。在评价过程改进潜力时，过程波动的历史数据常常是有用的。历史数据能够很好地表明改进潜力，这也就是在 DMAIC 改进方法中重视测量阶段的一个主要原因。

3.1.3　抽样方法

为了确保数据的准确性和代表性，能从样本中有效推断总体，必须采用适当的抽样方法，常用的方法是简单随机抽样、分层抽样等方法。

1. 简单随机抽样

随机抽样也就是简单随机抽样，它是按随机原则直接从总体中抽取样本，构造统计量，并对总体相应的指标作出统计推断。常用的随机抽样方法有：

（1）抽签法。将总体每个个体编上序号（1，2，…，N），并把号码写在结构均匀的签上，掺和拌匀后从中抽取，若有 N 个个体，就要有 N 个签。

（2）计算机模拟法。在中大型计算机中，一般都带有随机数字发生器。

2. 分层抽样

分层抽样，又称为类型抽样或分类抽样。这种抽样形式是先将总体按一定的标识加以分层，例如按不同的设备、材料、供应商、班次、年龄组等分层。然后在各层中按简单随机抽样抽取若干个样本，再由各层的样本组成一个总体样本。根据不同要求，对于样本容量 n，可以有不同的分配方法。其中比例分配法是常用的方法。

比例分配法是：样本数按各层总体数的多少比例分配，即 $\frac{n_1}{N_1}=\frac{n_2}{N_2}=\cdots\frac{n_k}{N_k}=\frac{n}{N}$，则各层的样本数为：

$$n_i = n\frac{N_i}{N} \qquad (i=1,2,\cdots,k)$$

3.1.4　数据收集方法

数据收集的方法有很多，包括观察法、实验法、报告法与询问法等，其中询问法又包括访问调查、电话调查、座谈会等。在这里我们主要介绍一种数据收集的工具——检查表。检查表是测量阶段过程数据收集时最常用的工具。针对不同的测量过程，不同测量对象需要使用不同的测量表，因此要有针对性地设计检查表，按团队意图收集重要数据。通常在检查表上要注明被测变量，同时还应注明由谁来收集数据以及采用的测量间隔。表 3–1 是一个检查表的示例。该表既记录了抽样数量和检测到的不合格品的数量，又记录了各种缺陷发生的频次。在应用检查表时，可将这些检查表存入计算机中，这样，数据就能直接保存到适当的数据库中，节省大量的时间和资源。

表 3–1　某成品抽样检验及外观不合格品项目检查表（示例）

批次	产品号	成品量（箱）	抽样数（支）	不合格品数（支）	批不合格率 (%)	外观不合格项目								
						切口	贴口	空松	短烟	过紧	钢印	油点	软腰	表面
1	烤烟型	10	500	3	0.6	1					1			1
2	烤烟型	10	500	8	1.6			2	1					
3	烤烟型	10	500	4	0.8		1					1		
4	烤烟型	10	500	3	0.6		2			1				
5	烤烟型	10	500	5	1.0	1		1						1
	……	……	……	……	……									
250	烤烟型	10	500	6	1.2			1		1				
合计		2500	125000	990	0.8	80	297	458	35	28	10	15	12	55

3.1.5　数据收集计划

数据是分析的基础。在进行数据收集前，应先制订数据收集计划，一份好的数据收集计划应能回答以下问题：

- 需要收集什么数据
- 这些数据用什么数据类型表达
- 怎样收集这些数据
- 在什么地方收集
- 用什么样的测量方法
- 谁负责收集数据

团队应编制收集数据计划表。收集数据计划表应包括：

- 数据取样和测量的地点
- 测量对象
- 抽样方法、样本大小和取样间隔
- 测量方法和量具 / 标准

- 测量时间
- 由谁负责取样

在数据收集计划中除了要明确 Y 的测量外，必须根据流程的具体情况以及团队因果分析的讨论结果，明确需要记录的 Xs 的测量，并与 Y 的测量一一对应；同时将标识信息及异常情况进行记录和说明，如：材料批号、操作者姓名、设备编号、过程参数值、日期时间、异常情况等，以及团队希望调查的 Xs 的测量。

在收集数据计划中，另一个需要注意的问题是测量的操作定义，也就是对如何测量并得到测量结果的准确描述。测量的操作定义应该包括：测量什么和怎样测量，及其测量结果是什么（数据类型等）。测量操作应该实用且被大家接受，具体清晰，不论谁操作都能有共同理解、具有重复性和再现性。测量操作定义可以是文字陈述，也可以是对比的样本（样件、色卡等），或者是通过测量人员的技能而形成的客观判断。

一个好的收集数据的计划，可以有效地帮助我们收集有用的数据，节约时间和资源，为项目的测量和分析阶段的工作奠定良好的基础。

3.2 常用统计分布和描述性统计

3.2.1 常用统计分布

1. 正态分布

质量管理中最常用的连续分布是正态分布，它能够描述很多质量特性随机取值的统计规律性。正态分布的概率密度函数为

$$p(x)=\frac{1}{\sigma\sqrt{2\pi}}e^{-(x-\mu)^2/2\sigma^2},-\infty<x<+\infty$$

其中 μ 为正态分布均值，反映曲线的中心位置；σ^2 为正态分布方差，反映曲线的形状；σ（$\sigma>0$）是正态分布的标准差。正态分布也称为高斯分布，记为 $X\sim N(\mu,\sigma^2)$。如图 3–1 所示，概率密度函数图像为“中间高、两边低、左右对称”的钟形曲线，根据不同的均值和方差可以得到各种不同形状的正态分布函数曲线。

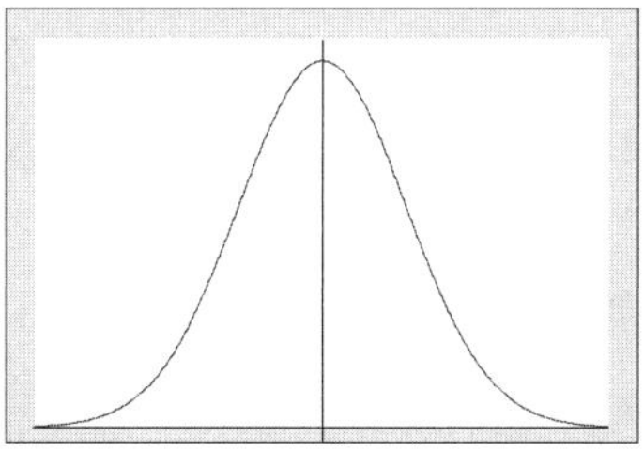

图 3–1 标准正态分布的概率密度函数曲线

特别地，当 $\mu = 0$ 且 $\sigma = 1$ 时，此时的正态分布称为标准正态分布 (standard normal distribution)，记为 $N(0, 1)$。任何正态分布都可以转化为均值为 0、标准差为 1 的标准正态分布。利用标准正态分布函数表，可以查表得到 $\Phi(x) = P(X \leqslant x)$ 的概率值。

例 3–1　检查微电路生产中关键线路黏合过程的阻断力。过程平均力度是 19，标准差为 4。过程力度服从正态分布。如果工程规范下限为 13，则过程力度低于规范下限的比例为多少？

解：设 X 表示过程力度，$X \sim N(19, 4^2)$。则 $\frac{X-19}{4} \sim N(0,1)$。考虑过程力度低于规范下限的概率，首先，进行标准变换 $\frac{13-19}{4} = -1.5$，然后，查标准正态分布函数表，得到 6.68%，即

$$P(X \leqslant 13) = P\left(\frac{X-19}{4} \leqslant \frac{13-19}{4}\right) = P\left(\frac{X-19}{4} \leqslant -1.5\right) = 6.68\%$$

故 6.68% 的阻断力低于规范下限 13。质量控制通常要求均值距离规范界限至少 3 倍标准差。为了实现这个目标，需要改进过程，要么提高阻断力的均值，要么减小过程的标准差，或者同时改进这两个方面。

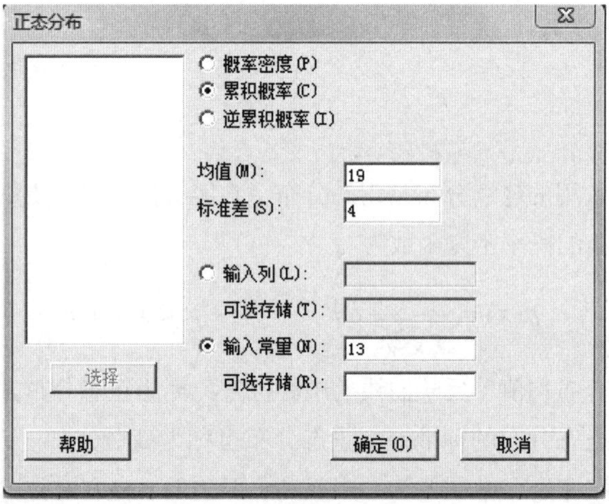

图 3–2　正态分布对话框

在 MINITAB 中求解如下：计算 >> 概率分布 >> 正态分布，在打开的对话框中进行如图 3–2 所示的设定，单击确定即得到所求结果，如下所示：

累积分布函数

正态分布，平均值 = 19 和标准差 = 4

x　$P(X <= x)$

13　0.0668072

2. 二项分布

统计学把随机试验中只有两种可能结果的试验称为伯努利试验。在相同条件下若将伯努利试验独立地重复 n 次，n 是一个固定数值，则称该试验为 n 重伯努利试验。二项分布是 n 重伯努利试验中出现某一结果（“成功”）次数 X 的概率分布，$P(X=x)=C_n^x p^x(1-p)^{n-x}, x=0,1\cdots,n$，记为 $X \sim B(n,p)$。

由此我们可以看出二项分布具有 4 个基本性质：

（1）重复试验次数 n 固定不变。

（2）每次试验只有“成功”和“失败”两种结果。

（3）每次试验“成功”的概率都为 p。

（4）每次试验相互独立。

二项分布的均值、方差与标准差分别为：$E(X)=np$ $Var(X)=np(1-p)$，$\sigma(X)=\sqrt{np(1-p)}$。

例 3–2　一批产品中随机抽取进行检测，根据历史数据知，产品的不合格品率为 10%。假设要求产品检测人员每抽取一件产品，检测完毕后，要放回这批产品中（又称为有放回抽样）。检验人员共检测了 6 件产品，问检测到的不合格品数分别为 0，1，2，…，6 的概率？

解：在 MINITAB 中求解如下，进行如下操作：计算 >> 概率分布 >> 二项，在打开的对话框中进行如图 3–3 所示的设定，表中 c1 列的数据指不合格品数，事件概率为不合格率，本例中为 0.1，c2 列是与 c1 列相对应的不合格品数的概率。

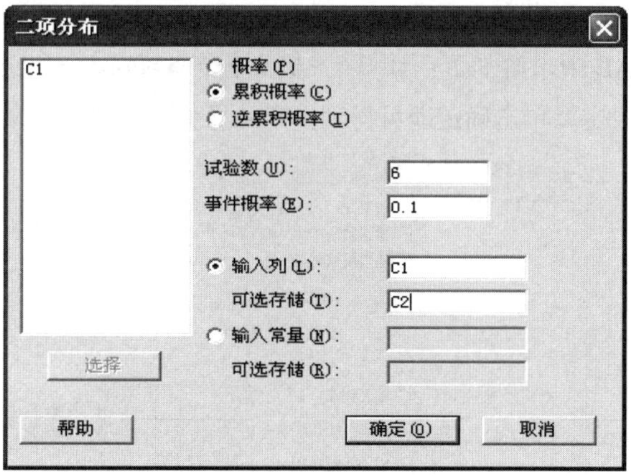

图 3–3　二项分布对话框

运行结果如图 3–4 所示：

↓	C1	C2	C3	C4	C5	C6	C7
1	0	0.53144					
2	1	0.88574					
3	2	0.98415					
4	3	0.99873					
5	4	0.99994					
6	5	1.00000					
7	6	1.00000					
8							
9							
10							
11							
12							

图 3–4　运行结果

3. 泊松分布

在质量控制中，我们不仅要关注一批产品整体的不合格率，同时也要关注单件产品的不合格项情况。此时若用 X 表示单件产品的不合格项个数，X 值可取 0, 1, 2, ⋯, n，且 X 取这些值的概率为：$P(X=x)=\lambda^x e^{-\lambda}/x!$, $x=0,1,2,\cdots,n$，则称 X 服从泊松分布，记为 $X\sim P(\lambda)$，式中：$e=2.7182818$。λ 是泊松分布的重要参数，它给出了单件产品的平均不合格项数。泊松分布的均值与方差相等，均为 λ，即 $E(X)=Var(X)=\lambda, \sigma(X)=\sqrt{\lambda}$。

例 3–3　一条生产导弹的流水线，当每枚导弹制造完成时，要通过一个空气动力模型进行检查，对照设计要求把各处不合格项记录下来。任何严重的不合格项都可能成为拒绝接受的理由。军方还要求对次要的不合格项进行控制，像模糊的文字、小毛刺等问题在审核时都要求明确记录下来。过去的历史数据显示，每枚导弹平均有三个次要的不合格项。问：生产的导弹没有次要不合格项的概率是多少？

解：在 MINITAB 中求解如下：计算 >> 概率分布 >>Poisson，在打开的对话框中进行如图 3–5 所示的设定，单击确定即可得到生产的导弹没有次要不合格项的概率。

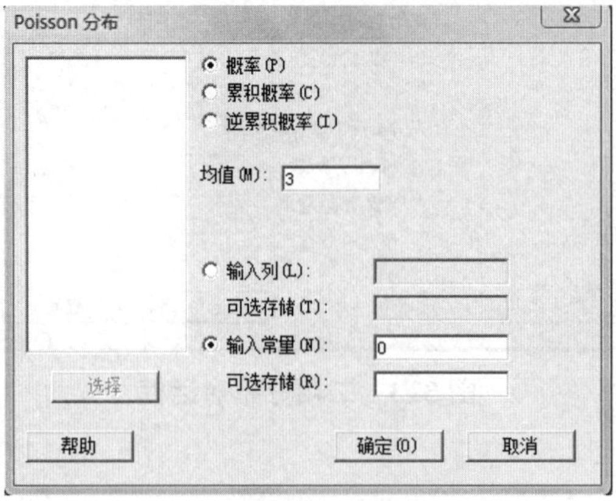

图 3–5　泊松分布对话框

运行结果如下所示：

概率密度函数

Poisson，平均值 = 3

x $P(X=x)$

0 0.0497871

3.2.2 描述性统计指标

当我们获得样本数据后，需找出能反映数据分布特征的各个代表值。常用的描述数据集中程度的统计量有均值、中位数、众数；反映数据离散程度的统计量有方差、标准差和极差。表 3–2 列出了这些代表值的定义和计算方法。

表 3–2 常见的描述性统计

样本统计量	说明	公式 / 记号
分布的位置或者中心趋势的度量		
样本均值	取自分布的样本的重心或质心	$\bar{x}=\frac{1}{n}\sum_{i=1}^{n}x_i$，其中：$x_i$ 是观测值，n 是样本含量
中位数	有序样本中，排在中间位置的数据。数据集中的一半数据高于中位数，一半低于中位数	$\tilde{x}=\begin{cases}x_{(\frac{n+1}{2})} & ,n\text{为奇数}\\ \frac{1}{2}[x_{(\frac{n}{2})}+x_{(\frac{n}{2}+1)}] & ,n\text{为偶数}\end{cases}$ $x_{(1)},x_{(2)},\cdots,x_{(i)},\cdots,x_{(n)}$，为有序样本
众数	出现最频繁的数值。如果将数据分组，众数是频数最大的组	Mode
散布程度的度量		
极差（全矩）	样本极值之间的距离	R = 最大值 – 最小值
样本方差	对围绕均值波动的度量	$s^2=\sum_{i=1}^{n}\frac{(x_i-\bar{x})^2}{n-1}$
样本标准差	对围绕均值波动的度量	$s=\sqrt{s^2}$

例 3–4 为了解某地区成年人心脏健康程度状况，项目小组对该地区的成年人脉搏分别进行了随机抽样。小组测量的脉搏（次数 / 分钟）的数据如表 3–3 所示。

表 3–3　小组测量的脉搏数据表

序号	脉搏	性别	序号	脉搏	性别	序号	脉搏	性别
1	64	男	16	74	男	31	72	女
2	58	男	17	68	男	32	82	女
3	62	男	18	64	男	33	100	女
4	66	男	19	90	男	34	68	女
5	64	男	20	92	男	35	88	女
6	74	男	21	60	男	36	62	女
7	84	男	22	76	男	37	80	女
8	68	男	23	96	女	38	61	女
9	62	男	24	78	女	39	64	女
10	70	男	25	96	女	40	94	女
11	74	男	26	62	女	41	60	女
12	66	男	27	78	女	42	84	女
13	70	男	28	82	女	43	72	女
14	54	男	29	78	女	44	66	女
15	82	男	30	68	女	45	80	女

运用 MINITAB 进行本例的计算，实现路径为统计 >> 基本统计量 >> 图形化汇总，得到的结果见图 3–6 和图 3–7。

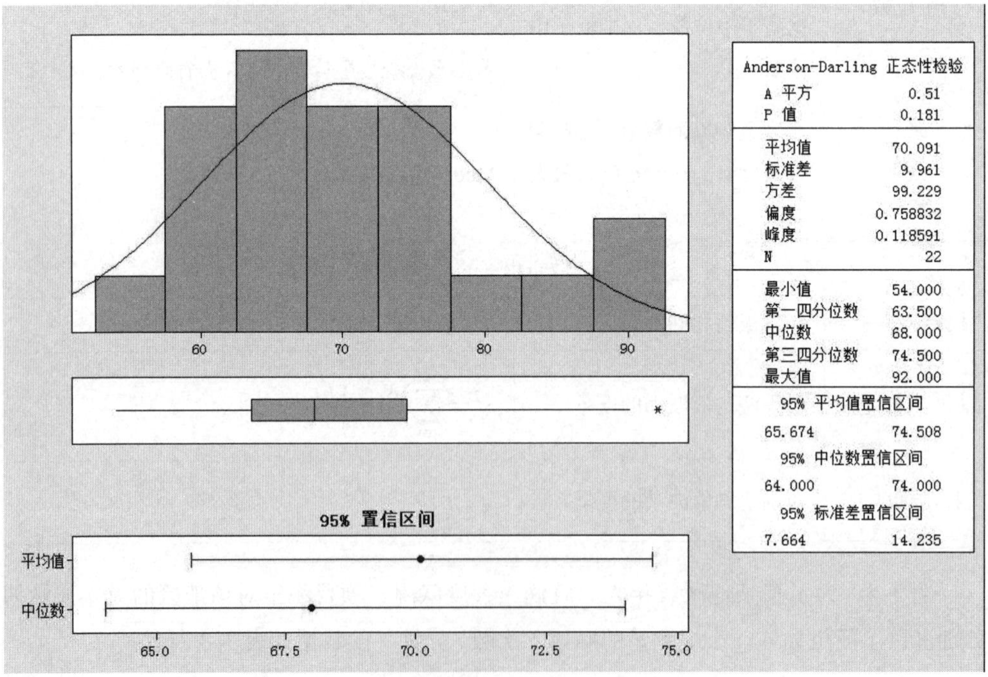

图 3–6　图形化汇总（男）

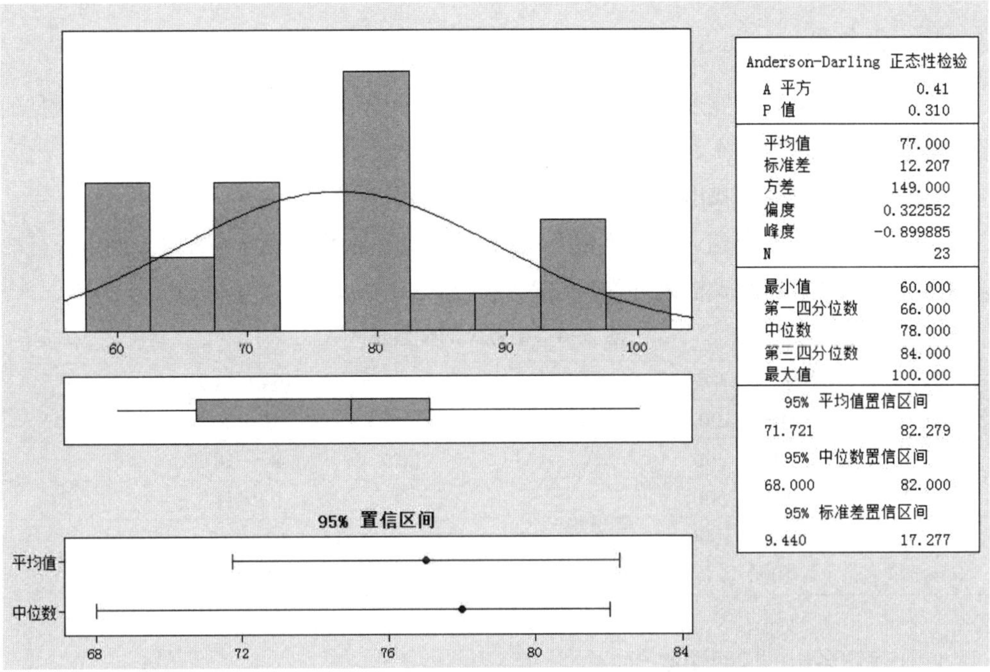

图 3–7　图形化汇总（女）

在图 3–7 和图 3–8 中，包含了样本的大量信息，包括平均值、中位数、众数，以及方差、标准差和极差。根据上述描述性统计结果，可得到以下结果：

（1）分布的位置或中心趋势。

样本均值 $\bar{x}$ ：男性 $\bar{x}$ =70.09(次 / 分)，女性 $\bar{x}$ =77.00(次 / 分)。

样本中位数 $\tilde{x}$ ：男性 $\tilde{x}$ =68.00(次 / 分)，女性 $\tilde{x}$ =78.00(次 / 分)

（2）分布的分散程度。

样本极差 R ：男性 R=92 – 54=38(次 / 分)，女性 R=100 – 60=40(次 / 分)。

样本方差 s^2 ：男性 s^2 = 99.20，女性 s^2 = 149.08。

样本标准差 s ：男性 s = 9.96（次 / 分），女性 s = 12.21（次 / 分）。

3.3　数据的图示方法

用适当的图表将收集到的数据加以整理，使数据所包含的信息能够直观地展示出来。“一张好图胜过千言万语”。因此，运用适当的图表展示所收集到的数据，是六西格玛项目常用方法，也是黄带应具备的基本技能。

3.3.1 直方图

直方图是用矩形的宽度和高度来表示频数分布的图形，我们可以从上面看到数据的聚集程度与离散程度。作直方图的步骤一般如下：

（1）从 n 个样本中找出最大值 x_{max} 与最小值 x_{min}，计算极差 R。

（2）对样本进行分组，确定组数 k 和组距 d，具体组数根据样本容量 n 确定，可按表 3–4 选择组数，组距 d 根据组数 k 与 R 来确定，$d = R / k$。

表 3–4 组数 k 的参照表

样本量（n）	组数（k）
40 ～ 100	5 ～ 8
100 ～ 200	8 ～ 10
201 ～ 500	9 ～ 11
501 ～ 1000	10 ～ 13
1000 以上	12 ～ 15

（3）确定各组的区间端点。

（4）统计样本在各组的频数 n_i 及频率 $f_i = n_i / n$。

（5）画出频率直方图。以样本 x 为横坐标，以频率 / 组距为纵坐标，在每个小区间上竖起长条矩形。纵轴的单位也可以用频率来表示，这里之所以用频率 / 组距来表示，是为了保证这些矩形面积之和为 1。

直方图主要用于展示分组数据的分布，对于未分组的原始数据则可以用茎叶图和箱线图来观察分布。

例 3–5　表 3–5 为某公司 4 个月 120 天的销售量数据，利用 MINITAB 给出直方图。

表 3–5　4 个月每天的销售量（单位：件）

234	159	187	155	172	183	182	177	163	158
143	198	141	167	194	225	177	189	196	203
187	160	214	168	173	178	184	209	176	188
161	152	149	211	196	234	185	189	196	206
150	161	178	168	174	153	186	190	160	171
228	162	223	170	165	179	186	175	197	208
153	163	218	180	175	144	178	191	197	192
166	196	179	171	233	179	187	173	174	210
154	164	215	233	175	188	237	194	198	168
174	226	180	172	190	172	187	189	200	211
156	165	175	210	207	181	205	195	201	172
203	165	196	172	176	182	188	195	202	213

解：运用 MINITAB 进行本例的计算，实现路径为图形 >> 直方图，得到的结果见图 3–8。

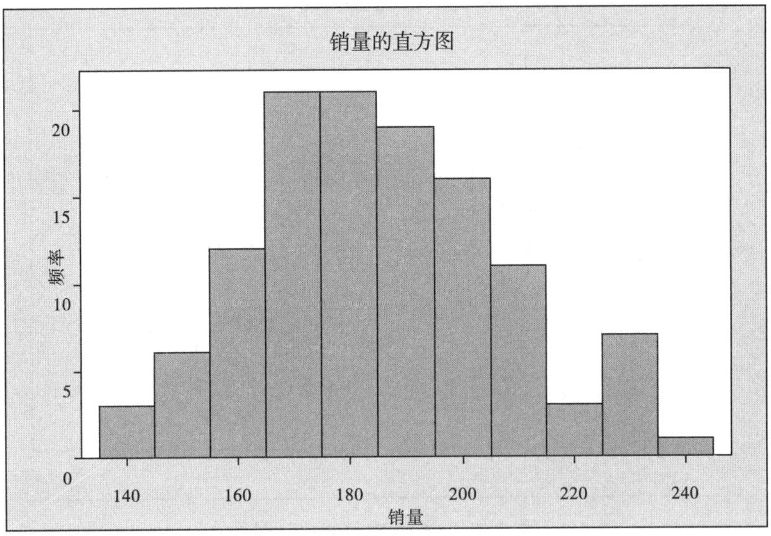

图 3–8 产品销量的直方图

3.3.2 箱线图

箱线图主要由数据中的五个统计量：最小值、第一四分位数、中位数、第三四分位数和最大值绘制而成，它可以粗略地看出数据分布的对称性、离散程度等信息。箱线图具有不同类型：包括中位数 / 四分位数 / 极差箱线图，均值 / 标准误差 / 标准差箱线图、均值 / 标准差 /1.96 倍的标准差箱线图、均值 / 标准误差 /1.96 倍标准误差箱线图，其中中位数 / 四分位数 / 极差箱线图是最常见的，其他类别的箱线图可查阅相关统计学资料。在箱线图中，两个四分位数组成的矩形称为箱体，箱体与极值的连线称为须触线。在图中用中位数来表述数据的集中趋势，箱体与须触线均用来描述数据的离散程度。

尽管箱线图比较简单，从中位数可以确定中心趋势或者位置；箱体的长度可以确定观测值的离散程度；如果中位数不在箱体的中心，说明分布是有偏的。

例 3–6 从某班级随机抽取 11 人，对两门课的考试成绩进行调查，所得数据如表 3–6 所示。给出两门考试的成绩比较箱线图。

表 3–6 11 名学生两门课成绩数据

	学生编号										
课程名称	1	2	3	4	5	6	7	8	9	10	11
L1	76	90	97	71	70	93	86	83	78	85	81
L2	65	95	51	74	78	63	91	82	75	71	55

解：运用 MINITAB 进行本例的计算，实现路径为图形 >> 箱线图，得到的结果如下（如图 3–9 所示）：

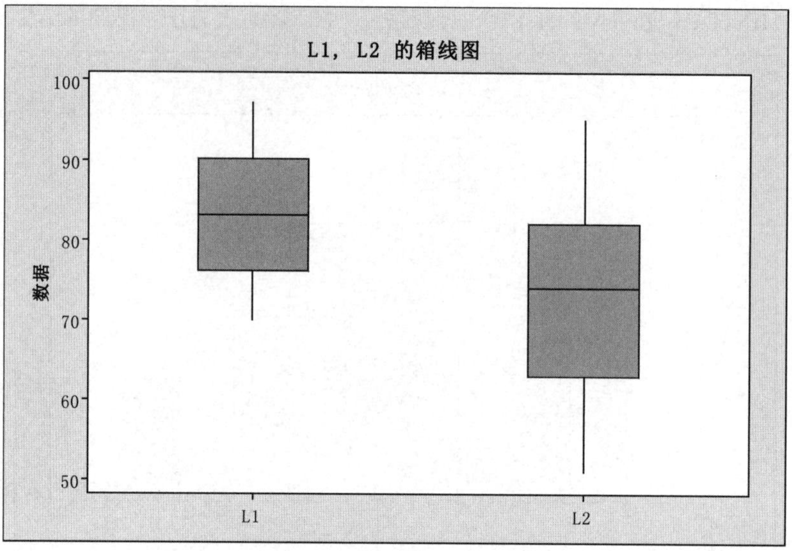

图 3–9　学生成绩的箱线图

3.3.3　正态概率图

正态概率纸是一种特殊的坐标纸，横坐标是等间隔的，用来表示观察值的大小，其纵坐标是按标准正态分布累计概率分布 $\Phi(x)=P(X\leqslant x)$ 标示的。在正态坐标纸上：

- 任一正态分布函数呈上升直线状。
- 任一右偏分布函数呈上凸曲线状。
- 任一左偏分布函数呈下凹曲线状。
- 任意两个方差相等的正态分布函数呈平行直线状。

用正态概率纸来检验一组数据 $x_1, x_2, \cdots, x_n$ 是否为来自正态分布的样本。具体操作如下：

（1）将样本排序：$x_{(1)}\leqslant x_{(2)}\leqslant\cdots\leqslant x_{(n)}$。

（2）在点 $x_{(i)}$ 处的累积概率 $\Phi(x_{(i)})=P(X\leqslant x_{(i)})$ 用修正频率 $\frac{i-3/8}{n+1/4}$ 或 $\frac{i}{n+1}$ 来估计。

（3）把 n 个点 $\left(x_{(1)},\frac{1-0.375}{n+0.25}\right),\left(x_{(2)},\frac{2-0.375}{n+0.25}\right),\cdots,\left(x_{(n)},\frac{n-0.375}{n+0.25}\right)$，逐一标在正态概率纸上，得到正态概率图。现在，随着统计软件的普及，在 Minitab 等统计软件包上可以很方便地绘制出正态概率图。

（4）用目测去判断：

若 n 个点近似在一条直线附近，则认为该样本来自某正态总体；

若 n 个点明显不在一条直线附近，则认为该样本来自非正态总体。

例 3–7　用正态概率纸检验某品牌的防锈剂的防锈能力是否服从正态分布，所得数据如表 3–7 所示。

表 3–7 防锈剂的防锈能力数据

抽样编号	1	2	3	4	5	6	7	8	9	10
防锈能力	86.1	92.7	88.1	90.6	87.1	92.4	87.7	90.8	89.1	89.8

解：运用 MINITAB 进行本例的计算，实现路径为统计 >> 基本统计量 >> 正态性检验，得到的结果如下（如图 3–10 所示）：

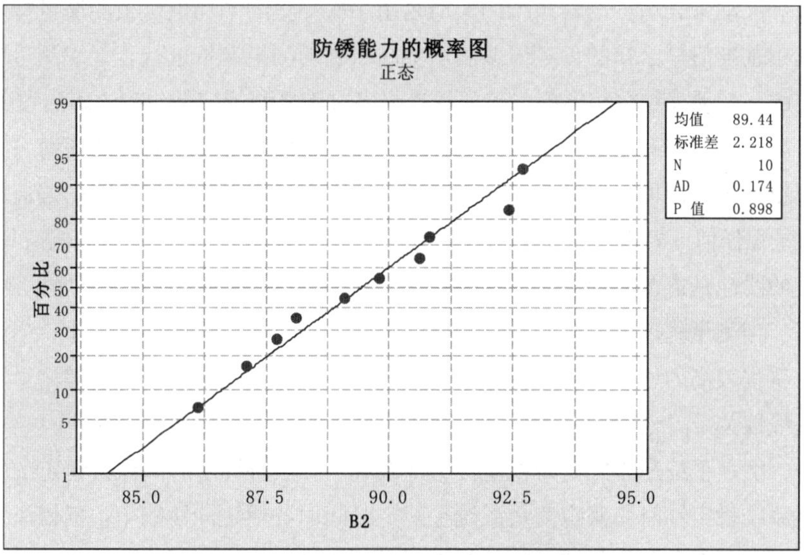

图 3–10 防锈能力的正态概率图

根据图右上角的 p 值可判定样本防锈能力是否服从正态分布。其原假设是：H_0: 数据服从正态分布，H_1: 数据不服从正态分布。根据假设检验的规则，如果 p 值小于 0.05 时，则认为分布不为正态；如果 p 值大于 0.05 时，没有充分的理由拒绝原假设，可以认为分布为正态。

3.4 测量系统分析

六西格玛倡导以事实和数据驱动管理，在六西格玛项目中做决策应以数据和信息分析为基础，数据的质量好坏在很大程度上决定了项目的成败。数据是测量的结果，测量数据必须能够反映事实，要获得高质量的测量数据用于判断产品是否合格、生产过程是否稳定，不仅要求量具合格，还要求测量系统具备相应的判断能力，这就需要进行测量系统分析。

3.4.1 测量系统的基本概念

测量系统是指用来对测量对象进行定量测量或对被测特性进行定性评价的人员、量具、测量方法、参照标准、测量环境等的集合体，即测量系统涵盖用来获取测量结果的整个过程。测量系统分析是指用统计方法来确定测量系统中的波动源，以及它们对测量结果的影响，最后对测量系统是否符合使用要求给出明确判断。

一个合格的测量系统必须具备较高的准确度（accuracy）和精确度（precision），通常用偏倚和波动来表示。测量系统的偏倚是指多次测量的平均值与被测质量特性基准值之差，其中基准值是已知的参考值或利用更高级别的测量设备进行若干次测量取其平均值来确定的。波动表示在相同测量条件下进行多次重复测量结果分布的离散程度。

每个测量系统都有其量程，因此，好的测量系统应该要求在量程的任何一处都不存在偏倚。但由于偏倚可以通过校准加以修正，因此有时可以对测量系统的偏倚放宽些要求，但为了在任何一处都能对观测值加以修正，我们必须要求测量系统的偏倚具有线性。测量系统的线性是指在其量程范围内，偏倚是基准值的线性函数。对于通常的测量方法，一般说来，当测量基准值较小（量程较低的地方）时，测量偏倚会比较小；当测量基准值较大（量程较高的地方）时，测量偏倚会比较大。线性就是要求这些偏倚量与其测量基准值呈线性关系。

此外，测量系统还必须具有稳定性，即系统的计量特性随时间保持恒定的能力。在研究测量系统稳定性时，假定测量系统在一定时间内各项统计性能（包括偏倚、总波动及测量误差的分布等）均保持恒定。它主要是用测量结果的统计稳定性来衡量的。定期地对测量标准器（量具）或标准件进行重复测量，并绘制测量值的控制图。从控制图上可以判断测量系统是否统计稳定，并且针对引起不稳定的原因进行分析和纠正。关于控制图的内容，请参见本书第六章的相关内容。

3.4.2 计量型测量系统的重复性与再现性

测量系统的波动主要是由量具和操作者引起的，其次测量对象间的差异对测量结果也具有影响。因此，下面将分别考虑量具、操作者以及测量对象间的波动，以确认系统是否合格，在不合格时如何识别波动源并提出改进方向。

1. 重复性

测量系统的重复性是指在尽可能相同的测量条件下，对同一测量对象进行多次重复测量所产生的波动。重复性波动主要反映量具本身的波动，记为 EV（Equipment Variation）。在“尽可能相同的条件”下进行重复测量是指同一个操作员、对同一个测量对象的同一部位，放在量具的同一位置，在较短时间内进行多次测量。此时重复性误差的产生只能由量具本身的固有波动引起。合格的测量系统应该具有良好的重复性。计算量具重复性的公式，可以用 $EV = 6\sigma_e$（有些企业也采用 $EV = 5.15\sigma_e$）表示，式中的 σ_e 是测量过程重复测量引起的标准差。

2. 再现性

测量系统的再现性又称为复现性和重现性，表示不同测量系统在相同条件下对同一测量对象进行测量时的变异。在实际测量过程中，由于测量者是影响测量结果的一个重要因素，经常用改变测量者表示改变测量系统。因此，对于一个典型的测量系统分析问题而言，再现性是指不同的操作者使用相同的量具对同一测量对象进行重复测量而产生的波动，记为 *AV*（Appraiser Variation）。在其定义中，量具是相同的，测量对象也是相同的，不同的是操作者，所以再现性主要反映操作者在测量过程中的波动。好的测量系统也应该具有良好的再现性。

一般来说，如果数据组数小于 2，这样的测量系统分辨力不够高，测量得到的数据不能用于控制和分析过程；当数据组数为 2 ～ 4 个时，测量系统仅能提供粗糙的估计值，一般说来也还不能用于估计过程的参数或计算过程能力指数；当数据组数大于等于 5，这时测量系统才有足够的分辨力，使得测量得到的数据能够较好地用于分析和控制过程。

3. 总波动的分解和测量系统能力的评价

在测量过程中，观测值的波动等于各随机波动之和，包括测量对象间的波动和测量系统的波动。

我们可以对测量系统的能力做出评价，通常有两种方法：

用测量系统波动 *R* & *R* 与总波动之比来度量，记为：

$$P/TV = R\&R/TV \times 100\%$$

用测量系统波动 *R* & *R* 与测量对象质量特性的容差之比来度量，记为：

$$P/T = R\&R/(USL - LSL) \times 100\% = 6\sigma_{ms}/(USL - LSL) \times 100\%$$

若仅有单侧上规格限时：

$$P/T = \frac{3\sigma_{ms}}{USL - \mu}$$

若仅有单侧下规格限时：

$$P/T = \frac{3\sigma_{ms}}{\mu - LSL}$$

当 P/TV 且 $P/T \leqslant 10\%$ 时，表明测量系统是有能力的；当 $10\% < (P/TV) \leqslant 30\%$ 或者 $10\% < (P/V) \leqslant 30\%$ 时，表明测量系统能力处于临界状态，不能测量重要测量对象；当 P/TV 或 $P/T > 30\%$ 时，表明测量系统本身波动过大，必须进行改进。

例 3–8　某团队在做测量系统分析时，选择了 A、B、C 三个操作者，对 10 个零件各测量了 2 次，采集的数据见表 3–8。

表 3–8　例 3–8 的测量数据

操作者	零件 1	零件 2	零件 3	零件 4	零件 5	零件 6	零件 7	零件 8	零件 9	零件 10
A	0.65	1.00	0.85	0.85	0.55	1.00	0.95	0.85	1.00	0.60
A	0.60	1.00	0.80	0.95	0.45	1.00	0.95	0.80	1.00	0.70
B	0.55	1.05	0.80	0.80	0.40	1.00	0.95	0.75	1.00	0.55
B	0.55	0.95	0.75	0.75	0.40	1.05	0.90	0.70	0.95	0.50
C	0.50	1.05	0.80	0.80	0.45	1.00	0.95	0.80	1.05	0.85
C	0.55	1.00	0.80	0.80	0.50	1.05	0.95	0.80	1.05	0.80

解：运用 MINITAB 进行本例的计算，实现路径为统计 >> 质量工具 >> 量具研究 >> 量具 R&R 研究（交叉），分析方法选择 Xbar 和 R (X)，得到的结果如下（如图 3–11 所示）：

量具 R&R 研究 - XBar/R 法

来源	方差分量	方差分量贡献率
合计量具 R&R	0.0020839	6.33
重复性	0.0011549	3.51
再现性	0.0009291	2.82
部件间	0.0308271	93.67
合计变异	0.0329111	100.00

来源	标准差 (SD)	研究变异 (6 * SD)	%研究变异 (%SV)
合计量具 R&R	0.045650	0.27390	25.16
重复性	0.033983	0.20390	18.73
再现性	0.030481	0.18288	16.80
部件间	0.175577	1.05346	96.78
合计变异	0.181414	1.08848	100.00

可区分的类别数 = 5

图 3–11　例 3–8 的测量系统分析结果

根据以上结果可以看出，该测量系统可分的类别数为 5，表示系统具有足够的分辨力；系统符合 $10\% < (P/TV = 25.16\%) \leqslant 30\%$，根据测量系统能力判别准则，系统测量能力处于临界状态，不能用于测量产品的重要特性。

3.4.3　属性值测量系统的一致性

测量结果并不都是连续型的计量型数据，有时是属性值数据或计数型数据。计数型测量系统最常见的结果是通过 / 不通过，合格 / 不合格两种等级，当然也有一些计数型测量系统的结果多于 2 个不同的分级。计数型数据不同于计量型数据，所以对计数型数据的分析也不能采用适用于计量型数据的分析方法。经过实践和理论研究，采用属性值数据一致性分析的方法可以解决这个问题。属性值数据一致性分析即对属性数据进行相关性和一致性的分析。

下面我们用一个简单的例子来说明属性值数据的一致性分析。

例 3–9 假设我们选取 20 个零件，2 个测量人员，每个人测量 2 次，得到如下数据表（如表 3 9 所示），其中 P 表示合格，NP 表示不合格。

表 3–9 计数型测量系统的研究

	测量者 A		测量者 B		已知属性或标准
零件号	第 1 次	第 2 次	第 1 次	第 2 次	
1	P	P	P	P	P
2	P	P	P	P	P
3	NP	P	P	P	P
4	NP	NP	NP	NP	NP
5	P	P	P	P	P
6	P	P	P	P	P
7	NP	NP	NP	NP	NP
8	NP	NP	P	P	NP
9	P	P	P	P	P
10	P	P	P	P	P
11	NP	NP	NP	NP	NP
12	P	P	P	P	P
13	P	NP	P	P	P
14	NP	NP	NP	NP	NP
15	P	P	P	P	P
16	P	P	P	P	P
17	P	P	P	P	P
18	P	P	P	P	NP
19	P	P	P	P	P
20	NP	NP	NP	NP	NP

解：操作者各自的一致性分析。如表 3–9 所示，操作者 A 测量 20 个零件各 2 次，其中有 2 次不一致，一致性比率为 18/20=90%；而操作者 B 则全部一致，一致性比率为 100%。

依次类推，可得到每个操作者与标准，操作者之间以及所有测量者与标准整体的一致性比率和 95% 的置信区间。

运用 MINITAB 进行本例的计算，实现路径为统计 >> 质量工具 >> 属性一致性分析，得到的结果如下（如图 3–12 所示）：

```
评定值的属性一致性分析

检验员自身

评估一致性

检验员  # 检验数  # 相符数   百分比     95 % 置信区间
A          20        18      90.00    (68.30,  98.77)
B          20        20     100.00    (86.09, 100.00)

每个检验员与标准

评估一致性

检验员  # 检验数  # 相符数    百分比      95 % 置信区间
A          20        17       85.00     (62.11,  96.79)
B          20        18       90.00     (68.30,  98.77)

检验员之间

评估一致性
# 检验数  # 相符数   百分比      95 % 置信区间
  20         17      85.00     (62.11,  96.79)

评估不一致
检验员    # P / NP    百分比   # NP / P    百分比   # Mixed    百分比
A            1        14.29       0         0.00       2        10.00
B            2        28.57       0         0.00       0         0.00
# P / NP:  多个试验中误将标准 = NP 者一致评估为 = P 的次数
# NP / P:  多个试验中误将标准 = P 者一致评估为 = NP 的次数
# Mixed: 多个试验中所有的评估与标准不相同者。

所有检验员与标准

评估一致性

# 检验数  # 相符数    百分比      95 % 置信区间
  20         16       80.00     (56.34,  94.27)
```

图 3–12　属性值数据的一致性分析结果

其中的检验员自身的评估一致性即为重复性；检验员之间的一致性即为再现性。

此外，还有其他方法可以对属性值测量系统进行分析，如有效性、漏判率、误判率。有效性分为测量者的有效性和系统的有效性。测量者对测量对象的测量结果一致，且与标准一致，则称为有效，有效测量对象数与被测量对象数之比称为测量者的有效性。系统有效性是指所有操作者的判断结果完全一致，且与标准一致的测量对象数与被测量对象数之比。漏判率是将标准为不合格的测量对象判为合格的机会百分比。误判率是将标准为合格的测量对象判断为不合格的机会百分比。属性值数据测量系统的判断标准见表 3–10。

表 3–10　属性值数据测量系统的判断标准

判断	有效性	漏判率	误判率
可接受	≥ 90%	≤ 2%	≤ 5%
接受 – 需要改进	≥ 80%	2% ～ 5%	5% ～ 10%
不可接受	≤ 80%	≥ 5%	≥ 10%

实际操作中，还应结合测量对象的重要程度进行分析，对于关键的测量对象应适当严格判断标准；反之，可以适当放宽判断标准。

3.5 过程能力分析

对任何生产过程，产品的质量特性值总是有波动的。如果一个过程仅受到随机因素的影响，且产品的质量特性均值和波动都基本保持稳定时，则称该过程处于统计控制状态。只有当过程处于统计控制状态时，对过程能力的分析才是有意义的。过程能力是处于稳定生产状态下过程的实际能力，它是衡量过程波动的一种标志。

1. 过程能力指数 C_P

假设过程输出质量特性 $y \sim N(\mu, \sigma^2)$，其中 μ，σ 分别为 y 的均值和标准差。当过程处于统计控制状态时，则定义过程能力指数 C_p 为容差 T 与过程波动范围之比，即：

$$C_p = (USL+LSL) / (6\sigma) = T / (6\sigma)$$

其中 USL, LSL 分别为质量特性的上、下规格限。$M = (USL+LSL)/2$，称为规格中心。C_p 是反映过程潜在能力的重要指标，当 $C_p < 1$ 时，过程能力不足；$1 \leqslant C_p < 1.33$ 时，过程能力尚可；$1.33 \leqslant C_p < 1.67$ 时，过程能力充足。需要注意的是，C_p 的计算与过程输出的均值无关，它是假定过程输出的均值与规格中心重合时的过程能力之比。

2. 过程能力指数 C_{pk}

当过程输出均值 μ 与规格中心或目标值不重合时，我们用 C_{pk} 来反映过程的能力。由于过程输出均值 μ 通常在规格限 $[LSL, USL]$ 之间，因此，我们取 μ 与上、下规格限较近的距离与 3σ 之比作为过程能力指数，即：

$$C_{PK} = \min\{(USL-\mu)/(3\sigma), (\mu-LSL)/(3\sigma)\} = \min\{C_{pu}, C_{pl}\}$$

式中：$C_{pu} = \dfrac{\mathrm{USL}-\mu}{3\sigma}$，称为单侧上限过程能力指数，仅有上规格限的情况即可使用；$C_{pl} = \dfrac{\mu - LSL}{3\sigma}$称为单侧下限过程能力指数，仅有下规格限的情况即可使用。由 C_p 和 C_{pk} 的表达式可看出，当 $\mu = M$ 时，$C_{pk} = C_p$；$\mu \neq M$ 时，$C_{pk} < C_p$。

3. 过程能力分析举例

下面举一个实例来说明过程能力的应用。

例 3–10　在钢珠生产过程中，允许的钢珠直径变异范围为 [10.90，11.00]，其测量数据见表 3–11，试对其进行过程能力分析。

表 3–11　25 个批次的样本钢珠直径

批次 0	直径 1	直径 2	直径 3	直径 4	直径 5
1.00	10.95	10.90	10.95	10.96	10.98
2.00	10.91	10.97	10.95	10.98	10.94
3.00	10.97	10.91	10.94	10.95	10.93
4.00	10.92	10.94	10.95	10.95	10.93
5.00	11.02	10.96	10.92	10.98	10.99
6.00	10.92	10.94	10.93	10.98	10.95
7.00	10.98	10.91	10.96	10.90	10.93
8.00	10.96	10.93	10.94	10.93	10.96
9.00	10.94	10.93	10.97	10.96	10.95
10.00	10.91	10.95	10.93	10.96	10.92
11.00	10.94	10.94	10.98	10.94	10.97
12.00	10.97	10.95	10.93	10.92	10.98
13.00	10.99	10.95	10.95	10.95	10.96
14.00	10.93	10.97	10.94	10.92	10.93
15.00	11.02	10.98	10.97	10.96	10.91
16.00	10.95	10.95	10.93	10.94	10.93
17.00	10.96	10.95	10.97	10.99	10.95
18.00	10.97	10.97	10.93	10.95	11.01
19.00	11.00	10.93	10.95	10.96	10.96
20.00	10.95	10.92	10.92	10.98	10.93
21.00	10.95	10.94	10.95	10.96	10.97
22.00	10.92	10.97	11.00	10.94	10.94
23.00	10.95	10.94	10.93	10.96	10.95
24.00	11.00	10.99	10.90	10.94	10.98
25.00	10.94	10.92	10.96	10.93	10.96

解：运用 MINITAB 进行本例的计算，实现路径为统计 >> 质量工具 >> 能力分析 >> 正态，在“规格下限”中输入“10.90”，在“规格上限”中输入“11.00”，打开“选项”，在“目标”中输入“10.95”，运行命令后得到的结果如下（如图 3–13 所示）：

$C_p = C_{pl} = C_{pu} = 0.67$，$\mu$ 与规格限中心 M 重合；$C_{PK} = \min\{C_{pu}, C_{pl}\} = 0.67$。该过程的过程能力严重不足。

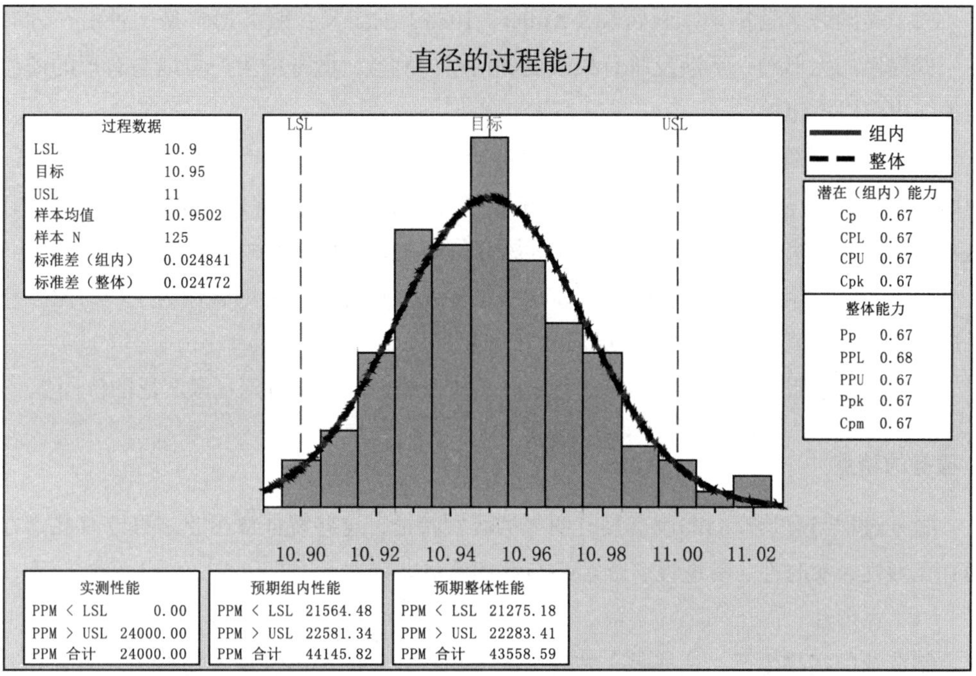

图 3–13 钢珠生产的过程能力分析

3.6 服务过程测量

3.6.1 服务质量

1. 服务的概念

随着中国经济的发展和转型，服务业在经济活动中所占比例越来越大，其重要性也日益突出，相应的管理研究也越来越科学化和完善化，已经成为企业建立竞争优势的重要工具。

对于服务概念的理解主要有两类：第一类主要是通过服务具有的性质进行定义，即服务是具有无形性、实时性、易逝性、顾客参与性、质量差异性等特点的交易品。第二种理解主要是从产业分类角度进行归类，把独立于工业和农业外的产业都归为服务。在服务管理和服务营销领域，更倾向于第一种关于服务的概念。

目前，并没有确切的服务的定义，但随着对服务的不断研究和认识的深入，不少研究机构和学者尝试给服务进行明确的定义，主要有：

（1）美国市场营销协会（AMA，1960）的定义：服务是一种消费者从有偿的活动或所购买的商品中获得利益和满足感的经济活动。

（2）美国著名营销学家科特勒（Kotler，1983）的定义：服务通常是一种由一方向另一方提供的无形的、不涉及所有权改变的活动或利益，服务的生产可以与有形的商品相关，也可以不相关。

（3）格朗鲁斯（Gronroos，2000）的定义：服务是由一系列或多或少具有无形特征的活动所构成的一种过程，这种过程是在顾客与员工、有形资源的互动关系中进行的，这些有形资源（实体商品或系统）是作为顾客的解决方案提供给顾客的。

（4）菲茨西蒙斯（Fitzsimmons，2001）的定义：服务是一种顾客作为生产共同参与者进行的随时间消逝、无形的活动经历。

在众多对于服务的界定中，格朗鲁斯和菲茨西蒙斯的定义得到更多广泛的认同。

2. 服务的特点

服务过程与有形产品的制造具有明显的区别特征，这些特征概括起来可以有几个方面：无形性、实时性、易逝性、顾客参与性和质量差异性。

（1）无形性

制造业的实物生产，往往是一种有形的过程，最终的产出也是实物形式；而服务过程基本上是无形的。哪怕在服务提供或实现的过程中，会用到一些实体的设备或工具，但其最终的产出都是伴随着服务过程中一种无形的体验和感知。

鉴于服务的无形性，客户在接受服务之前，往往无法先看实物再决定是否购买，而只能在接受服务过程中才能判断是否满足要求。对于服务的提供者来说，只有提供良好的服务体验，才能让客户满意。

（2）实时性

服务的诸多过程是暴露在客户面前实时提供的，也就是说服务的提供和消费是同时进行的。以最简单的银行存款服务来说，客户在网点柜台提出申请开始，就会全程关注着整个存款过程，直至最后的完成。

因此，与制造业的产品在工厂中完成、可通过事前检查弥补质量有很大的不同，在服务过程中，如果出现问题或者差错，会即刻受到客户的投诉和抱怨，而且服务提供过程中客户的情绪反应又会影响到其他客户，这对服务过程中的质量和即刻处理能力要求很高。

（3）易逝性

易逝性是指服务产品既不能在时间上储存下来以备未来使用，也不能在空间上转移到其他地方。易逝性使得服务如果不能及时消费就会造成损失。

（4）顾客参与性

服务过程的一个重要特点就是服务人员与顾客之间的沟通、交流和交互，服务也就是通过这种交互完成的。在一些顾客参与度高的行业，顾客不但要同服务人员进行交互，也有可能要与其他顾客产生联系，最典型的就是二手房的中介服务，买方不仅与房屋中介人员进行交互，还要与卖方进行联系。

（5）质量差异性

服务的另一个重要的特征是服务提供过程中会有比较大的差异。这些差异一方面是服务对象的个体差异比较大，不同的客户会有不同的需求和对服务体验的主观理解，因此其对服务质量的期望以及服务效果的评价也会有所不同；另一方面许多服务是由服务人员提供的，而不同人员的服务技能、服务态度都有可能存在差异，从而会产生不同的服务效果。

3. 服务质量的概念

由于服务本身具有的无形性、实时性、易逝性、质量差异性等特点，致使很难对服务的质量进行定义、衡量和控制。

对于服务质量的概念，有认为它是指服务结果能符合既定标准的，也有认为其好坏是由消费者主观判断而不是客观评估的，但格朗鲁斯提出的感知服务质量的概念得到广泛认可。感知服务质量认为服务质量是顾客对期望的服务与实际感知的服务的比较结果，它的核心是服务质量必须建立在顾客需求和期望的基础之上而不是由管理者或服务提供者来决定。美国服务管理研究组合帕拉苏拉曼（Parasuraman）、泽丝曼尔（Zeithaml）和贝瑞（Berry）（简称 PZB）在格朗鲁斯的基础上对感知服务质量进行更加深入研究，他们提出顾客对服务质量的感知不是一维的，而是多维的，不仅仅是服务本身，还包含服务过程，并利用顾客服务前的期望与服务后的实际感知的差距来定义服务质量。而科勒尔（Kolter）更是把服务质量定义为提供高于顾客期望的服务。因此，从感知服务质量的概念看：当顾客感知超过期望时，服务具有很好质量，是一种欣喜和惊讶；当感知没有达到期望时，服务质量是不可接受的；当感知和期望一致时，服务质量是令人满意的。

4. 服务质量模型

为了更好地测量服务质量，众多学者进行了深入研究，提出了多种服务质量模型，其中感知服务质量模型以及在此基础上发展起来的 SERVQUAL 服务质量模型是被广泛应用的模型。

（1）感知服务质量模型

1982 年格朗鲁斯提出了感知服务质量的概念，其认为总体服务质量是由企业形象、技术质量和功能质量构成。在此基础上于 1984 年提出了感知质量模型（图 3–14），在这个模型中，顾客的感知服务质量主要取决于顾客期望的服务质量和体验到的服务质量之间的差距。顾客期望的服务质量是由本身形象、广告、口碑等促成，而顾客体验到的服务质量是由技术质量和功能质量组成的。技术质量是指服务过程的输出，也即顾客从服务过程中得到的产出；功能质量是指顾客如何得到这些产出，它更多的是顾客的客观感受。企业形象对技术质量和功能质量有一定过滤作用，如果企业形象好，即使服务出现了一些小失误，顾客也会谅解，反之如企业形象不佳，那么服务过程中的失误会影响顾客的体验质量。

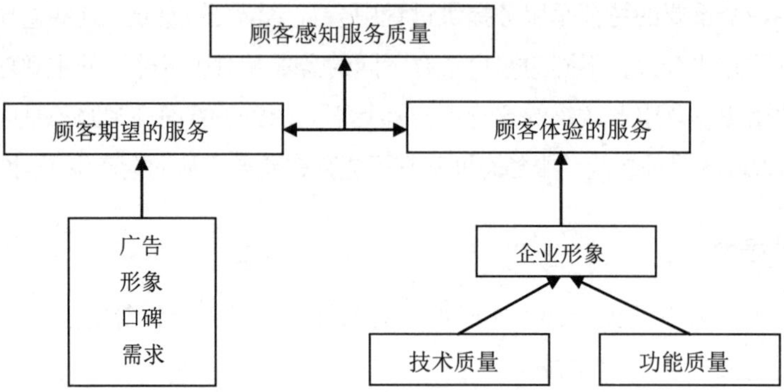

图 3–14　格朗鲁斯感知服务质量模型

（2）SERVQAL 模型

在格朗鲁斯研究的基础上，PZB 基于差距理论，提出了 PZB 顾客感知服务质量模型，并在此基础上提出了著名的 SERVQUAL 模型。

在 PZB 的顾客感知服务质量模型（图 3–15）中，服务质量是从有形性、响应性、保证性、移情性和可靠性 5 个维度评价，并通过计算顾客“期望服务（ES）”和“感知服务（PS）”之间的差值（Gap Score，简称 G ）来衡量，即 G = PS – ES，而期望服务亦会受口碑、顾客个人需要及其过去的经历影响。当 PS ＞ ES 时，G 值为正数，“感知质量”超过了“期望质量”，顾客感受到较高质量服务，G 越大，顾客感知服务质量越好；当 PS=ES 时，G 值为零，“感知服务”等于“期望服务”，服务质量尚可；当 PS ＜ ES 时，G 值负数，“感知质量”低于“期望质量”，服务质量差，G 越小，顾客感知服务质量越差。

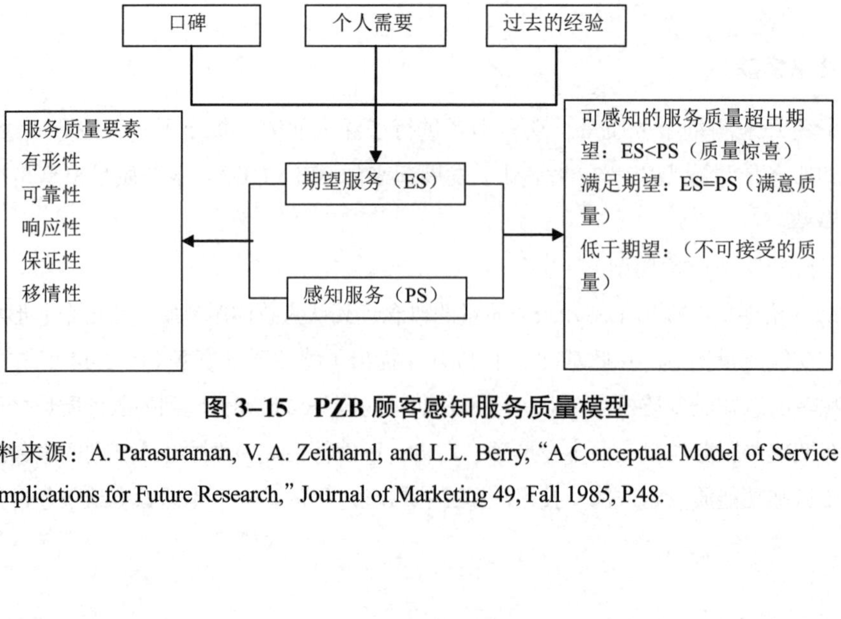

图 3–15　PZB 顾客感知服务质量模型

资料来源：A. Parasuraman, V. A. Zeithaml, and L.L. Berry, “A Conceptual Model of Service Quality and Its Implications for Future Research,” Journal of Marketing 49, Fall 1985, P.48.

SERVQUAL 模型的核心是“PZB 顾客感知服务质量模型”和“服务质量差距模型”。SERVAUAL 模型从有形性、响应性、保证性、移情性和可靠性 5 个维度 22 个题项进行测量，形成了 SERVQUAL 模型量表（见表 3–12）。

在应用 SERVQUAL 模型测量服务质量时，会根据 SERVQUAL 量表设计“服务期望（ES）”和“服务感知（PS）”两部分问卷，每部分均有基于服务质量五个维度设计的 22 个问题。期望部分由 22 个问题项来评价顾客对某类服务的期望，感知部分由相匹配的 22 个问题项来反映顾客对某类服务的实际感知（表 3–12），服务质量可通过计算问卷中每一项顾客期望与顾客感知的差值 G 得到。

表 3–12 SERVQUAL 模型量表

维度	定义	题项
有形性（Tangibles）	服务中的实体部分，包括服务设施和人员的外表	1. 有先进的服务设施 2. 服务设施具有吸引力 3. 员工仪表整洁 4. 公司设施与所提供的服务相匹配
可靠性（Reliability）	可靠地、准确地提高所承诺的服务的能力	5. 能及时履行对顾客的服务承诺 6. 顾客有困难时，能表现出关心并提供帮助 7. 公司是可信赖的 8. 能准时提高所承诺的服务 9. 正确记录相关的服务
响应性（Responsiveness）	乐于帮助顾客与提供及时的服务	10. 确实告知顾客各项服务的时间 11. 及时提供服务 12. 员工总是乐于帮助顾客 13. 员工不会因太忙而无法提供服务
保证性（Assurance）	知识、能力和态度使顾客信任、放心	14. 员工是值得信任的 15. 在从事交易时顾客应感到放心 16. 员工有礼貌 17. 员工可从公司得到适当的支持，以提供更好的服务
移情性（Empathy）	关心并为顾客提供个性化服务	18. 公司针对不同客户提供个性化服务 19. 员工对顾客给予个性化的关怀 20. 了解顾客特殊需求 21. 重视顾客利益 22. 公司的营业时间便利所有顾客

资料来源：Parasuraman A., Zeithaml V. A., Berry L. L. SERVQUAL: A Mutiple – Item Scale for Measuring Consumer Perceptions of Service Quality. Journal of Retailing, 1988, 64(1): pp. 12-40.

3.6.2 顾客满意度分析

顾客满意度是反映服务质量的一个很重要的指标，它反映的是顾客在服务获取后的喜欢或不喜欢的程度，对研究服务质量有很大帮助。顾客满意是顾客实际感受的质量与其期望质量之间的差异。实际上 SERVQUAL 模型已经为研究顾客满意提供了一个基本的框架。六西格玛强调顾客满意与顾客驱动，一个组织应该定期进行顾客满意度调查并根据顾客满意的结果选定六西格玛项目，从而形成持续改进的机制和文化。本书第二章 2.1.1“顾客需求”已经详细介绍了收集顾客数据的方法，这里不再赘述。

针对顾客满意度调查，需要设计顾客满意度调查问卷。为了收集到充分且真实可信的顾客反馈，所设计的问卷既要把问题准确无误地传达给被调研者，又要让这些问题容易被调查顾客接受，并且乐于回答、便于回答。一个好的调查问卷应该具备以下特点：

（1）主题鲜明、针对性强

问卷中设置的问题应该紧紧围绕调查的主题，目的明确，针对性强，泛泛的“请问您对银行业发展趋势有什么看法”之类的问题会使收集到的反馈非常空洞而多样。

（2）问题有逻辑性、定义清楚、易于回答

调查问卷的问题的顺序一般应符合被调查者的思维习惯，符合逻辑。问题尽量先易后难、先简单后复杂、先普通再敏感。而且，问题应能让顾客一看便明白，不会引起歧义，无须过多思考，易于回答。

（3）题量适当、便于处理

问卷中的问题数量要适当控制，过多的问题会让被调查者产生厌烦情绪，降低调查质量。同时，对问卷中的答案尽可能用数字编码，方便后续录入和分析。

（4）避免“诱导性”问题及产生歧义的问题

要避免问题中带有趋势性、暗示性，显露出调查者的想法。同时，也要避免产生不同理解的字和词，以免信息失效。

一份设计科学合理的问卷，一般会经过以下几个步骤：

（1）确定问卷需要收集的信息。根据调查目标，明确问卷需要收集的具体信息。

（2）确定数据收集形式。不同的调查方法对问卷设计形式都有影响。电话调查要简单明了，不能使用太复杂的语言；面对面调查的问卷中可以设计一些产品展示、图片等；网上电子调查更方便展示图片和设计逻辑关系。

（3）确定问题形式。一般来说，问题形式有三种类型。第一种是开放式问题，不设置问题答案，由顾客自由回答。这类问题适合于企业对顾客的可能答案不了解的情况下，获得顾客的直接反馈。第二种是封闭式问题，即顾客在一系列答案中选择一个或几个，这类问题适合于企业已经了解顾客的可能答案，但不了解选择不同答案的顾客比例的情况。第三种是量表式问题，可以捕捉到顾客对每个因素的感受，答案更加精细，但耗费客户的时间较长。下述例子 3–11 中的问题 A、B 和 C 分别代表了三种不同的问题形式。

例 3–11 A 请问，您选择本银行的信用卡产品的主要原因是什么？

B 请问，您选择本银行的信用卡产品的主要原因是以下哪个？

1. 营销活动吸引人

2. 额度高

3. 服务好

4. 卡片的主题和设计吸引我

5. 其他（请注明）

C 请问，您在选择本银行的信用卡产品时，以下各方面对你的吸引力如何？请用 5 分制评价。5 分代表非常有吸引力，1 分代表根本没有吸引力。

	5	4	3	2	1
1. 营销活动吸引人					
2. 额度高					
3. 服务好					
4. 卡片的主题和设计吸引我					
5. 其他（请注明）					

（1）决定问题的措辞。问卷中的问题措辞要准确清晰，如询问顾客的网银使用习惯，“请问您使用过本行的网银吗？”这个问题的措辞没有明确时间，顾客难以回忆清楚，可改为“请问您在过去的三个月使用过本行的网银吗？”问题的措辞，应该中立，避免有倾向性的引导客户。

（2）确定问卷的流程和问题顺序。问卷的每个部分的安排及问题顺序都要有逻辑性，先易后难、先简后繁。表 3–13 展示了问卷流程的一般性原则。

表 3–13 问卷的流程和顺序

位置	问题类型	示例	目的
正式问卷之前	过滤性问题	请问您在过去的三个月中使用过本行的网银吗？	找到目标客户，对使用过网银的客户进行调查
“热身”问题	顾客行为的问题	您使用网银办理什么业务？	易于回答，让顾客感觉调查简单，最好能引起顾客的兴趣

（续表）

前 1/3 的问题	顾客态度的问题	您对本行网银的满意程度如何？	与调研目的相关，需要客户思考才能回答
中间 1/3 的问题	具体属性的评价	请问您对本行网银以下方面的满意程度如何？网页美观、菜单方便、响应及时	难于回答的复杂问题
最后 1/3 的问题	个人信息等敏感问题	请问您的职业是什么？	即使顾客不愿回答，也不会对问卷主体产生影响

（3）评估问卷，获得相关各方认可。需要再次评估问题是否必要、过长、是否提供了研究目标需要的信息。将评估后的问卷发给各利益相关方，确认各方需求的信息都得到满足。

（4）预测试问卷，实施调研。由调研员向目标顾客进行问卷的预测试，看问卷中是否存在容易引起误解、不合理的地方等。如果第一次问卷预测试后改动较大，应进行第二次预测试。

问卷设计好后，需要进行问卷的发放、问卷收集、有效性验证和问卷的统计分析。特别要提醒的是，在收集问卷时要考虑所获得数据是否有偏向（bias）。如在餐馆里，服务生在顾客吃完饭后恳请顾客填写满意度问卷，满意顾客往往比不满意顾客更愿意填写问卷。因为满意的顾客希望餐馆能够改进，下一次也许还会光顾。不满意的顾客已经决定下次不再来了，这样的顾客已经不关心餐馆是否改进了，他们不会浪费自己的时间配合餐馆填写问卷。完全消除偏向性在顾客满意度调查中是很困难的，为了做到调查的随机性，往往需要顾客的配合，争取顾客的理解，尤其是对服务过程中出现的差错及时补救，争取顾客的理解和同情。

问卷数据收集好后，还要进行数据的有效性验证和深入的统计分析，一些多元统计分析的工具、结构方程是非常有用的。鉴于篇幅所限，本书不再详细阐述，有兴趣的读者可以参考推荐阅读的书目。

服务质量和满意度计算都是从整体层面对企业的服务质量和满意度作定性和定量的测量。针对具体的服务流程，仍然可以从周期、差错等方面进行测量，很多统计工具和方法仍然是适用的。以个人开银行卡流程来说，假如顾客希望在 5 分钟内完成，我们可以收集某段时间的一定样本的作业时间，进行过程能力分析，但是标准是单边的（只有上限），而且收集到的数据可能是非正态的，需要进行转换处理。

本章小结

测量阶段是六西格玛项目工作中的一个非常重要的阶段。没有测量，也就没有改进。正如我们在前面所指出的那样，从测量阶段起就要开始收集数据并着手对数据进行分析，通过测量阶段的数据收集和评估工作，可以获得对问题和改进机会的定量化认识，并在此基础上获得项目实施方向的信息。

本章中所涉及的主要知识有：关于数据的知识，包括数据的类型、数据收集和整理的方法，这些方法可以将实际问题转化为可测量和定量表述的问题；关于描述性统计和常用概率分布的基础知识，这些知识是测量和数据分析的基础；关于测量系统分析的基础概念和方法，是保证获得可靠的测量数据所不可缺少的；以及关于过程能力分析的工具和方法，过程能力分析是测量阶段最重要的工作内容，也是测量阶段所产生的输出结果。通过本章的学习，黄带应对上述知识有一个整体的了解，并能够简单地应用所介绍的工具及方法。

基于服务质量的特点，以感知服务质量差距模型为基础，本章介绍了如何利用SERVQUAL对服务质量进行测量；同时，也提供了获取顾客满意度的工具和方法，为分析和提高顾客满意度奠定基础。

推荐阅读

1. Thomas McCarty, Lorraine Daniels, Michael Bremer, Praveen Gupta. Six Sigma Black Belt Handbook (Six SIGMA Operational Methods), 2005 ,The McGraw-Hill Companies, Inc.

2. Samuel Kotz and Norman L. Johnson. Process capability indices. 1993, Chapman & Hall.

3.［美］詹姆斯·A．菲茨西蒙斯，莫娜·J. 菲茨西蒙．服务管理：运作、战略与信息技术．张金成，范秀成等译．北京：机械工业出版社，2007.

4. 温碧燕．服务质量管理．广州：暨南大学出版社，2008.

5. 苏秦．服务质量、关系质量与顾客满意——模型、方法及应用．北京：科学出版社，2011.

6. 邓绩，蒋曙东．顾客满意度的测量、分析与改进．北京：中国标准出版社，2009.

第四章　分析

分析阶段是 DMAIC 中极具挑战的阶段。项目团队所使用的方法将在很大程度上取决于所涉及的问题与数据的特点。在这个阶段，六西格玛项目团队应详细研究资料，增强对过程和问题的理解，进而识别和寻找问题根源。有时，问题的根本原因是显而易见的，此时，团队能很快通过分析找到；有时，影响问题的原因很多，而且非常复杂。这种情况下，团队可能要花几周或更长的时间，使用各种工具、试用各种不同方法去分析，才可能得出正确的结果。

本章介绍的方法将有助于团队使用适当的工具，如过程分析工具（如流程图分析、精益工具分析、过程失效模式与影响分析等）、数据分析工具（如相关分析、回归分析及比较分析等）、根本原因分析方法（如 5 个为什么、因果矩阵等）及服务过程分析（如服务差距模型及四分图模型等）等方法来确定项目问题的根本原因，确定和验证 Y=f（Xs）的关系，为改进找到有效的方向。这里需要说明两点，一是尽管本章介绍了很多的统计分析工具，但六西格玛的分析工具并不仅仅指这些工具，六西格玛的工具箱是开放性的，任何适用于实际项目的分析工具都可以被整合和应用，作为一名六西格玛黄带，不仅需对上述所列分析方法做到理解和部分应用，还应善于持续学习。二是分析和测量两个阶段之间有很多交叉，在对某一个原因进行深入分析时，有可能发现已有的测量数据远远不够，需要补充测量大量数据。

4.1 过程分析

在六西格玛团队组成后，一定要很清醒地认识到，不是团队所有成员对整个过程都非常熟悉。即使他们自认为对所负责的过程非常了解，借助详细的流程图或过程影射图（process mapping），通过系统的过程分析，他们也会非常吃惊地发现有很多自己不知道的事。这里提供的过程分析工具和方法将会帮助团队全体成员对过程的认识达成一致，并且通过集体讨论指出过程中可能引起问题的疑点和波动源。

4.1.1 流程图

在项目的界定阶段，团队可能提出一个用于界定项目过程边界的高阶（或称宏观）流程图（SIPOC 图），SIPOC 图着重分析宏观流程，许多过程中出现的细节问题在 SIPOC 图中并不出现。因此，在分析阶段，团队必须更细致地去分析过程中的各个细节部分，以便能够引导你发现某些隐藏着的 X 变量（原因）。为此，我们要绘制详细流程图。

1. 绘制详细流程图

详细流程图是能够显示行动、决定、延误、循环以及输入和输出等过程运行的细节信息的流程图（如图 4–1 所示）。

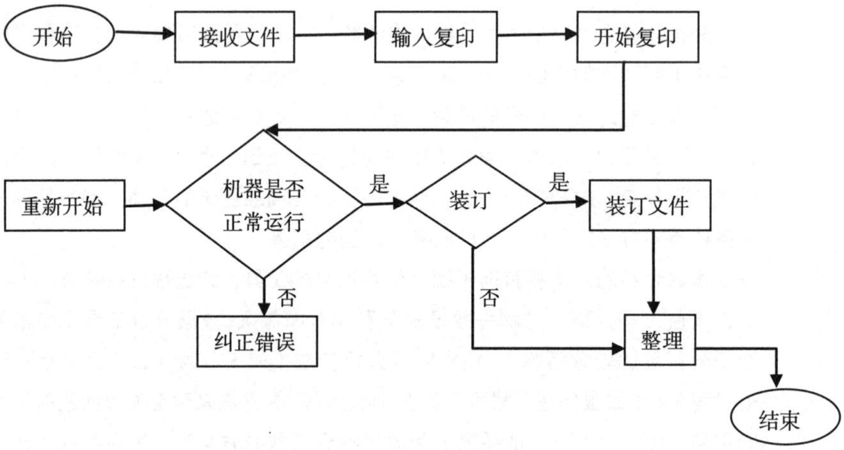

图 4–1　详细流程图示例

从过程分析的角度要特别指出，详细的过程流程分析或过程影射对问题分析是至关重要的。当然流程图绘制的详细程度取决于项目的目标和问题本身，如对一个生产线而言，如果进行工作地（work station）安排，只要将生产过程所需的作业及其前后关系描述清楚就可以了；而对于如何加快生产线的节拍，则可能需要将工人的动作都描述出来，如绘制工人双手作业程序图。一个详尽的过程流程图的绘制本身，对团队成员而言就是一个有意义的经历，在这个过程中他们慢慢地认识到别人的工作，意识到本流程中所使用的方法其实可以有很多的变动，尤其是在服务行业。

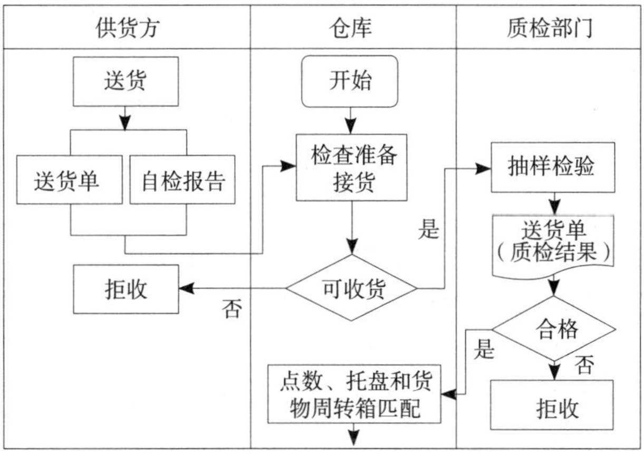

图 4–2　物料检查入库跨职能流程图

本阶段另一有用工具是跨职能流程图，即在通常的流程表中增加具体的职能部门，在图上标明哪个部门负责完成哪个环节（如图 4–2 所示）。如果一个业务流程需要多个部门的参与（许多服务行业都是如此），那么跨职能流程图将非常有用。

2. 核实流程图

一旦团队完成了一张详尽的流程图后，就应该花时间去证实图上反映的内容是否是真实发生的，因为有时候它们只是团队成员头脑中的产物。为了证实这些，还要花几天时间去跟踪某些典型的产品或服务小组的处理过程。应该使用一张过程检查单来做这个工作，务必以足够的细节来描述过程以获取每个重要步骤，补充流程图并证实流程图的真实性。

团队成员在绘制过程流程图中，潜在的问题就会被自然而然提出来。如果三个人处理同一过程的某一步骤，但他们对如何完成该步骤的方法不能达成一致，那么实际上就找出了潜在的原因。当然，还需要证实这种混乱的确是过程中发生缺陷的一个重要的原因。如果有人处理程序的顺序是 A、B、C，另一个人则是 B、A、C，那就要查看这种顺序的不同是否会对产品或服务产生影响。

过程流程图一旦确定下来就可能成为团队会议的焦点，队员们可以用手中的记号笔来标记如下一些问题。讨论时要记住，我们是在寻找那些经常发生的以至于已经成为过程中的一些典型性问题。

脱节：过程处理中存在于轮班之间、顾客和供应商之间或者经理和职员之间的使信息交流中断的步骤。

瓶颈：过程中的某个步骤的工作量超过了其本身原设定的容量，此步骤就会减慢整个进程的流动。可以设想，如果某项工作必须等待某人休假回来后才能再进行，你就会看到瓶颈作用。

冗余：不同过程中的不同步骤提出了相同的活动和结果。例如，两个步骤中提出了相同的信息并且带着相同的信息进入到相同的地方。

返工循环：过程中某步骤的输出产品有缺陷，必须送回其上游步骤，或另设“修复”步骤直到必需的工作完成为止。检查步骤往往是返工循环的起始点。

决定点 / 检查点：这是过程中的一个步骤，在那里进行一系列的检查和评估工作：合格产品进入正常程序的下一步；不合格产品进入另设的“修复”阶段或进入返工循环。对于质量水平高的过程，这样的检查点是很少的；而在缺陷严重的过程中，有大量这样的检查点。由于每一种类型的问题都可能成为在过程中导致缺陷的一个潜在的原因，为了减少缺陷送到顾客手中的可能性，必然要设立很多检查点。但是从顾客的角度看，由于检查步骤没有任何有价值的输出，还延长了产品和服务送达顾客的时间，对生产的进行造成了阻碍，而这些增加的成本通常会通过某种形式转嫁给顾客，因此顾客当然希望这种检查点越少越好。

4.1.2 作业增值性分析

当过程较复杂时，人们往往会关注过程本身的顺利进行而忽略了顾客为什么会花钱买你的产品。因此，“价值分析”作为一种途径，它通过外部顾客的视角重新审视工作流程并再三强调识别顾客需求。在作业增值性分析的过程中，我们将每个步骤分成三种类型：

1. 顾客增值（customer value added）

这些任务或活动在外部的顾客看来是有价值的。这很重要，因为几乎任何步骤在某些操作员的眼里都可以被证明是有理的。“老板要我们做，我们就做”并不意味着这项工作对顾客而言是增加价值的。

对顾客而言，增加价值的三个标准是：

● 顾客关心的，顾客承认它的价值并愿意付钱给我们。

● 改进提供的服务或提高了产品质量。显然，货物运输只是移动物体位置，并不增加价值。

● 顾客希望一次做对。注意：修补、返工、替换等只是改正以前造成的缺陷，并不增加价值。

顾客增值步骤必须同时满足上述三项标准。

2. 运行增值（或过程增值）（operational value added）

有时我们采取的一些活动，没有同时满足顾客增值步骤三个标准，但却是企业必须要满足的法律法规要求或者具备潜在的增值可能。如在银行类服务业，银行对“合规”的要求很多，但是客户感知不到其明显价值；再如化工行业的ISO14000、ISO18000，客户也不能直接感知到价值，可这些都是企业必须要遵守的法律法规。对于在流水线上为每件产品贴上编号条码，顾客不会因为我们贴了条码而愿意多付钱。不过贴条码可以使生产过程的管理效率大大提高，这就是使运行（或过程）达到增值。再比如对员工的培训，有效的培训可以提高员工的意识和技能，在适当的时机，可能开发出新的产品和新的服务。因此称以上这类活动是“运行增值”或“潜在增值”的步骤。

3. 不增值（non-value added）

在许多过程里都存在大量的不增值的步骤。属于这种类型的活动包括返工、延迟、检查、评审、安装和准备、传输（从一个地点或过程中的一个步骤传到下一个地点或步骤）、内部报告和内部调整等。仔细地研究会发现，许多组织所做的事情大部分在顾客眼里确实并没有增加价值。如组织内部流程中大量的审批、报告，生产过程中大量的设备调整、检验、返修、维护等，诸如此类的，你的顾客会愿意为此埋单吗？

上述分析是把过程的步骤分成三种与价值相关的类型，有助于识别出哪个步骤从价值的角度对顾客而言是最具重要性的。

4.1.3 作业时间分析

作业时间分析指运用系统分析的方法把工作中不合理、不经济、混乱的因素排除掉，寻求更优化的工作方法，以提高生产率。其基本目标是避免浪费，包括时间、人力、物料、资金等多种形式的浪费。作业时间分析遵循以内涵方式提高效率的原则，在既定的工作条件下，不依靠增加投资，不增加工人劳动强度，只通过重新组合生产要素、优化作业过程、改进操作方法、整顿现场秩序等方法，消除各种浪费，节约时间和资源，从而提高产出效率、增加效益、提高生产率。

1. 节拍时间（Takt Time）

节拍时间源自德语的Takt Time，简称T/T，原意是调节演奏的节奏，在精益生产中特指按照顾客需求生产一个产品所需的时间，如：一天的工作时间除以一天的顾客需求的产品数量。生产节拍和生产周期不同，生产节拍实际是一种目标时间，是随需求数量和需求期的有效工作时间变化而变化的。生产周期则是生产效率的指标，是由一定时期的设备加工能力、劳动力配置情况、工艺方法等因素决定的，只能通过管理和技术改进才能缩短。生产节拍对生产的作用首先体现在对生产的调节控制上，生产周期大于或小于生产节拍都会对生产造成不良影响。生产管理改进的目的就是尽可能地缩小生产周期和生产节拍的差距，通过二者的对比分析安排生产经营活动。生产节拍的另一个作用是能够有效防止生产过剩造成的浪费和生产过迟造成的不连续问题。

2. 动作和时间研究（Motion and Time Study）

动作和时间研究（也称“工时学”“工作研究”或“作业研究”）是指用系统、科学的方法测定、分析和研究作业动作与时间，以获得最佳的工作方法。动作与时间研究对于提高工作效率、降低疲劳度以及测定与管理劳动工时方面有极其重要的作用。

动作与时间研究由动作研究和时间研究两部分组成。动作研究又称“方法研究”或“工作方法设计”，其主要内容是通过各种分析手段发现和寻求最经济有效的工作方法。时间研究又称“作业测量”或“工作测量”，其主要内容是通过科学方法测定工作的实际时间，以此作为制定工作定额、核算成本、计划生产以及检验工作方法效率等的基础。时间研究包括工作分析和工作建立两大范围。

首先是工作分析，可总结成以下几个步骤：

- 将作业动作分解成最简单的基本动作；
- 删除无效动作；
- 观测部分熟练工人的各项基本动作，借助秒表记下最佳及时间最短的动作方法；
- 记录、说明、依次标出每一基本动作及恰当的动作时间；
- 分析、记录各类宽放率或宽放时间。

其次是工作建立，由以下几个步骤组成：

- 将经常以同样顺序在作业中出现的基本动作合并成一组，记录并标示各组动作；
- 通过分析、比较，从所有动作组中选择适当的动作组应用于当前情境；
- 将所有基本动作时间汇总，再加上各类宽放时间，即可估计出各类作业的工作时间。

一般地说，动作与时间研究可分以下阶段进行：第一阶段是发掘问题。在实际情境中，有许多对象要求进行动作与时间研究，它们的范围大至生产过程、工艺过程，小至工序或操作，选择的余地很大。为了把精力集中到最迫切、最重要的对象上，必须考虑到经济、技术、心理等因素。第二阶段是现状分析，即对所选定的研究对象进行描述和分析。在这一阶段，可利用许多具体的描述方法，如程序分析、动作分析、直接时间测定、预定动作时间研究、工作抽查等。第三阶段为新方法设计。利用取消、合并、重排、简化等手段将旧的工作方法进行改进，提出若干新的工作方法。第四阶段是对新方法进行评选，以经济、管理、心理等因素为依据，选择“最佳”的工作方法加以实施。为了保证新方法正确实施，要制定材料、设备、环境等标准，并赋予特定的工时定额。第五阶段是对前一阶段实施新方法的状况进行评估，以确定该项研究的效益。评估的内容包括产量、质量、成本、安全状况、士气等方面。

在具体应用时，动作研究可划分为程序分析与动作分析两大类。根据目的不同，程序分析又可区分为操作程序图、流程程序图、联合程序图及操作者程序图五种。操作程序图按顺序描述了操作与检验活动，一般适用于分析整个生产或制造过程；流程程序图包括操作、检验、贮存、运输和迟延五个活动，适用于分析产品或原料的流动；联合程序图是将同一工作地上人的活动及其与机器的关系依时间标尺图示出来，可作为人、机剩余能力分析及人、机数匹配设计的工具；操作者程序图是一种特殊的程序分析方法，它将操作者左、右手或其他部位的动作按发生的时间顺序加以描述、记录，它能清楚地反映左、右手或其他身体部位的操作关系。

与程序分析相反，动作分析是从较微观的角度出发，通过对身体细微动作的记录、分析，达到消除无效动作及提高动作效率的目的。根据使用的精确程度不同，动作分析可区分为目视动作分析、动素分析与影片分析三类。前两者均利用研究人员直接观测、记录、分析及改进作业动作，它们之间的唯一差异是作业所划分的基本动作单位不同，而后者则是指利用摄影机将作业动作拍成影片然后进行放映、分析，影片分析根据拍摄速度不同，可区分为“微动作研究”与“微速度动作研究”。

在开展动作分析时，经常需用到“动作经济原则”。“动作经济原则”是一组指导人们如何节约动作、如何提高动作效率的准则，它的目的是减少工作疲劳与缩短操作时间。“动作经济原则”可划分为三大类，共 22 项。第一类是关于人体的使用，第二类是关于工作场所的布置，第三类是关于工具设备的设计。更综合地说，它可归纳为四点：

- 同时使用两手，避免一手操作一手空闲；
- 力求减少动作单位数，避免不必要的动作；
- 尽可能减少动作距离，避免出现全身性活动；
- 追求舒适的工作环境，减少动作难度，避免不合理的工作姿势或操作方式。

时间研究或时间测定技术，从其发展的角度出发，可依次划分为经验判断法、历史记录法和工作测量法三类。虽然前两类技术仍有某种程度的应用，但不可否认，第三类技术已成为目前最常用的时间测定技术。第三类技术是根据统计学原理，通过对工作细节内容进行分析、测定来确定标准工时的方法，它按特点的不同可区分为直接时间测定法、预定动作时间研究和工作抽查等类型。

（1）直接时间测定法。这是时间研究中唯一直接测定的方法，是所有工作测量法的基础，它的特点是在现场对工作直接进行划分与测定，因此有具体、客观、适合情境等优点。缺点是不能对设计中的工作进行研究，研究费用高。

（2）预定动作时间研究。预定动作时间研究则以以往的时间研究资料为基础，即以长期积累的时间资料综合考虑确定时间标准系统，将这种时间标准系统应用于当前的实际环境，因此，它具有预测、费用少的特点，但精确性不能得到保证。这一方法中最为普遍常用的技术为方法时间测定（MTM）与工作因素（WF）。

（3）工作抽查。这是利用统计抽查技术对作业动作进行随机、间断地观测、记录，它具有客观性强、费用少的双重特点，特别适用于对特定作业项目的时间或时间率测定。

直接时间测定法和工作抽查的测定工时均涉及工作速度评定（或称“速度评比”）的问题，而所有这三类方法都需确定宽放时间或宽放率。应该说，直接时间测定法、预定动作时间研究和工作抽查的使用与发展是相辅相成的。

4.1.4 库存分析

库存分析本节主要介绍库存 ABC 分析法，这类分析方法有助于控制库存，并对库存系统的选择做出指导。本节仅讨论基本的库存控制问题，如果库存控制系统不好，精益生产则无法工作，不同类型的库存零件需要不同的关注度。

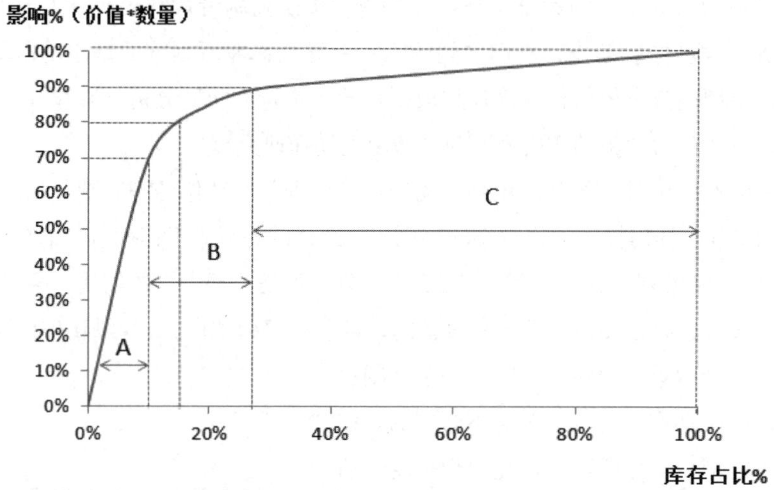

图 4–3 库存 ABC 分析

在零件或部件层级分类中，A 类是高价值物品，B 类是中等价值的，C 类是低价值的。典型的情况是，A 类零件在数量上只占一个较小的百分比，而在价值上占的百分比比较高。C 类零件正好相反。毫无疑问，完成一件产品需要所有类型的零件，不过我们可以承受比较宽松的 C 类零件库存，即设置更多的安全库存。构建 ABC 分析的方法，是直接将零件按照价值由高到低排列成一个长的列表。最顶部的代表 15% 左右价值的零件需要特别关注，中间的 50% 左右关注较少，以及剩下的其他零件则给予更少的关注。

这种排序也应该用作盘点的基础，某些零件要每天进行清点。一般而言，A 类零件每月可清点一遍，B 类每个季度一次，C 类每年一到两次。

按以下顺序进行 ABC 分析：

（1）推断定为常备库存品的物品的数量；

（2）调查每个物品的单价（售价），乘以需求量求得年需求金额；

（3）按年需求金额的大小顺序排列全部品种；

（4）求年需求累计金额及其比率；

（5）制成每个品种数的百分比和需求金额累计百分比曲线图（如图 4–3 所示）；

（6）分析制成的图表。

A 类物资的管理要点是：重点关注 A 类物资，绝对不能出现缺货现象，同时库存水平要维持在最小。

B 类物资的管理要点是：对于 B 类物资，不光是要筹备必要量，也要考虑某种程度的经济订货量。

C 类物资的管理要点是：品种数量多，但整体重要性低是 C 类物资的特点。因此，应该用尽可能简便的库存管理方式，以减少管理的步骤和时间。可以采用定量订购的方式。

4.1.5　设备管理分析

设备管理主要使用的方法为全面生产维护（TPM）。

1. 全面生产维护（TPM）基本概念

全面生产维护中的“全面”包括以下含义：

- 全面致力于追求经济效益及利润；
- 全面维护系统，包括维护预防、可维护性及预防性维护；
- 员工全面的参与，包括操作工自动维护及团队活动。

设备效率最大化的目标要求完全消除因机器操作产生的失效、缺陷、浪费及损失，TPM 的目标是零停机及零缺陷。

有六大损失会对设备效率带来负面影响：

（1）设备故障：停机造成时间损失使得生产力降低。要加强预防维修工作，改变事后修理的思维方式，要求做到零故障停机。

（2）设备调整：频繁的设备调整会带来损失。应尽量减少设备调整时间甚至无须调整。

（3）闲置与小停顿：流水线产品卡住、生产线不平衡、换班、材料（零件）供应不及时等原因造成短时间的生产中断或速度放慢，从而造成产能损失。对于这些问题，要通过加强现场管理水平和基础管理工作来保证。

（4）速度减慢：是因设计运行速度与实际运行速度之间差异造成的损失。造成速度减慢的原因一般是机器的老化或维修、维护不到位。

（5）过程缺陷：设备出错造成废品及质量缺陷，过程缺陷造成设备工时损失的同时，造成材料和人工浪费。

（6）产出减少：因机器停机及启动造成的产品损失。

如果能做到完全地消除六大损失，则会给工厂带来显著的改善。如果没有 TPM，精益生产或精益生产系统根本不可能实现。

2. TPM 指标

（1）设备综合效率（OEE, Overall Equipment Efficiency）是用于衡量 TPM 的主要指标，它考虑了三个方面，即设备的工作时间、性能和质量水平。用公式表示为：

设备综合效率 = 时间开动率 × 性能开动率 × 合格品率

时间开动率反映了设备的时间利用情况，性能开动率反映的是设备性能的发挥情况，合格品率反映了设备的有效工作情况。

其中：

时间开动率 = 实际工作时间 / 计划工作时间

计划工作时间 = 每班可用时间 – 计划停机时间

式中，停机时间主要包括计划性维护、晨会等所需时间；实际工作时间等于计划工作时间 – 非计划停机时间；非计划停机时间包括设备故障、产品换型、设备调整等消耗的时间。

例 4–1　若每天单班生产，每班工作 8 小时，每班可用时间为 480 分钟，其中有 15 分钟的换型时间，10 分钟的班前会时间，30 分钟的非计划设备故障。问计划工作时间及时间开动率为多少？

解：计划工作时间 = 每班可用时间 – 计划停机时间 = 480–10 = 470（分钟）

实际工作时间 = 计划工作时间 – 非计划停机时间 = 470–30–15 = 425（分钟）

时间开动率 = 425/470= 90.4%

（2）性能开动率是指理论产出与实际产出的比值，它考虑了两个方面：净开动率和速度运转率，用公式表示为：

性能开动率 = 净开动率 × 速度运转率

净开动率 =（产量 × 实际节拍）/ 实际工作时间

净开动率用以测量设备稳定性、小停顿造成的损失、小问题及调试造成的损失。

速度运转率 = 理论节拍 / 实际节拍

速度运转率反映了设备由于老化或维护不良，达不到设计的或理论的节拍所造成的损失。

例 4–1（续） 仍采用前面的例子，若加工量是 300 件，实际节拍时间是每件 1 分钟，理论节拍时间是每件 40 秒，实际工作时间是 425 分钟，净开动率、速度运转率和性能开动率是多少？

解：净开动率 =（300 × 1）/425 = 70.59%

速度运转率 = 40/60 = 66.7%

性能开动率 = 0.667 × 0.7059 = 47.08%

若质量合格率为 95%，设备综合效率是：

设备综合效率 − 0.904 × 0.4708 × 0.95 = 40.4%

在这个例子中，设备综合效率（OEE）很差，为 40.4%。TPM 最佳实践者的 OEE 一般大于 85%。理想的情况是：时间开动率大于 90%、性能开动率大于 95%、质量合格率大于 99%。

3. 实施 TPM 的步骤

将 TPM 原理与组织实践有效结合将带来工人与设备利用率的提高，改进员工态度，提高员工技能，改变工作环境和提高员工士气。

（1）实施步骤

步骤 1：最高管理层公布进行 TPM 的承诺（报纸、公告）；

步骤 2：通过公司交流程序介绍 TPM（集中的教育课程）；

步骤 3：组织每个职能层面推行 TPM（以团队形式）；

步骤 4：制定 TPM 方针及目标；

步骤 5：制订详细的 TPM 主计划；

步骤 6：启动 TPM（开始实施工作）；

步骤 7：建立提高设备效率的项目团队（以达到最大成果）；

步骤 8：培养技能以制定自动维护程序（培训操作工日常维护要求）；

步骤 9：制订计划性维护程序（维护部门开始计划性维护活动）；

步骤 10：操作工及维护技能培训；

步骤 11：制定早期设备管理程序（确保通过对新设备的评估，验证及改进，使其可运用于生产）；

步骤 12：实施 TPM，旨在完美。

（2）开展 TPM 团队活动。团队活动，包括与职能部门的跨职能活动，是 TPM 的核心，部门主管通常是团队组长，设备清洁、润滑、紧固、检查等活动就是团队活动。进行 TPM 的活动与时间都有监控。TPM 团队的发展过程可分为四个阶段：

- 自我发展：成员学习；
- 改进活动：完成团队改进活动；

- 问题解决：团队开始积极地选择问题进行解决；
- 自动管理：团队设定高层目标并独立管理工作。

4. 面向可维护性与可用性的设备设计

在大部分设备进行故障维修或预防性维护时，设备的可维修性都会影响到时间、材料与费用。易于维护性就是考虑这些因素影响的设计特征。依据可维护性的指导原则进行设备的设计，将提高设备的可维护性和可用性。可维护性设计的指导原则包括：

- 标准化：寻找配件的兼容性，减少系统中不同零件类型的数量，这会减少备件库存。
- 模块化：建立模块尺寸、形状的标准，使得装配及拆卸程序标准化。
- 功能包装：将同一内容所需的零件集中在一个包装中。
- 互换性：控制尺寸及功能性公差，这是指插入式装置当有故障零件时，备件可以随时进行互换，一个产品同时可以用在其他装置上。
- 可达性：有一定空间使操作者能够进行适当工作，所有零件都伸手可得。零件能易于够到且易于更换，不需要先将好的零件拆下后才能更换故障零件。
- 故障报警：当发生故障时用一定方法通知操作工，包括量规、仪表、灯光或声音。
- 问题隔离：错误能被追踪，这是所有维护工作里最耗时的工作，通过预防性维护程序、自带检测设备（BITE）、设计简化及人员培训，这个问题可被降至最低。
- 标识：所有零件都有特定标识，并有记录修理及预防性维护的方法。

4.1.6 过程故障模式与影响分析（PFMEA）

故障模式与影响分析 FMEA（Failure Mode Effects Analysis）是六西格玛方法中的重要工具。FMEA 大体可分为 CFMEA（Concept FMEA）、DFMEA（Design FMEA）、PFMEA（Process FMEA）、SFMEA（System FMEA）四类。其中，CFMEA（概念设计 FMEA）用于在早期构思设计阶段分析系统和子系统，着重分析由系统缺陷引起的与系统功能相联系的潜在故障模式；DFMEA（设计 FMEA）用来在产品交付生产前分析产品，重点分析由设计缺陷引起的产品潜在故障模式；PFMEA（过程 PFMEA）用来分析制造或装配过程，重点分析由制造或装配过程缺陷引起的潜在产品故障模式。SFMEA（服务 FMEA）用于在服务到达顾客前对服务进行分析，重点分析由系统或过程缺陷引起的故障模式。本节主要对 FMEA 的一般程序和 PFMEA 方法进行阐述。

1. FMEA 的一般程序

（1）组织 FMEA 推行小组与头脑风暴。确保适合的参与者，即小组必须是跨部门、多学科的，同时小组成员必须乐于奉献。

（2）绘制功能方块图与（或）过程流程图。功能方块图适用于系统和设计 FMEA。

过程流程图更适用于过程和服务 FMEA 。

（3）确定优先次序。在小组了解问题之后，就可以着手切实地分析。常用的问题如什么部分重要？小组应从何处开始改进？

（4）搜集数据。搜集有关故障的数据并将其正确合理地分类。从这一步，小组开始填写 FMEA 表格，所找到的故障即是该 FMEA 的故障模式。同时，确定系统、设计、过程、服务所有潜在的故障模式，确定它们对产品和过程的影响。

（5）分析。利用数据解决问题。

（6）研究的结果。对每一故障模式确定其检测方法和改进措施。该步中的信息用来量化严重度、发生频度、检测水平和 RPN（危险优先序数，亦称风险度），并填写 FMEA 表中相应的栏。

（7）证实 / 评估 / 测量结果。记录结果后，评估改进方案是否成功。评估一般采用以下三个基本问题：

- 情况比先前有好转吗？
- 情况比先前更糟糕吗？
- 情况没有改变吗？

（8）全部再做一遍。不管前七步结果如何，遵循 FMEA 的重要哲理——持续改进，FMEA 推行小组都应继续改进。

FMEA 的具体工作流程图如图 4–4 所示：

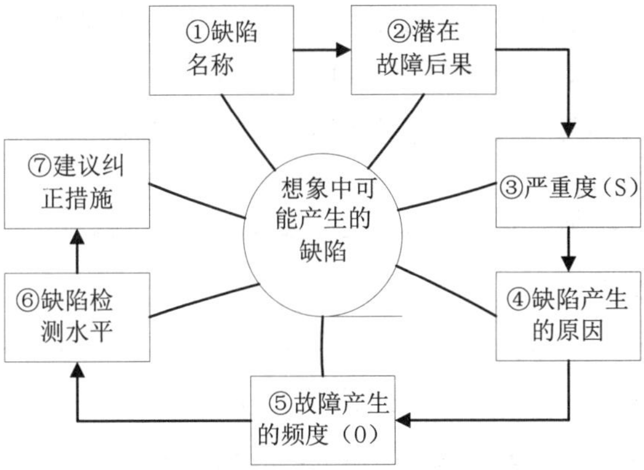

图 4–4　FMEA 的工作流程图

2. PFMEA

PFMEA 的目标是：

（1）确定潜在的与过程故障模式有关的产品；

（2）评估过程故障对顾客的潜在影响；

（3）确定引起故障的潜在的制造或装配过程原因，并确定哪一类过程故障是应该重点避免的以及相关的关键过程；

（4）找到和发现一系列的过程故障模式，为今后的分析工作打下良好的基础，建立一个优选的系统。

下面结合图 4–4，详细阐述 PFMEA 的工作流程：

（1）缺陷名称，即潜在的过程故障模式，是指过程可能发生的不满足过程要求和设计意图的形式。这一步要求根据零件的工艺特性，对特定的工序列出每一个潜在故障模式，前提是这种故障可能发生，但不一定会发生。确定这些缺陷时，应查看一下同类产品或工艺以前的 FMEA 表格，以及生产加工过程中或用户使用过程中经常出现的质量问题，还应考虑到在使用一段时间后（仍在使用寿命内）出现的质量问题。如弯曲、黏和、毛刺、断裂等。

（2）潜在故障后果，是指过程故障模式对顾客的影响，顾客可以是下一道工序、代理商或最终顾客。例如站在下一道工序操作者的立场上看，故障的后果有无法安装、不配合、损坏设备等；作为顾客可能注意到或经历到的情况有：噪声、外观锈蚀、工作不正常等。

（3）严重度（S），是潜在故障模式对顾客的影响后果的严重程度的评价指标。顾客可以是下一道工序。严重度仅适用于评估故障的后果。一般严重度评估分为 1 ～ 10 级，评价准则可参考克莱斯勒、福特及通用三大汽车公司 FMEA 手册。

（4）缺陷产生的原因，即过程的故障原因 / 故障机理，是指故障是怎么发生的，并依据可以纠正或控制的原则来描述。针对每一个潜在故障模式，在尽可能广的范围内，列出每个可以想到的故障原因。不论缺陷是何种类，只有找到原因，才能找出解决的措施。故障的许多起因并不是相互独立的、唯一的，要纠正或控制一个起因，需要考虑诸如试验设计方法等，以便针对那些相关的因素采取纠正措施。

（5）故障发生的频度（O），是指具体的故障起因 / 机理发生的频度。频度的等级数着重在其含义而不是数值。评价准则和分级规则应意见一致，参考上述三大汽车公司 FMEA 手册的评价准则。

（6）检测水平（D），即检测难度，指在现行的过程控制中，零（部）件离开制造工序或装配工位之前，缺陷有可能被发现并阻止故障发生的可能性。这些控制方法可以是防错夹之类的过程控制方法，也可以是统计过程控制。推荐评价参考三大汽车公司 FMEA 手册的评价准则。

（7）计算风险度（RPN）和提出纠正措施建议。风险度（RPN）= 严重度（S）× 频度（O）× 检测难度（D）。风险度 RPN 是 FMEA 中的一个重要参数，RPN 越大，说明所产生缺陷的影响越大。

下面将详细介绍用于 PFMEA 的表格并列举 PFMEA 的案例。过程故障模式与影响分析表见表 4–1：

表 4–1 过程故障模式与影响分析表

产品名称 / 型号：　　完成部门：　　PFMEA 编号：第　页共　页

过程名称：　　分析：　　审核：　　批准：　　填表日期：　年　月　日

(1)过程：名称、功能要求	(2)潜在的过程故障模式	(3)过程故障影响	(4)严重度（S）	(5)过程的故障原因 / 故障机理	(6)频度（O）	(7)过程控制	(8)检测难度（D）	(9)风险度（RPN）	(10)建议的改进或补偿措施	(11)责任部门 / 责任人及完成日期	改进后				
											(12)实施的改进 / 补偿措施和日期	(13)严重度（S）	(14)频度（O）	(15)检测难度（D）	(16)风险度（RPN）

填表说明如下：

第（1）列（过程名称、功能要求）：填写被分析过程的名称，该名称应与工艺规程一致；并填写该过程的功能、过程操作的目的、操作要求和与其他过程的关系等。

第（2）列（潜在的过程故障模式）：分析人员应根据工艺规程和国家、行业的有关规定和标准所确定的各质量特性的指标要求，结合工程实践经验、专业技术知识和类似过程所发生的故障，分析确定所有可能无法满足过程要求和 / 或设计意图的故障模式。应注意，在 FMEA 的编写中，应假设正在加工的零部件 / 材料是没有问题的。

第（3）列（过程故障影响）：尽可能使用表示产品功能的词汇，将过程缺陷对部件及系统的影响提出来。故障影响是故障模式对顾客的影响，这里的顾客可以是下一过程、部件、系统、最终用户等，在进行分析时，应考虑到对所有顾客的影响，填写每个潜在的故障对过程输出以及生产线所导致的后果。

第（4）列（严重度 S）：按照表 4–2 所推荐的过程故障严重度（S）评分标准确定故障模式的严重度 S。

表 4–2　推荐的过程故障严重度（S）评分标准

影响	评分标准	严重度
无警告的严重危害	在没有任何预兆的情况下发生的影响操作人员和机器安全或违反有关法律法规的极其严重的故障模式	10
有警告的严重危害	在有故障预兆的情况下发生的影响操作人员和机器安全或违反有关法律法规的极其严重的故障模式	9
很大	对生产线造成较大的破坏，产品可能必须 100% 报废，使产品或系统丧失主要功能的故障模式，顾客非常不满	8
大	对生产线造成较小的破坏，产品需分选，部分产品报废，导致产品或系统降级工作，顾客不满	7
中等	对生产线造成较小的破坏，部分产品报废（但产品不需分选），司职舒适和方便的一些部件不工作、顾客感觉不方便	6
小	对生产线造成较小的破坏，产品可能必须 100% 返工，司职舒适和方便的一些部件降级工作、顾客感觉有些不满	5
很小	对生产线造成较小的破坏，产品需分选，部分产品返工，顾客不满，加工精细、外观、噪声等方面不符合要求，大部分顾客能发现有缺陷	4
轻微	对生产线造成很小的破坏，部分产品站外在线返工，加工精细、外观、噪声等方面不符合要求，有一半顾客发现有缺陷	3
很轻微	对生产线造成很小的破坏，部分产品站内在线返工，加工精细、外观、噪声等方面不符合要求，但很少有顾客发现缺陷	2
无	无影响	1

第（5）列（过程的故障原因 / 故障机理）：确定并说明与潜在的故障有关的各种原因，包括过程设计的缺陷，工艺参数的量值，人、机、料、法、环因素，检验试验方法，特定的物理、化学过程等。必要时还应考虑相关过程的故障原因。尽可能列出每个故障模式所对应的任何可以想得到的故障原因。故障原因的定义应详细而明确（如操作人员未安装密封垫），不能使用模糊不清的定义（如操作人员出错，机器故障等）；

第（6）列（频度 O）：估计每个故障模式和故障起因发生的可能性，按照表 4–3 所推荐的过程故障频度（O）评分标准来确定故障模式或故障起因的频度 O。

表 4–3　推荐的过程故障频度（O）评分标准

故障概率	设计寿命期内可能的故障率	C_{pk}	频度
很高：故障几乎不可避免	≥ 1/2	＜ 0.33	10
	1/3	≥ 0.33	9
高：反复发生的故障	1/8	≥ 0.51	8
	1/20	≥ 0.67	7
中等：偶尔发生的故障	1/80	≥ 0.83	6
	1/400	≥ 1.00	5
	1/2000	≥ 1.17	4
低：相对很少发生的故障	1/15000	≥ 1.33	3
	1/150000	≥ 1.50	2
极低：几乎不可能发生的故障	1/1500000	≥ 1.67	1

第（7）列（过程控制）：说明在现行设计方案中已经采取的过程控制措施，如工作环境的控制、工序的检验、特种工序的参数控制、统计工序控制、5S 管理、检测不同故障的测试装置及其检测方法等。

第（8）列（检测难度 D）：取决于现行设计控制措施的有效程度，可按照表 4–4 所推荐的过程故障检测难度（D）评分标准来确定故障模式或故障起因的检测难度 D，需注意过程控制措施的有效程度越低，检测难度就越高。

表 4–4　推荐的过程故障检测难度（D）评分标准

检测可能性	利用现行过程控制方法检测故障模式的可能性	检测难度
绝对不可能	没有过程控制方法能检测故障模式	10
很微小	利用现行过程控制方法检测故障模式的可能性很微小	9
微小	利用现行过程控制方法检测故障模式的可能性微小	8
很小	利用现行过程控制方法检测故障模式的可能性很小	7

（续表）

小	利用现行过程控制方法检测故障模式的可能性小	6
中等	利用现行过程控制方法检测故障模式的可能性中等	5
中等偏上	利用现行过程控制方法检测故障模式的可能性中等偏上	4
高	利用现行过程控制方法检测故障模式的可能性高	3
很高	利用现行过程控制方法检测故障模式的可能性很高	2
几乎肯定能	利用现行过程控制方法几乎肯定能检测故障模式	1

第（9）列（风险度 RPN）：计算并填写表示过程故障模式的风险度等级的 RPN 数值，RPN 的计算与 DFMEA 的相同。

第（10）、（11）、（12）列的确定和填写与 DFMEA 的相同。

第（13）、（14）、（15）、（16）列可参照表 8–3 第（4）、（6）、（8）、（9）列分别确定并填写经过程改进后过程故障的严重度 S、频度 O、检测难度 D 和 RPN 值，RPN 值的降低就是过程六西格玛设计或六西格玛改进的绩效的一种体现。

4.2 原因分析

一般说来，从过程分析中辨认并查实问题点和非增值并不困难。因为过程分析的判断准则很简单，即任何非增值过程步骤、任何增加耗时但并不增加价值的步骤都是在浪费时间，应尽量删减之。但是，你将不得不做更多的调查工作，因为有些缺陷对顾客而言既重要又很容易被他们注意到，而你并不明白在过程步骤中存在的因素及其变数是否真的会导致那些缺陷，你就必须分析清楚并做出结论。

因此在六西格玛 DMAIC 方法的分析阶段中，最主要的任务之一是确定影响输出 Y 的关键 Xs, 分析问题出现的根本原因。

4.2.1 根本原因分析与“五个为什么”

强调针对根本原因解决问题是精益六西格玛理念的基础，它意味着要在根本原因的层面解决问题，也意味着要从问题的表象开始追根问底，追踪到可以较彻底地解决问题的原因层面。比如：对快递公司来说，问题表象层面是“顾客未能及时收到包裹”，追踪到下一层的原因是“快递运输车辆在路途上发生了故障”，但这个原因对从根本上解决问题来说是没有意义的，再追踪到下一层的原因是“水箱漏水了”，再继续追踪是“汽车保养缺失”，在这一层面解决问题才是有意义的。整个追踪过程，构成了原因的链条。

这里介绍“五个为什么（5Why）”这一帮助团队找到根本原因的方法，基本步骤如下：

步骤 1：什么是不想要的效果？建议使用“主语加变异”，例如，包裹迟到。

步骤 2：什么是直接的物理原因？

步骤 3：顺着直接的物理原因线索进行追踪。例如，包裹迟到，运输车辆故障等，这就形成了“原因链”。

步骤 4：查问在每个链条中谁是问题拥有人。

步骤 5：确定你应该在链条的什么地方加以干预以形成长期的解决方案。

步骤 6：确定最有成本效率的解决方案。

“五个为什么”方法只需要使用者多次问“为什么”即可，通常是指在找到根本原因之前要连续询问五次。这一简单有效的方法实际上意味着不断探询的态度。不要相信第一个给出的原因，总是探究答案背后的原因。一般情况在每一步“为什么”后可能存在多个答案，有必要在每次询问之后，将各种可能性进行讨论并排出优先顺序。它应该是一种参与式的探索，而不是一方主导的方式。另外需要注意的一点是“为什么”一词经常意味着批评，因此会招致自我保护性的、有意掩盖的行为。因此，虽然要思考“为什么”，而提问则要用不同的表达方式。如代替“为什么迟到了”可以用“让我们看看迟到的原因”或者“你觉得迟到的原因可能是什么呢”来表述。

4.2.2 因果矩阵

因果矩阵是一个帮助确定关键流程输入变量重要性优先次序的工具。这种优先次序有助于选定需要监测的变量，以便确定是否存在因果关系以及是否有必要对关键流程输入变量加以控制。

建立因果矩阵的步骤如下：

步骤 1：在水平方向上列出关键流程输出变量。这些变量应代表这个流程的顾客认为重要和必要的特性。

步骤 2：给每个关键流程的输出变量设定一个优先序列号，数值越大优先顺序越高（如，使用 1 ～ 10 的数字）。这些数值不一定是连续的。

步骤 3：在矩阵的左侧纵向地列出所有可能造成一个或多个关键流程输出变量产生变异或达不到要求的关键流程输入变量。

步骤 4：小组成员在每一个关键流程输入变量对每一个关键流程输出变量的影响大小上达成统一。建议不使用 1 ～ 10 这样的值（这里 10 表示影响最大），而是采用 0、1、3、5 或 0、1、3、9 这样的值。

步骤 5：将每个关键流程输入变量的影响值（第 4 步）先乘以那些关键流程输出变量的优先顺序值（第 2 步），然后再将这些乘积求和得出每个流程输入变量的结果。

步骤 6：然后，利用第 5 步的结果和总体计算的百分比来确定关键流程输入变量的优先级。

表 4–5 是因果矩阵表的样例，纵向为 11 个关键输入变量，横向为 4 个顾客关注的输出变量，以 A、B、C、D 进行编号。从百分比结果中看出，输入变量 2 和 4 的百分比较高，需要重点关注。

表 4–5　因果矩阵表样例

		关键流程输出变量（优先级）				结果	百分比（%）
		A	B	C	D		
		5	3	10	8		
关键流程输入变量	1	4	3	0	3	53	7.85
	2	10	0	4	6	138	20.44
	3	0	4	0	0	12	1.78
	4	0	0	9	5	130	19.26
	5	4	0	0	0	20	2.96
	6	0	6	0	5	58	8.59
	7	5	0	4	0	65	9.63
	8	0	3	0	4	41	6.07
	9	6	0	3	0	60	8.89
	10	0	2	4	0	46	6.81
	11	4	0	0	4	52	7.70

因果矩阵的结论还是比较主观的定性分析定量化，到底选出的变量是不是关键变量，还有待用数据进行定量分析。

4.3　数据分析

基于数据进行问题分析和关键 Xs 的确认，是六西格玛 DMAIC 方法的重要特征，因此掌握数据分析的方法，是六西格玛黄带应掌握的基本技能。一般将采用循环分析方法来实现对根本原因的探索。这个循环从数据的测量开始，通过对过程的分析，提出对原因的初始推测或者假设；接着收集和关注更多数据和其他看得见的证据，对这些推测或者假设作出进一步的判断；分析循环继续进行，各种假定不断地被确认或被拒绝，直到真正的问题根源通过严谨的数据分析被明确识别出来。分析步骤中最大的挑战之一是正确地使用工具，如果能够用简单工具找到根本原因，就不用复杂工具。有时原因是深藏而不易识别的，有时问题与其他较多因素相关联而被纠缠混杂在一起，这时就需要用到更高级的统计技术或其他管理技术来确定和验证根本原因。

4.3.1 假设检验

假设检验是六西格玛团队项目中应用最多的统计工具，诸如要判断下列结论是否正确："新员工会比老员工受到更多的投诉""改进工作后平均产量有提高""加工温度为180度时比160度时垫圈断裂强度要高"，等等。由于我们观测到的是样本数据且总会带有误差，不能从简单的样本统计量的结果下定论，必须使用严谨的统计假设检验方法才能得出准确的判断结论。

1. 假设检验问题

参数估计和假设检验是统计推断的两个重要方面。参数估计是以"数"为其输出结果，而假设检验是以"判断"为其输出结果。为了说明其基本想法先看一个例子。

例 4-2 原来的冷拉钢筋生产线上的钢筋平均抗拉强度为2000kg，标准差为300kg。希望经过调整参数后，钢筋平均抗拉强度能有所提高。项目团队实施改进后抽取了25根钢筋，测得钢筋平均抗拉强度为2150kg。问：能否断言，钢筋平均抗拉强度确有提高？

用μ代表总体的钢筋抗拉强度的平均值，这个值是我们不知道的。我们从抽样中得到的只是样本均值，而统计学的目的就是要用样本去推断总体。对于这个问题，我们知道，若总体均值$\mu > 2000$，则认为平均抗拉强度有提高；若均值$\mu \leqslant 2000$，则认为没有提高。为此可以建立两个命题，在假设检验中称它们为假设（hypothesis），一个为原假设（或零假设，null hypothesis），记为H_0；另一个称为备择假设（或对立假设，alternative hypothesis），记为H_1，即：

$$H_0: \mu \leqslant 2000 \qquad H_1: \mu > 2000$$

问题就是要根据样本的观测值去判断H_0是否为真。通常我们总是选取要证明的命题为备择假设，而把正常情况下成立的，一般是不需证明而且是不证自明的作为原假设。在对某个参数进行检验时，我们把要证明的、不相等的、有差别的结论作为备择假设；把相等的、无差别的、等号成立的结论作为原假设。因而在对于参数的检验问题中，备择假设中永远不会包含等号，常见的是"大于""小于"或"不等于"这三种情况之一。

2. 基本概念与步骤

可以把假设检验的步骤归纳为以下几点：

（1）建立假设。假设检验的第一步便是建立假设，通常需要建立两个假设：原假设H_0和备择假设H_1。

在对总体均值进行检验时，有三类假设：

$H_0: \mu = \mu_0$（或$\mu \leqslant \mu_0$），$H_1: \mu < \mu_0$

$H_0: \mu = \mu_0$（或 $\mu \geqslant \mu_0$），$H_1: \mu < \mu_0$

$H_0: \mu = \mu_0$，$H_1: \mu \neq \mu_0$

称前两个为单边假设检验，后一个为双边假设检验。

在例 6–5 中用的是单边检验 $H_0: \mu \leqslant 2000$，$H_1: \mu > 2000$。假设检验的任务便是根据样本 $x_1, x_2, \cdots, x_n$ 来判断原假设是否为真。

（2）选择检验统计量，确定拒绝域的形式。若对总体的均值进行检验，那么我们将用样本均值 $\bar{x}$ 引出检验统计量；若对正态总体的方差进行检验，我们将从样本方差 s^2 引出检验统计量。

根据统计量的值把整个样本空间分成两个部分：拒绝域 W 与非拒绝域 A。当样本统计量的值落在拒绝域中就拒绝原假设，否则就无法拒绝原假设。所以在假设检验中我们必须找出拒绝域。

根据备择假设的不同，拒绝域可以是双边的也可以是单边的。在确定了拒绝域的类型后，还要确定临界值 c，这应根据允许犯错误的概率来确定。

（3）给出检验中的显著性水平 α。在对原假设是否成立进行判断时，由于样本的随机性，判断可能产生两类错误，其示意列在表 4–6 中。第一类错误是当原假设为真时，由于样本的随机性，使样本观测值落在拒绝域 W 中，从而做出拒绝原假设的决定，这类错误称为第一类错误，其发生的概率称为犯第一类错误的概率，也称为弃真概率，记为 α，即 $P_{H_0}(W) = \alpha$。第二类错误是当原假设为假时，由于样本的随机性，使样本观测值落在非拒绝域 A 中，从而做出无法拒绝原假设的决定，这类错误称为第二类错误，其发生的概率称为犯第二类错误的概率，也称为取伪概率，记为 β，即 $P_{H_1}(A) = \beta$。

若要求犯第一类错误的概率不超过 α，由此给出的检验称为水平为 α 的检验，称 α 为显著性水平，常取 α 为 0.05，有时也可能取 0.10 等。

表 4–6　假设检验中两类错误

判断结论 \ 总体情况	H_0 是真的	H_1 是真的
接受 H_0	结论正确	第二类错误
拒绝 H_0	第一类错误	结论正确

以例 4–2 为例，因为要求检验钢筋平均抗拉强度是否超过 2000 kg，因此 H_0 的要求就是“钢筋平均抗拉强度未提高”。如果 $H_0: \mu \leqslant 2000$ 被拒绝，则表明钢筋平均抗拉强度比原来的 2000kg 确实有提高。为了真正理解假设检验结论的含义，我们应该具体地理解犯两类错误的实际意义。

关于第一类错误的说明：如果钢筋平均抗拉强度为 $\mu \leqslant 2000$，平均抗拉强度并未提高，但我们拒绝了它，即把“未提高”当作了“有提高”。一般来说，当 H_0 成立时，我

们却拒绝了 H_0，这就是第一类错误。犯第一类错误的概率我们用 α 来表示，通常我们取 α=0.05 作为犯第一类错误的风险概率。

关于第二类错误的说明：如果钢筋平均抗拉强度比原来真有提高，这时钢筋平均抗拉强度已经不是原来的 2000kg 了，但我们没有拒绝 H_0，误认为没提高，即把“已提高”误认为“未提高”。一般来说，当 H_0 不成立时，我们却没有拒绝 H_0，这就是第二类错误。犯第二类错误的概率我们用 β 来表示，通常我们取 $\beta = 0.10$。

（4）给出临界值，确定拒绝域。有了显著性水平 α 后，可以根据给定的检验统计量的分布，查表得到临界值，从而确定具体的拒绝域。在不同的备择假设下，拒绝域、临界值与显著性水平 α 的关系是不同的，其示意图见图 4–5。

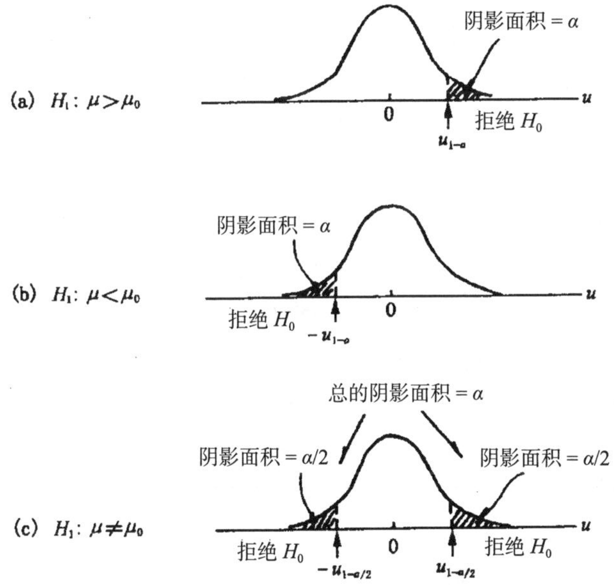

（图中曲线为 N（0，1）的密度函数曲线）

图 4–5　备择假设、拒绝域和显著性水平

（5）根据样本观测值，计算检验统计量的值。收集样本数据，计算检验统计量的值。

（6）根据检验统计量的值是否落在拒绝域中作出判断。有三种判断方法：

1）将检验统计量的值与拒绝域的临界值相比较，当它落在拒绝域中就作出拒绝原假设的结论，否则就作出不能拒绝原假设的结论。

2）由检验统计量计算 p 值。所谓 p 值，就是当原假设成立时，出现目前状况的概率（严格说，当原假设成立时，出现目前状况或对原假设更不利状况，即对备择假设更有利状况的概率，也可以说是在目前情况下拒绝原假设可能犯的第一类错误概率）。当这个概率很小时（例如小于 0.05），这个结果在原假设成立的条件下就不该在一次试验中出现；但现在它确实出现了，因此我们有理由认为“原假设成立”的这个前提是错的，因而应该拒绝原假设，接受备择假设。因此可以有个最一般的规则：如果 $p < \alpha$，则拒绝原假设。目前大多数统计软件都提供了与假设检验对应的 p 值，不必再查统计表确定拒绝域就可以根据 p 值作出判断结论。

3）根据样本观测值可以得到总体参数的置信区间，如果原假设的参数值未落入此置信区间，就作出拒绝原假设的结论，否则就作出保留原假设的结论。目前大多数统计软件都提供了相应的置信区间，不必自己计算，因此用这个方法判断也很方便。

例 4-2（续） 设立原假设和备择假设。$H_0: \mu \leqslant \mu_0 = 2000$ $H_1: \mu > 2000$

由于钢筋平均抗拉强度 X 为正态分布，故 $\bar{x}$ 也服从正态分布，且标准差已知，检验统计量为：$Z = \dfrac{\bar{x} - \mu_0}{\sigma / \sqrt{n}}$

Z 服从标准正态分布，当总体均值 μ 大于 μ_0 时，Z 有变大的趋势，拒绝域应该取右侧，即当样本值代入后计算出的 Z 值太大时应该拒绝原假设。取显著性水平 α=0.05 时，由于 Z 的右侧 α 分位数，也即是 Z 的左侧 $1-\alpha$ 分位数是 $Z_{1-\alpha} = Z_{0.95} = 1.645$，因此，检验统计 Z 的拒绝域为：$Z \geqslant Z_{1-\alpha}$，也就是说，如果 $Z \geqslant 1.645$，则拒绝 H_0。

计算检验统计量：

$$Z = \frac{\bar{x} - \mu_0}{\sigma / \sqrt{n}} = \frac{2150 - 2000}{300 / \sqrt{25}} = 2.5$$

由于 $Z = 2.5 > 1.645$，故拒绝 H_0。

用 MINITAB 软件，从统计→基本统计量→单样本 Z 入口，填写变量名后，要特别注意在“选项”窗，选择单侧检验“大于”，可以得到下述结果。

```
单样本 Z: 强度

mu = 2000  与  > 2000  的检验
假定标准差 = 300


变量   N    均值     标准差   均值标准误   95% 下限    Z     P
强度   25   2150.0   291.0    60.0         2051.3      2.50  0.006
```

对于 MINITAB 输出的结果必须学会清晰解释，这里首先给出样本量为 25，样本均值 $\bar{x}$ 为 2150，总体标准差 σ 为 300，样本标准差 s 为 291，均值的标准误（即 $\sigma/\sqrt{n}$）为 60。除此之外，这里还提供了 3 处可以直接判断原假设是否成立的计算结果。

（1）$Z = 2.50 > Z_{1-\alpha}$，应该拒绝原假设。前面对此已经作了分析。

（2）p 值 = 0.006。判断法则是：当 p 值小于给定的显著性水平 α 时，则拒绝原假设。本例，p 值比 0.05 小，故应该拒绝原假设。

（3）置信区间。在本例中，样本均值为 2150，我们以 95% 的把握断言，总体的均值应大于 2051.3（即 95% 置信下限），因为原假设的均值 2000 并未落入此置信区间内，因此应该拒绝原假设。

这三处的结论当然是一致的，但它们有不同的侧重点。P 值着眼于考虑这个事件出现“多么不寻常”，以此来拒绝原假设；置信区间则着重于考虑原假设的参数值“离 $1-\alpha$ 的置信区间有多远”，以此来拒绝原假设。出发点略有不同，而结论是殊途同归的。我们分析问题时，应全面掌握这些信息，以更好地理解所得到的结论。

4.3.2 相关分析

如果我们同时获得了两个或多个连续型变量的观测值，这时，统计学中的相关分析及回归分析就是很有力的工具。例如，在一定的范围内，反应罐中的温度与最终的产量间，呈现某种关系。分析并确认二者是否有关系，关系是否密切，这就是相关分析的任务。如果我们拥有 X 与 Y 的成对数据，X 与 Y 的相关关系可能是密切的，也可能是不密切的。把 X 与 Y 画在散点图（见图 4–6）上，就容易直观地分析出 X 与 Y 之间是否存在相关关系以及二者关系是否密切。

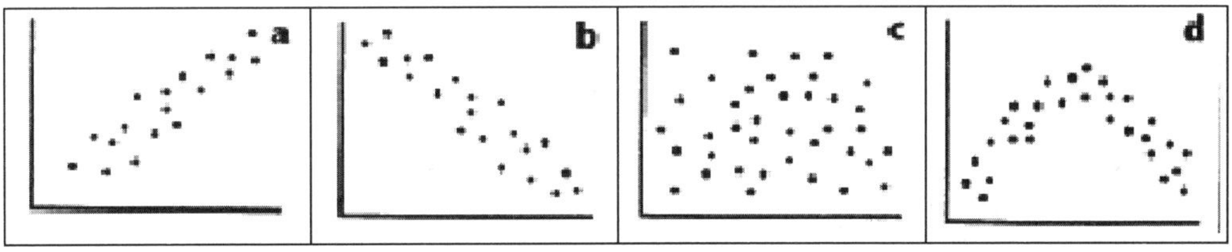

图 4–6 散点图

判断原因 X 和结果 Y 之间的相关程度，通常先从散点图可以获得一个直观的大概的印象，可以看出两个变量间是否存在某种关系。如果散点图呈现图 4–6a 的形状，即随 X 的值增加时，Y 有明显增加的趋势，我们称之为正相关；如果散点图呈现图 4–6 b 的形状，即随 X 的值增加时，Y 有明显减小的趋势，我们称之为负相关；如果散点图呈现图 4–6c 的形状，即随 X 的值增加时，Y 没有显著增加或减小的趋势，我们称之为不相关。当然，仅凭此直观印象进行判断是远远不够的，我们希望能够量化出这种相关性的程度——密切的程度如何？相关分析将明确给出相关关系密切程度的度量结果。

例 4–3　某团队在分析反应罐产品的产量与加工温度之间关系时，收集了以下数据（见表 4–7）。

表 4–7　温度 X 与产量 Y 数据

序	温度 X（摄氏度）	产量 Y（千克）
1	2	58
2	6	105
3	8	88
4	8	118
5	12	117
6	16	137
7	20	157
8	20	169
9	22	149
10	26	202

首先我们画出产量与温度的散点图（见图 4–7）。

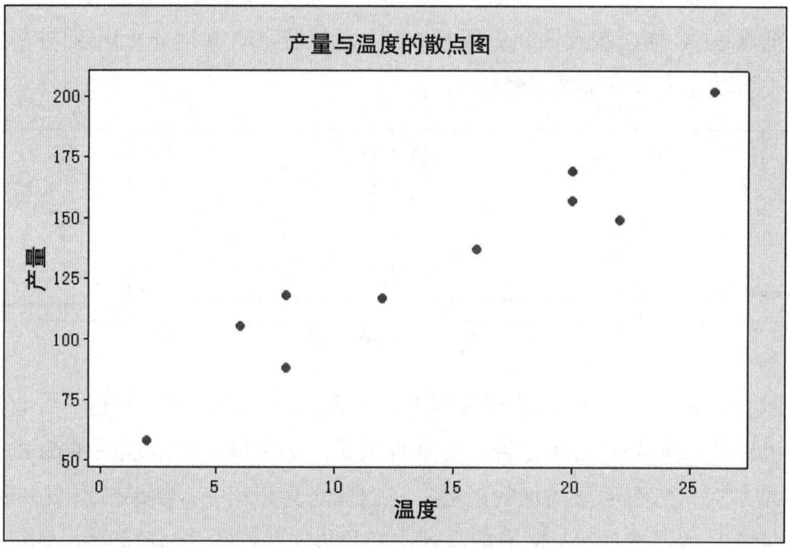

图 4–7　温度与产量的散点图

产量与反应温度的散点图如图 4–7 所示，从散点图中我们可以看出，产量与反应温度是有关系的，随着温度的增长，产量显著地增长，二者似乎有正相关关系。那么我们如何度量二者是否相关以及相关的程度？这就要引入相关系数的概念。

样本相关系数 r（通常是指 Pearson 相关系数 r）是用来描述两个变量线性相关程度的一种度量。由两个变量的 n 组观测值可以画出多种不同形状的散点图，我们希望用相关系数 r 来表示出它们是“正相关”还是“负相关”以及它们以何种程度相关。如果是正相关，我们则应该得到一个取正值的相关系数 r，而且如果两者的关系越密切，散点图越接近于一条向上倾斜的直线（不管斜率是多少），则相关系数 r 越接近于 1；反之，如果是负相关，则我们应该得到一个负值的相关系数 r，而且如果两者的关系越密切，散点图接近于向下倾斜的一条直线（不管斜率是多少），则相关系数 r 越接近于 –1。如果两者的关系越不密切，散点图越呈现散乱成一团，则此系数 r 越接近于 0。

数学上可以证明，一定有关系式：$-1 \leqslant r \leqslant 1$ 或 $|r| \leqslant 1$。$|r|$ 越接近于 1，则表明各个点靠近直线越近；特别地，当 $r = \pm 1$ 时，表明 n 个点全在一条直线上，这时两个变量间完全线性相关；随着 $|r|$ 的逐渐减小，各个点就越来越远离直线，呈现越来越分散的状况。总之，当 $r > 0$ 时，两个变量间为正相关，这时当 X 的值增加时，Y 的值也有增大的趋势（如图 4 6a），r 的值越大说明二者关系越密切；当 $r < 0$ 时，两个变量间具有负相关，这时当 X 的值增加时，Y 的值有减小的趋势（如图 4–6b），r 的绝对值越大说明二者关系越密切。

我们记总体的相关系数为 ρ，若 X 与 Y 无关时，总体的相关系数 ρ 应该为 0，样本的相关系数 $|r|$ 会很小，这时，散点图上 n 个点会毫无规律地形成"乱作一团"的形状（如图 4–6c）。但是反之，如果总体的相关系数 ρ 为 0，样本的相关系数 $|r|$ 很小时，我们却不能肯定 X 与 Y 无关，因为随 X 的值增加时，Y 整体说来可能没有显著的一直增加或减小的趋势（例如先增后减，这导致总起来看 Y 基本不变），即很可能二者形成某种曲线的关系（例如图 4–6d 所显示的那样，是抛物线型的二次函数关系）。我们只能肯定地说：如果总体的相关系数 ρ 为 0，样本的相关系数 $|r|$ 很小时，则 X 与 Y 没有线性相关关系。

问题是样本相关系数 r 绝对值大到什么程度可以认为两个变量间是确实存在相关关系呢？判断样本相关系数 r 是否足够大的标准与样本量有非常密切的关系，不可能有一个统一的标准。一般说来，样本量超过 9 时，只要相关系数绝对值达到 0.7，那么就应当认定两变量间是确实相关的；当样本量超过 25 时，只要相关系数绝对值达到 0.4，那么就应当认定两变量间是确实相关的。计算机的检验方法我们将在下面介绍。

要检验温度 X 与产量 Y 之间是否有相关关系，应该设立待检验的假设：

$$H_0 : \rho = 0 \qquad H_1 : \rho \neq 0$$

用 MINITAB 软件，从统计 > 基本统计量 > 相关入口，可以直接得到下面结果：

相关：温度，产量

温度和产量的 Pearson 相关系数 = 0.950

P 值 = 0.000

样本相关系数为 0.95 很接近于 1 了，这表明二者是正相关的，而且关系比较密切。计算机对这个值进行检验得到的 p 值为 0.000，小于 0.05，则应该拒绝原假设，即认为相关系数不为 0，即结论为应该认为 X 与 Y 是线性相关的。这里确实见到 X 与 Y 间高度正相关的情况。

4.3.3 一元线性回归分析

在前面分析的基础上，把二者的关系用方程的形式表达出来，这就是回归分析的任务。回归分析的任务一般更复杂。例如，在化工生产过程中影响最终产量的，除了温度之外，还可能有反应时间、反应罐中的压力等多个因素。回归分析按照涉及的自变量的多少，可分为一元回归分析和多元回归分析；按照自变量和因变量之间的关系类型，可分为线性回归分析和非线性回归分析。如果在回归分析中，只包括一个自变量和一个因变量，且二者的关系可用一条直线近似表示，这种回归分析称为一元线性回归分析。如果回归分析中包括两个或两个以上的自变量，且因变量和自变量之间是线性关系，则称为多元线性回归分析。限于篇幅，我们下面将只介绍简单一元线性回归分析方法。更深入的内容可以参看绿带或黑带的统计教材。

定有两个变量，其中 x 是自变量，y 是因变量。

假设（x，y）的散点图如图 4–8 所显示，看出它们之间有直线关系，我们该如何找出这个线性关系呢？

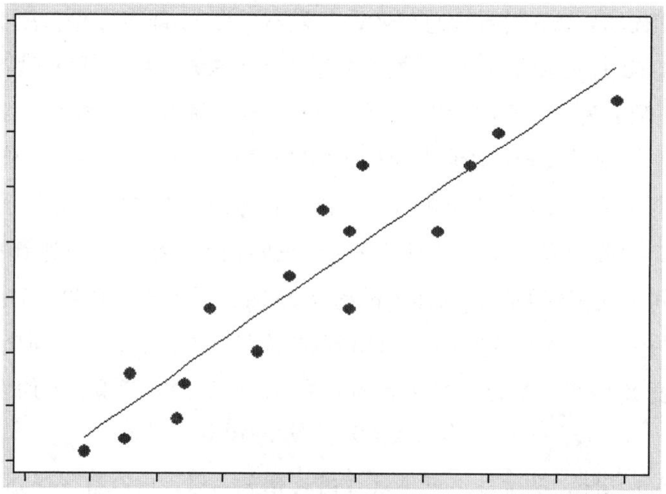

图 4–8　对散点图用最小二乘法拟合直线示意图

我们可以这样进行分析：假设我们已经找到了二者之间的理论的线性关系，记为

$$y = a + bx$$

那么将此关系画出直线来，这条直线应该处在什么位置？斜率 b 和截距 a 各是多少才达到最优？

很显然，这条直线应该兼顾到所有的散点，假设某个散点到此直线的竖直方向的距离（我们称之为“误差”）如图中的虚线所示（图 4–3 中只画了一个点的误差，其余所有点都类似），每个散点的误差有大有小，我们应该这样选择 a 和 b，它能使所有误差的平方和达到最小。按照这个原则所得到的方程称之为用最小二乘法得到的方程。

具体计算这两个系数的工作很烦琐，但计算机软件可以帮我们完成。

例 4–3（续） 利用 Minitab 应用软件，由统计 > 回归 > 拟合线图可以直接得到回归系数的计算结果：$\hat{a}=60$，$\hat{b}=5$，也就是说，我们得到的回归方程为

$$\text{回归直线方程 } \hat{y}=a+\hat{b}x=60+5x$$

MINITAB 软件中的窗口“统计＞回归＞拟合线图”只对求一个自变量的回归方程有效，但它的优点是可以显示出回归直线的图形（见图 4–9）。

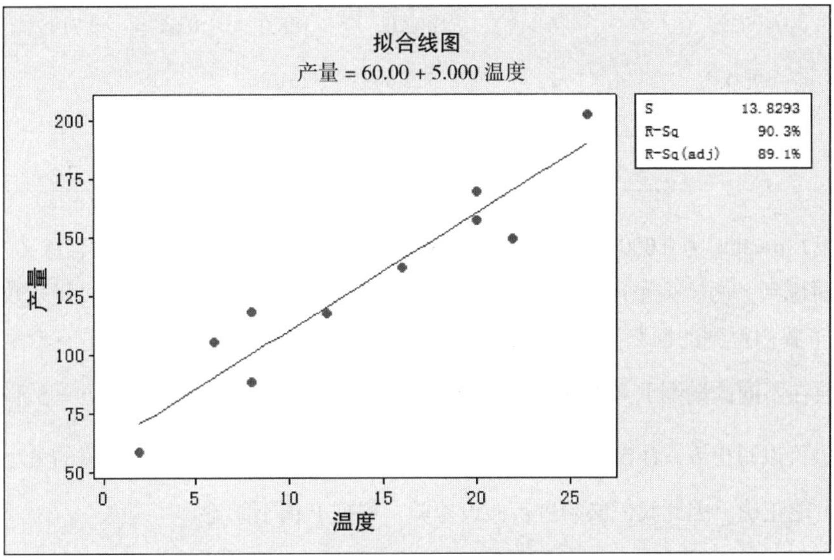

图 4–9 产量与温度间的拟合回归直线图

这里特别要说明，回归系数 $\hat{b}$ 是有明确的物理意义的。那就是，当自变量 X 增加一个单位时，Y 平均说来会增加 $\hat{b}$ 个单位。很显然，$\hat{b}$ 是有量纲的，它的量纲是 [Y]/[X]。比如本例，回归系数 $\hat{b}=5$，说明温度每升高 1 度，平均说来，产量会增加 5 千克。

我们建立回归方程的目的是表达两个具有线性相关的变量间的定量关系，因此，只有当两个变量确实具有线性相关关系时所建立的回归方程才是有意义的。两个变量间是否存在线性相关关系，其实就是检查回归系数 b 是否为 0。因为回归系数 b 为 0 时，两个变量间就一定没有关系了。可以从 Minitab 统计 > 回归 > 回归 > 会话窗口中，找到方差分析中对应“回归”项的 P 值来判断。

回归分析：产量与温度

方差分析

来源	自由度	Adj SS	Adj MS	F 值	P 值
回归	1	14200.0	14200.0	74.25	0.000
温度	1	14200.0	14200.0	74.25	0.000
误差	8	1530.0	191.2		
失拟	6	1008.0	168.0	0.64	0.714
纯误差	2	522.0	261.0		
合计	9	15730.0			

这里，p-value 为 0.000，故认为回归系数 b 显著不为 0，即回归方程是有意义的。

上面说到，两个变量间是否存在线性相关关系，关键是看总体上的回归系数 b 是否为 0，由于我们得到的回归系数是从样本中估计出来的，而且回归系数 b 是有量纲的，同一个系数在不同的量纲下 b 值就可以相差很悬殊。例如，我们的例题中，$\hat{b}=5$ 千克 / 度，其实它也可以写出 $\hat{b}=0.005$ 吨 / 度，单位不同，则 $\hat{b}$ 的值就不同，用 $\hat{b}$ 值的大小来判断当然不可能正确。因此我们必须进行假设检验，根据 P 值下结论。

当求得了回归方程 $\hat{y}=a+\hat{b}x$，并经检验确认回归方程是显著的，则可以将回归方程用来做预测。

所谓预测是指当 $x=x_0$ 时对相应的 y 的取值 y_0 所做的推断。

$$y_0=a+bx_0$$

由于 y 是随机变量，其实际取值 y_0 肯定有随机波动，我们只能根据估计出来的回归系数计算出其预测的平均值，我们把预测出来的这个平均值记为 $\hat{y}_0$，这是 y_0 的点估计。

$$\hat{y}_0=a+\hat{b}x_0$$

我们不但希望得到这个点估计，还希望得到 $\hat{y}_0$ 的波动状况的估计，给出相应的置信区间。

实际工作中，我们计算出的 $\hat{y}_0$ 的波动状况来自两方面：一方面是估计的回归系数 $\hat{a}$、$\hat{b}$ 对于理论回归系数 a、b 的波动，这导致回归方程本身就有随机波动；另一方面是 $y_0=a+bx_0$ 中 y_0 对于回归关系（即回归直线）的随机波动。这就导致我们应该得出两个置信区间，一个是回归方程波动导致平均值波动而形成的，称之为“置信区间”，它代表的是预测的平均值可能的取值范围；另一个是响应变量在回归方程（即平均值）基础上由于随机变量波动而形成的，我们称之为“预测区间”，它代表的是预测值可能的取值范围。如下图（见图 4–10）。

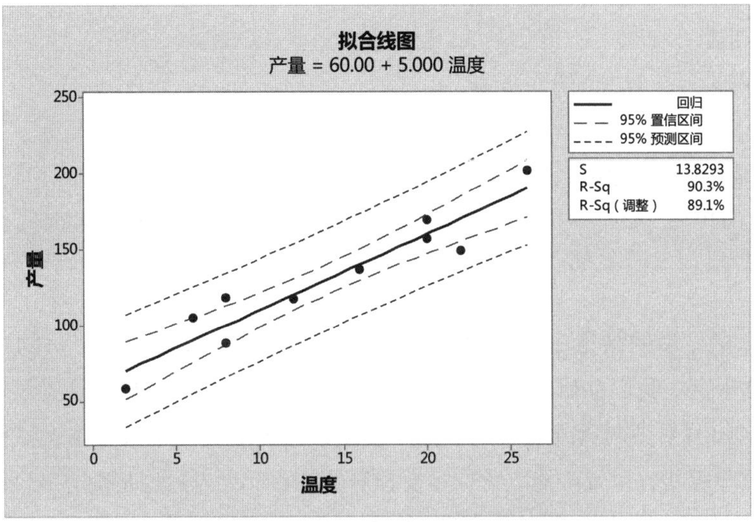

图 4–10　回归分析中的预测置信区间

在 MINITAB 软件的计算结果中可以直接得到。例如，我们希望计算出，当温度为 10 度时，产量 y 的预测区间，从统计 > 回归 > 回归 > 预测窗口进入（见图 4–11）。为了对于新自变量值进行预测，只要在“选项”窗口内填写入自变量值 10。

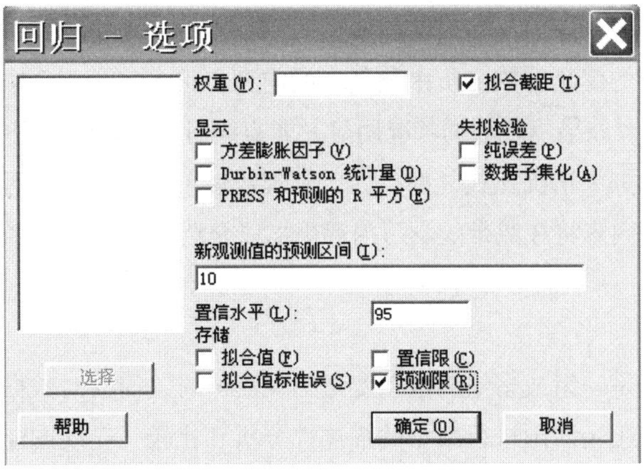

图 4–11　回归分析对话窗口

产量的预测

回归方程

产量 = 60.00 + 5.000 温度

变量	设置
温度	10

拟合值	拟合值标准误	95% 置信区间	95% 预测区间
110	4.95099	（98.5830, 121.417）	（76.1275, 143.873）

在计算机显示的结果中，我们可以看出，在温度为 10 度时，产量的预测值的点估计是 110 千克。我们在研究回归分析时使用的是 10 个数据，根据这批试验结果，我们估计出回归关系是产量 = 60.00 + 5.000 温度，这里的回归系数是本次试验结果得出的，再次试验后其方程就可能变化，本次预测的 110 千克当然也是会有波动的。我们下面给出的是多次试验结果后，预测的平均值的 95% 置信区间。计算机显示此置信区间是（98.5830, 121.417），这表示在温度为 10 度时，无限多次试验的产量的平均值将有 95% 的可能落在（98.5830, 121.417）内。由于单个观测值是围绕平均值波动的，因此，产量的单个观测值将落入一个更宽阔的范围内，这就是 95% 预测区间，本例的结果是（76.1275, 143.873）。它表示，在温度为 10 度时，再进行一次生产，其产量的预测值将有 95% 的可能落在（76.1275, 143.873）内。

以上我们介绍的仅是回归分析中最基本的内容。很多实际工作中可能遇到的问题本书都未涉及，例如，如果发现数据状况明显并非直线时，该如何处理？有些情况很直观，很容易得到结论。如果情况比较复杂，为了发现线性关系拟合得是否合适，则要用到残差分析方法，这些内容将在黑带的学习内容中加以介绍，这里就不多叙述了。

4.3.4 比较分析

当我们面对的是一组或多组离散型变量的观测值时，需要对数据的分布情况进行判断和分析，可以使用箱线图进行数据的描述性分析和比较。箱线图能够帮助我们识别异常值、初步判断数据是否偏斜，比较几批数据的分布形状等。比较分析所使用的工具有很多箱线图，是最常用的工具。前面的章节中已经介绍了箱线图的作图方法，这里仅就比较分析中箱线图的使用加以介绍。

例 4–4 某公司从两家供应商中各采购了一批灯泡，分别统计各组样品的使用寿命，试绘制箱线图分析（数据列在表 4–8 中）。

表 4–8 灯泡使用寿命数据表（单位：小时）

供应商	使用寿命	供应商	使用寿命	供应商	使用寿命	供应商	使用寿命
甲	1780	甲	1150	乙	1090	乙	1520
甲	930	甲	1770	乙	1000	乙	1270
甲	1400	甲	1190	乙	880	乙	1470
甲	1630	甲	1030	乙	1590	乙	1110
甲	1160	甲	1570	乙	160	乙	1290

计算机软件 MINITAB 的实现方法如下：

选择“图形 > 箱线图”中的“一个 Y 含组”，指定“图形变量”为使用寿命，指定“用于分组的类别变量”为供应商，则可得到图 4–12 所示的图形输出。

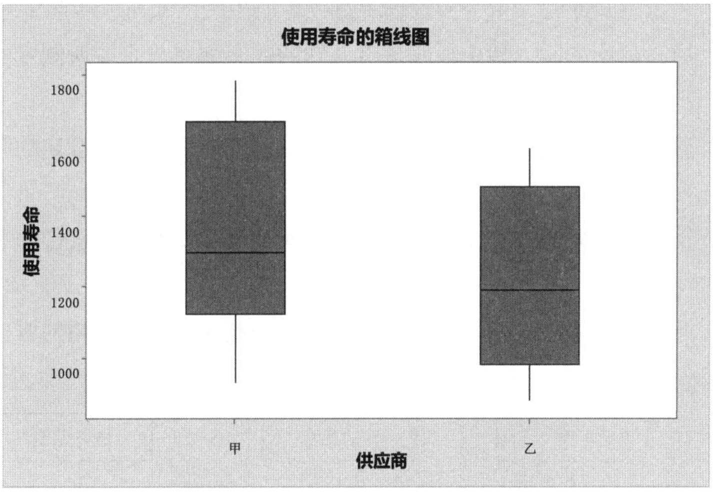

图 4–12 灯泡使用寿命的箱线图

从图形可以看出，甲供应商提供的灯泡寿命似乎比乙供应商提供的灯泡寿命稍长些，另外甲供应商提供的灯泡寿命似乎并不对称，中位数离下四分位数更近，分布略向右偏斜；乙供应商提供的灯泡寿命似乎对称性好些。但以上结论只是直观印象，是否真的可以形成结论，还需要运用假设检验方法才能给出准确判断。

4.4 服务过程分析

因服务及其流程本身具备的一些特殊性，对服务过程的分析比对生产过程的分析略显困难。一些方法和工具可以对服务质量作定性和定量的分析，比较常见的有服务差距模型和四分图模型。

4.4.1 服务质量差距分析模型

在格朗鲁斯的感知服务质量模型基础上，PZB［帕拉苏拉曼（Parasuraman）、泽丝曼尔（Zeithaml）和贝瑞（Berry）］于1985年提出了目前使用最广泛、最为经典的差距分析模型（Gap Analysis Model），用来分析服务质量的形成过程。

1. 服务质量差距分析模型

服务质量差距分析模型认为，在服务质量形成过程中存在五个方面的差距，把顾客的感知服务和期望服务的差距定义为差距5，亦即服务质量，它是服务传递过程中其他四个差距的函数，受到这四个差距的大小和方向的影响，企业需通过消除这四个差距以缩小差距5，提升服务质量。图4–13所示为服务质量差距分析模型。

差距1：质量感知差距，指企业管理者对顾客期望的认知与顾客期望之间的差异。

差距2：质量标准差距，指企业管理者认知的顾客期望与企业所制定的服务标准之间的差异。

差距3：服务传递差距，指企业提供和传递的服务质量与企业设定的服务标准之间的差异。

差距4：市场沟通差距，指企业实际提供的质量与企业在市场宣传中承诺的质量之间的差异。

差距5：感知服务差距，指顾客实际体验感知的服务质量与期望的服务质量之间的不一致。

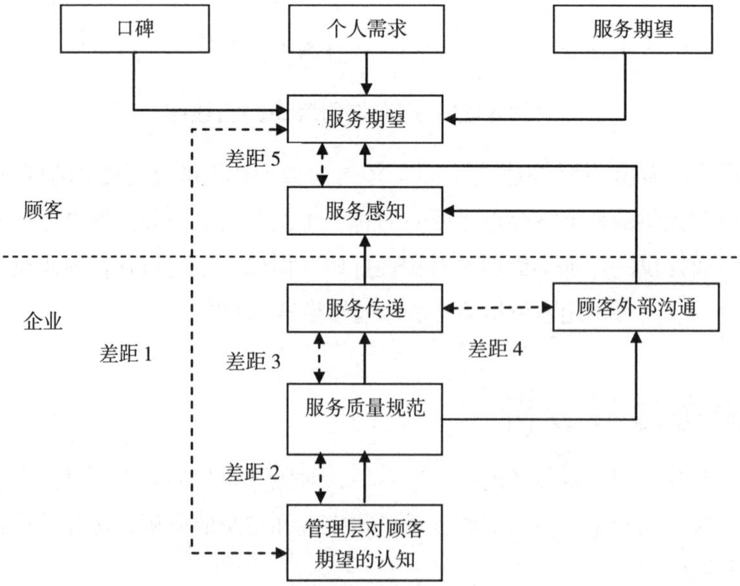

图4–13 服务质量差距分析模型

2. 服务质量差距分析模型的应用

服务质量差距分析模型揭示了服务企业与顾客之间产生的五种差距及其之间的关系，通过服务质量差距分析模型，可以进一步定性分析产生差距的具体原因，为改善策略提供依据。

（1）质量感知差距（差距 1）的产生很明显是企业没有充分理解客户的期待，从而产生了认知偏差。这一方面说明顾客的期待在向企业管理者传递过程中可能失真，导致企业管理者获取的顾客信息往往不准确；另一方面也说明企业管理者容易犯自以为充分理解顾客需求而实际并不然的错误。

要消除这种差距，需要从两方面着手。一方面，顾客期待的产生主要来源于企业的宣传、企业形象、口碑相传、其过去的体验及个人需求等，缩小这个差距也需要继续通过营销宣传等方式影响和调节顾客感知，加大市场调研，更好地了解客户需求。另一方面，在企业内部需要建立高效的沟通机制，减少管理层级，加强管理者与员工、顾客之间的直接沟通，缩短与顾客的距离，让管理者对顾客的期望有全面和正确的认知。

（2）质量标准差距（差距 2）主要指服务质量标准与企业管理者对顾客服务期望的认知不一致。造成这个差距的原因一方面是由于企业管理者不能很好地认知顾客对服务质量的预期，制定的标准不能充分体现顾客的预期影响服务设计和质量。另一方面，哪怕是清楚了解了顾客期望，但若企业包括管理层和各级员工不重视服务质量，那么自上而下制定的服务质量标准也会与顾客期望有差距。以客户导向为基础，并结合企业的服务能力来制定服务质量标准，可以有效地缩短差距 2。

（3）服务传递差距（差距 3）反映的是企业传递给顾客的服务质量与其制定的服务标准间存在的差距。若企业很好地克服了服务标准差距，产生差距 3 的主要问题在于执行，包括操作流程、服务人员、管理控制、信息技术等在内的服务运营流程管理等多方面都会对服务标准的执行产生影响和偏离。

在操作流程方面，能否以顾客为中心，打破企业内部的壁垒，以最简洁、高效的流程为顾客提供服务，最终会影响顾客感受。因此，在设计服务流程时，就必须紧紧围绕服务质量目标，消除冗余的、无价值的环节，使服务标准不受流程环节影响而层层衰减。

在服务人员方面，因为服务的特殊性，诸多流程需要服务人员面对面地传递给顾客，因而服务人员是影响差距 3 的重要因素。如果服务人员的技能、态度出现问题，不能执行服务标准或者对服务标准不能正确理解，那他们就会忽略顾客需求，服务标准的传递必然会出现偏差。因此，企业需要不断努力，从员工招聘、培训、管理、激励等多个层面着手，提高员工技能和素质，调动员工积极性，提供符合甚至超越服务标准的服务。海底捞现象是一个很好的例子，其基层服务人员得到充分授权、激励和培训，极大地提高了服务积极性，从而提供超越顾客期待的服务。

在管理控制方面，企业制定的制度和方法、质量控制政策和激励措施是否以提升服务质量为目标，是否与提升服务质量相冲突，会给服务传递过程带来很大影响。作为企业，需要设计合理的管理制度，制定以执行和提升质量为标准的控制和激励措施，可以有效地缩小差距 3。

另外，信息技术在服务流程中的地位也越来越重要，许多服务流程已经难以离开 IT 系统的支持。因此，积极应用新的科技手段，提高信息技术的应用能力，对缩小差距 3 将产生显著作用。

（4）市场沟通差距（差距 4）主要是企业提供的实际服务与市场宣传承诺之间的差异。该差异的产生一方面可能来自企业在市场沟通和广告宣传中的过度承诺，把顾客的期望提高到一个不现实的水平；另一方面也可能是内部沟通欠缺，使市场沟通没有能真实反映实际服务能力。解决上述问题，一方面需要加强服务沟通的管理，增强宣传的真实性和服务承诺的可兑现性，让顾客了解企业能做什么、不能做什么，使顾客对服务有一个合理的预期。其次，需要建立服务运营和外部市场沟通的协调机制。加强营销部门与服务运营部门的沟通，在推出市场活动前，考虑到服务实现的可能性，这样可使营销宣传中的承诺更加准确和现实。

（5）感知服务差距（差距 5）是顾客期望与实际体验到的服务质量的差距，代表了服务质量管理的最终目标。它受到多种因素的影响，特别是上述四个差距都会集中反映在差距 5 上。缩小差距 5 需要从上述四个差距着手，最终到达提供符合顾客期望的质量。

服务差距分析模型是分析服务质量的常用方法，但这种方法也有其不够完善之处，特别是在接受某些专业性很强的服务时，顾客通常不清楚自己的期望是什么，因此也有学者在差距分析模型和 SERVQUAL 基础上提出了绩效感知服务质量模型，即 SERVPERF 模型。对于服务质量的其他诸多模型，在此本书不作进一步阐述。

4.4.2 四分图模型

四分图模型又称“重要性－满意度”分析方法，是一种偏于定性研究的分析方法。它首先通过调研和访谈列出企业产品和服务的绩效测量指标（或因素），顾客对每个绩效测量指标从重要度和满意度两个维度进行打分，并将这两个维度分为四个象限，将各绩效测量指标归进四个象限内，企业可按归类结果对这些绩效指标分别处理。这种方法可适用于确定对顾客满意度有潜在重大影响的绩效指标的时候，或者可用来从顾客处获得服务质量改进的线索、确定质量分析和改进的优先顺序。

1. 绘制四分图

首先，可以通过头脑风暴、亲和图、需求树分解等方式确定顾客、产品及服务的绩效测量指标。其次，选择重要的顾客让他们对每个绩效测量指标从重要性和满意度两个维度从 1 ～ 5 分进行打分，表 4–9 代表分值标准。

表 4–9 重要性 – 满意度分析的分值

重要性	满意度
5= 很重要，必需 4= 重要但不必需 3= 有点重要 2= 愿意得到，但不必需 1= 不需要	5= 大大超过期望 4= 超过期望 3= 正好满足 2= 需提高 1= 没有满足需求

然后，收集顾客的反馈分值，计算每项指标分值的均值或中位数。

例 4–5 某银行欲分析哪些是影响其网点服务质量的重要因素，为此，设计了一个包含 10 个因素的问卷，向 100 位目标顾客进行调查，并计算各项因素的重要性和满意度的平均值，结果如表 4–10。

表 4–10 银行网点服务重要性 – 满意度打分表

序号	项目	重要性	满意度
1	排队时间短	4.80	2.60
2	服务态度好	4.50	4.10
3	柜员业务熟练	4.00	3.40
4	能保护隐私	3.50	3.30
5	可满足个性化服务	3.40	2.30
6	办理速度快	3.30	3.35
7	交通方便	2.50	2.10
8	进门有人迎接指引	2.30	2.45
9	环境好	2.20	2.10
10	现场多放指示牌	2.10	3.50

最后，根据收集的顾客反馈数据，把每项因素按重要性和满意度两个维度数据绘制成四个象限的重要性 – 满意度图。以例 4–5 的数据为例，结果如图 4–14 所示。

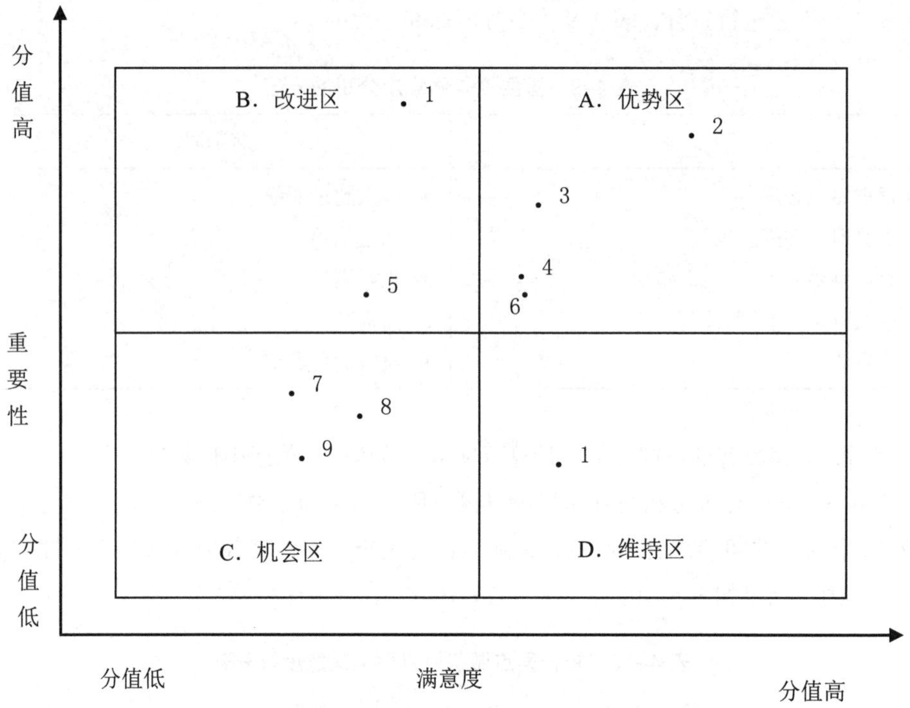

图 4–14 某银行网点服务重要性 – 满意度四分图

2. 四分图分析

重要性 – 满意度四分图模型的横轴表示顾客满意度的得分高低，纵轴表示顾客对此项因素重要性的得分高低，划分为四个象限区：

（1）象限 A 区（高重要性、高满意度）：优势区。2、3、4、6 这些因素分布在此区域，表示对顾客来说，这些是重要的关键性因素，目前顾客对它们的满意度评价也较高，银行需要把这些优势因素努力保持下去，使之成为自己的优势特点。

（2）象限 B 区（高重要性、低满意度）：改进区。1 和 5 这两个因素分布在此区域，表示这些因素对顾客来说是很重要的，但当前银行在这些方面的表现比较差，顾客满意度评价较低，需要重点改进，使之进入优势区。

（3）象限 C 区（低重要性、低满意度）：机会区。7、8、9 这些因素分布在此区域，代表着这些因素对顾客来说不是最重要的，满意度评价也较低，对银行的影响并不很大，因此不是银行现在最急需解决的问题，没有必要投入大量的精力，可以暂时将其忽略，未来作为改进机会点考虑。

（4）象限 D 区（低重要性、高满意度）：维持区。像 10 这样的因素对顾客来说不是最重要，但满意度评价较高，属次要优势。对于这些因素银行可以继续发挥这些因素的优势，并引导客户使之成为优势区，但其对银行当前的实际作用不大，银行不必过度投入，应该将更多的精力集中在改善其他重要指标上。

四分图模型简单明了，不需要应用太多复杂的工具和计算方式，易于掌握，便于操作，因此被国内外企业普遍使用。

最后需要强调的是，虽然服务流程具有无形性等特点，但本质上仍是具备流程特点，因此本教材中提及的关于流程的精益分析工具如浪费分析、价值流分析、流程程序分析等方法和工具仍然适合对服务流程作分析。特别是对于具体的某个服务流程来说，服务时间和效率等是非常重要的衡量指标，在这方面，精益的浪费分析和价值流程分析仍然是非常有效和实用的工具。

本章小结

分析阶段是六西格玛项目工作中的一个非常关键的阶段，分析阶段的主要工作是寻找和确认影响过程结果 Y 的关键影响因素 Xs, 六西格玛方法论更强调用数据对关键 Xs 进行识别和确认。因此，在分析阶段需要用到大量的过程分析方法和数据分析方法。这些分析方法中，既有基于过程的流程图分析方法，也有基于精益管理的作业增值性等分析方法。在分析阶段，还要用到大量的数据分析方法，特别是概率和数理统计方法等。

在本章中，重点介绍了详细流程图分析方法、作业增值性分析、作业时间分析、库存分析、设备管理分析、过程的故障模式与影响分析 PFMEA 等方法，包括节拍时间 TAKT TIME 以及 TPM 管理的基本概念等；本章还介绍了原因分析方法，包括“5 个为什么”方法和因果矩阵方法；此外，本章还重点介绍了数据分析的基本方法，包括“假设检验”的基本概念与应用，以及相关性分析、回归分析和对比分析方法等。

本章还结合服务过程的特点，重点介绍了服务质量差距模型和四分图分析方法。

推荐阅读

1. 马逢时、周暐、刘传冰编著 . 六西格玛管理统计指南（第二版），北京：中国人民大学出版社，2013.

2. 马逢时、吴诚鸥、蔡霞编著 . 基于 MINITAB 的现代实用统计（第二版），北京：中国人民大学出版社，2013.

3. [美] 詹姆斯・A . 菲茨西蒙斯，莫娜・J. 菲茨西蒙 . 服务管理：运作、战略与信息技术 . 张金成，范秀成等译 . 北京：机械工业出版社，2007.

4. 温碧燕 . 服务质量管理 . 广州：暨南大学出版社，2008.

5. 苏秦 . 服务质量、关系质量与顾客满意——模型、方法及应用 . 北京：科学出版社，2011.

6. 唐晓芬主编 . 上海质量管理科学研究院编著，六西格玛核心教程：黑带读本 . 北京：中国标准出版社，2006.

7.（英）约翰·比切诺,（英）马蒂亚斯·霍尔韦格著，王其荣译 . 精益工具箱 . 北京：机械工业出版社，2016.

第五章　改进和控制

通过前面三个阶段的项目工作，六西格玛项目团队对要解决的问题以及引起该问题产生的根本原因等有了比较准确的把握，从而奠定了从根本上解决这些问题的基础。至此，项目工作进入了关键性的改进和控制阶段。

5.1 改进方法与工具

改进阶段的目标是形成针对根本原因的最佳解决方案，并且验证这些方案是有效的。一般来说，为了达到上述目的，首先要制订出解决方案。通常这些解决方案的产生需要专业知识和对流程的认知与经验等。但是，也有一些方法和原则，将帮助项目团队制订出最佳解决方案。

5.1.1 创造性思维方法

创造性思维方法激发的构思或创意越多，获得高质量的问题解决方案的可能性就越大，它是提出有效改进方案的一个强有力的工具。它帮助你预期自己需要达到的目标，并使之顺利实现。创造性思维是一种理性的思维方式，是在实践的基础上发展的，是对问题在原有的知识、经验的基础上以全新的、独创性的、新颖的方式进行的一种高水平的复杂的思维活动。创造性思维有别于一般思维，主要表现在思维形式的反常性、思维过程的辩证性、思维成果的独特性、新颖性及思维主体的能动性。只有采用正确的思维方法，才可以获得成功的、有效的方案。创造性思维方法主要包括头脑风暴 + 亲和图法、发散性思维、随机词汇、六顶帽子思考法、五个为什么（已在 4.2 原因分析中有过介绍）等。创造性思维方法是提出有效改进方案的一种工具，除此之外提出有效改进方案的方法还包括横向比较、借鉴其他项目等。本章主要介绍一些定性的创造性思维方法，如头脑风暴法 + 亲和图法、发散性思维、六顶帽子思考法。

1. 头脑风暴 + 亲和图法

美国学者阿历克斯·奥斯本于 1938 年首次提出头脑风暴法。头脑风暴法的主要作用是收集创意，在改进阶段主要是产生有效的改进方案。头脑风暴法就是让与会者相互交流，在头脑中进行智力碰撞，产生智力火花，使与会者的讨论不断地集中精化。在进行头脑风暴的过程中，所追求的就是更多的创造性构思。头脑风暴法的核心在于创造一种自由奔放的思考环境，诱发创造性思维的共振和连锁反应，产生更多的方案。

头脑风暴法参与人数一般 5 ～ 10 人为宜，一般以会议的形式，设有一名主持人，负责主持会议，不参与提出创造性的意见。为了使头脑风暴会议的效率较高，效果较好，可在会前做一些准备工作。如收集资料并预先给大家参考，以便与会者了解与议题有关的背景材料和外界动态。头脑风暴法追求方案数量，越多越好，同时主张与会者独立思考、自由畅谈。过程中严禁评判，提倡在别人创意的基础上提出更好的创意。头脑风暴法一般划分为三个阶段：第一阶段关注的是小组创造出的方案的数量；第二阶段是审视这些方案，删除与实现目标无关的方案；第三阶段主要是对筛选出来的方案进行进一步的审视，并根据小组意见，对它们进行优先排序。

头脑风暴法强调集体思维，使信息分散在不同的人员之间，有利于以后方案的实施，使方案更容易被大家所接受。

在本书第一章 1.5.3 中已介绍了亲和图法。亲和图主要用于归纳思想，认识事物。在改进阶段主要用于在头脑风暴法之后，对罗列的方案进行组织。有两种方式做亲和图：一种是先创建分类，然后将方案分类组合；另一种是先将所有的方案按相似性分组，在组合完成后给分组命名，从而得到改进方案的亲和图。

2. 发散性思维

发散性思维，又称扩散性思维、辐射性思维、求异思维，是把问题的“点”引向“面”的思维，是围绕一个问题向不同方向、角度全面扩散的思维方法，是对问题寻求多种解决方案的思维。其特点是限定条件，而不限定结果。它的核心是对信息尽量产生多个发散点，而在改进过程中它的核心是尽量产生多个解决方案。

通过发散思维，可以活跃人的思路，使人的思维敏捷，在探究问题的过程中，能提出大量可供选择的方案、办法或建议，特别是能提出一些别出心裁、出人意料的新鲜方案，使问题奇迹般地得到解决，这些方案的提出有可能使人的思维方式得到改变，使问题的假设得到一定的挑战。

3. 六顶帽子思考法

六顶思考帽是英国学者爱德华·德·波诺（Edward de Bono）博士开发的一种思维训练模式，或者说是一个全面思考问题的模型。人们面临挑战性的重大决策时，这个方式可以帮助他们进行创造性的思考。这个技巧所依据的观点认为，存在着六种不同的思维类型，每一种都与某种颜色相联系。下面我们就着重介绍这六种思维类型。

蓝帽子表示组织安排。我们的进展如何？现在应使用哪种颜色的帽子？接下来应该做什么？

白帽子表示信息和数据。我们现在有什么数据信息？需要什么信息？还缺少什么信息？该如何获取信息？

红帽子表示直觉、感觉、情绪以及基于直觉的想法。我们只需即时说出自己的想法、自己的感觉是什么，不需要考虑太多。

黑帽子表示谨慎、判别、系统的思考。这是不是真的？是不是可行？会不会成功？存在哪些缺陷？

黄帽子表示向好的方向进行思考。实施这种方案有什么好处？谁会得到好处？好处来自何处？这种方案为什么可以做？为什么会成功？

绿帽子表示异见、新意、创新。有没有其他的解决方案？

虽然六种帽子代表了六种思维方式，不同人思维方式可能不同，但是我们在进行讨论时，六种帽子每个人都应该尽量试戴，从而全面地来看待问题，这有利于产生最佳的效果。

值得一提的是，除上述创新性思维方法以外，还有一些其他的创新性解决问题的工具或思考模式。创新性地解决企业的问题，不仅需要恰当的工具，更重要的是需要创新文化的支撑，企业没有创新的文化氛围，创新性的工具不可能得到有效应用。如最简单的工具——头脑风暴法，如果一个企业的员工在思考问题时瞻前顾后，害怕得罪其他部门的领导或同事，那就不可能产生创新性的思想。实施六西格玛管理本身就是帮助企业建立一种管理和技术创新的文化。当然，创新本身是一个很复杂的过程，也不可能一帆风顺，企业高层领导也应该能够容忍失败、承担风险。

5.1.2 常用的精益改进工具

1. 可视化

可视化又称目视管理，是通过视觉导致人的意识变化的一种管理方法。它是利用形象直观、色彩适宜的各种视觉感知信息来组织现场生产活动，达到提高劳动生产率的一种管理方式。它是以视觉信号为基本手段，以公开化为基本原则，尽可能地将管理者的要求和意图让大家都看得见，借以推动自主管理、自我控制。可视化管理是一种以公开化和视觉现实为特征的管理方式，也可称之为“用眼睛管理”“目视管理”。

传统的管理中，管理人员通常通过口头或文件形式安排生产发布指令。在现场，员工难以很清楚地了解他们应该做什么、怎么做和当前的质量等问题，而目视管理正是顺应了这种需求，它利用表格、图形、信息板等形式生动地向工人传达各种信息。

目视管理的内容与形式：

（1）生产任务、工作任务和完成情况要公开化和图表化。公开化就是将生产、工作任务、计划指标、完成情况均按车间、班组、个人落实，并列表公布在墙上，并用作图法，使大家都能形象地看出各个指标完成中的问题和发展趋势，以便都能按期、按质、按量地完成各自的任务。

（2）与现场、办公室密切相关的规章制度和工作标准、时间标准要公之于众。与岗位工人直接相关的部分应分别展示在岗位上并始终保持完整、齐全、正确。

（3）以清晰、标准化的视觉显示信息落实定置管理。采用标准化、清晰的信息显示符号，将各种区域、通道、物品的摆放位置鲜明地标识出，机器设备和各种辅助设备器具均应有标准颜色，不得任意涂改。

（4）要采用与现场工作状况相适应的信息传导信号。为能及时地控制生产作业，生产环节和工种之间也要设立方便实用的信息传导信号，以便尽量减少工时损失，提高生产的连续性。在各质量管理点，要有质量控制图，清楚地显示质量波动信息，车间要公布不良品的统计情况，出现的废品要展示。

（5）现场、办公室的各种物品的码放和运送要标准化。在现场，各种物品要按标准化运送及码放，以达到过目知数。

（6）统一规定现场人员着装，实行挂牌制度。

（7）现场、办公室的各种色彩运用要实现标准化，有利于人的身心健康，现场的色彩也要标准化。

目视管理的基本要求：

- 统一：目视管理要实现标准化。
- 简明：各种显示信号应易看懂，一目了然，简单明确。
- 醒目：各种视觉显示信号要清晰、位置适宜。
- 实用：少花钱、多办事、讲求实效。
- 严格：严格遵守和执行各种规定。

总之，目视管理是一种有效的管理方法，形象直观，有利于信息交流、识别异常情况、提高工作效率，也有利于现场人员互相监督，发挥激励作用，产生良好的生理和心理效应。

2. 定置管理

定置管理是研究生产现场人、物、场所的结合状态，动态地掌握人、物、场所的关系，并从其内在联系上寻找改善和加强现场管理的对策和措施，使物流运行处于受控的状态，使现场生产要素有效地结合，实现人、物、场所在时间上、空间上的优化组合，以最少的时间、最低的成本，生产出用户满意的产品。它以物在场所的科学定置为前提，以完善的信息系统为媒介，以实现人和物的有效结合为目的，通过对生产现场的整理、整顿，把生产中不需要的物品清除掉，把需要的物品放在规定的位置，使之随手可得，促进生产现场文明化、科学化，达到高效、优质、安全的生产效果。

定置管理包括生产厂区的定置、车间定置和库房定置等内容。开展定置管理应按照以下六个步骤进行。

步骤 1：工艺研究。工艺研究是定置管理开展的起点，通过对生产现场的加工方法、机器设备、工艺流程等分析调查以及可行性研究，从而确定生产现场产品制造的工艺路线和搬运路线。

步骤 2：人和物结合的状态分析。人、物结合状态分析，是开展定置管理中最关键的一个环节。定置管理的主体和本质就是人和物的结合。而要在生产中实现人、物、场所三者最佳结合，就必须对人、物结合状态进行分析。

步骤 3：信息流的分析。信息媒介就是人与物、物与场所合理结合过程中起指导、控制和确认等作用的信息载体。由于生产中使用的物品种类不同、数量大，就需要一定的信息来指导找到它们的流向和数量。因此，在定置管理中，完善而准确的信息媒介是很重要的，它影响到人、物、场所的有效结合程度。

步骤 4：定置管理设计。定置管理设计就是对各种场地及物品如何科学、合理定置的统筹安排。定置管理设计主要包括定置图设计和信息媒介物设计。

步骤 5：定置实施。定置实施是理论付诸实践的阶段，也是定置管理工作的重点。其包括以下三个步骤：第一步，清除与生产无关之物；第二，根据定置图实施定置；第三，放置标准信息名牌。

步骤 6：定置检查与考核。定置管理的一条重要原则就是持之以恒。只有建立定置检查与考核制度，才能实现定置管理长期化、制度化和标准化。

定置管理改善了工人的操作条件和环境，有效地防止了劣质产品的产生；同时减少了寻找时间，提高了工作效率，可使生产现场的人流、物流、信息流顺畅，使作业人员“看着顺眼，拿着顺手，干着顺心”，既文明整洁又心情舒畅，从而激发广大员工高昂的劳动热情和生产积极性，以及以厂为家的主人翁责任感。

3. 设备布局优化

设备布局优化是指按照一定的原则，在设备和车间内部空间面积的约束下，对车间内各组成单元、工作地以及生产设备进行合理的布局，使它们之间的生产配合关系最优，物料运送代价最小。设备布局是否合理将直接影响生产能力、生产成本和工作效率。良好的设备布局可以减少生产成本，减少在制品的停留时间，加快产品的生产，节省空间。设备布局就是将各个工作地内的各个设备合理安排，在满足各设备面积和位置限制条件下，使它们组合成一定的空间形式，从而有效地为企业的生产运作服务，以获得更好的效果。常见的布局形式有单行布局、多行布局、U 形布局和环形布局等，其中的约束条件包括：设备不可重叠、设备不可超出工作地范围、设备之间必须满足最小间距要求等。

下面我们以丰田汽车的设备布局方式来介绍 U 形布局，它按零件的加工工艺要求，把功能不同的机器设备集中布置在一起组成一个个小的加工单元。这种设备布局方式可以简化物流路线，加快物流速度，减少供需之间不必要的在制品储量，减少运输成本。U 形布局如图 5–1 所示。

U 形单元中，作业员是可以操纵多种不同工作站的多技能作业人员，所以它可以缩减人员成本和使生产线更富有弹性，同时也因为作业人员之间的距离较近，若系统中有问题产生，作业员可以很快地作出反应并相互配合解决问题，进而减少损失。如图 5–1 所示，U 形单元物料的投入和产出是同一作业员控制，可以有效地控制 U 形单元的生产节拍和中间在制品的数量，实现标准化作业。

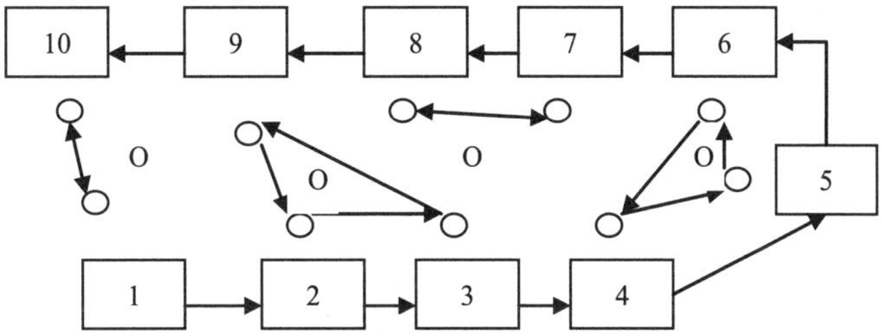

注：其中 O 为作业员。

图 5–1　U 形生产单元

4. 快速换型（SMED）

快速换型（Single Minute Exchange of Die，SMED）也称单分钟换模，是指通过应用工业工程的方法，将模具（现在也包括各种生产线上的工装夹具等）的更换时间、开机设置时间、生产启动时间等减少到很短的时间以内（单分钟）的一种过程改进方法。研究显示，换型时间是影响生产效率的一个重要因素。当前是基于多品种小批量、短交付期的生产竞争，在这种形势下，缩短换型时间，无疑是提高企业生产率和竞争力的一种有效措施。

快速换型的要领就是把设备换型调整的所有作业划分为两大部分，即外部换型调整作业和内部换型调整作业。所谓外部换型调整作业就是指那些能够在设备运转之时进行的设备调整作业；所谓内部换型调整作业是指那些必须或者只能在设备停止运转时才能进行的换型调整作业。为了缩短换型调整时间，操作人员必须在设备运行中完成所有的外部换型调整作业，一旦设备停下来，就要集中全力于内部换型调整作业。最重要的一点就是尽可能地把内部换型调整作业转化为外部换型调整作业，并缩短两者的转换时间，以保证迅速完成换型调整作业。

为了缩短作业转换时间，重要的是在前一型号产品生产设备运行当中就把后一型号生产所必需的夹具、工具、模具和材料准备好，一旦设备停止下来，马上安装上模具。设备一开始运转，就把拆下来的模具和夹具移走。作业人员在设备停止运转时，必须集中全力进行内部换型调整作业。

实现快速换型的方法主要有以下几种：

- 将外部作业转换标准化；
- 使用快速紧固件；
- 使用辅助工具；
- 推行并行作业；
- 利用机械的自动换型方式。

实现快速换型可以缩短生产线生产不同产品时的转换时间，确保在尽可能短的时间内换型成功并生产出合格产品，可使生产者减少生产批量和降低库存水平而不影响正常的生产作业。快速换型的成功可以带来如下有益的变化：

- 降低库存数量，节约库存空间；
- 减少不合格品；
- 缩短生产周期，减少生产批量，增加顾客的满意度；
- 提高生产线安全和卫生水平，增加作业人员的责任心；
- 使精益生产的思想落到实处；
- 增加生产系统的柔性。

5. “5W1H”提问技术和“ECRS”原则

在分析阶段，我们通常运用精益思维对过程进行方法研究和时间研究。方法研究是对现有的作业方法进行系统的记录、分解和分析，明确每一项活动或作业的价值，消除非增值作业活动或对现有作业进行优化。方法研究一般包括程序分析、操作分析和动作分析等。程序分析又包括生产流程分析、加工路线分析、物料搬运分析和管理业务流程分析。操作分析包括操作作业分析、人机作业分析等；动作分析包括动作影片分析、动素分析等。时间研究的目的是为了确定一项活动所需标准时间。时间研究的方法包括秒表法、预定时间制（Predetermined Time System，PTS）。在改进阶段，“5W1H”提问技术和“ECRS”原则是常用的改进技术，通过这些方法可以减少物料、资金、时间、能源的浪费，从而降低成本；可以减轻劳动强度，充分发挥工人的潜在能力，提高劳动生产效率；可以缩短零件加工周期，从而有利于提高企业效益和建立新的方法。

“5W1H”（When，What，Where，Who，Why，How）提问技术主要用于对已经记录的事实和材料进行分析提问，以便提出新的方法。为了得到更多的信息，需按以下步骤进行提问：完成了什么？何时做？何处做？由谁做？如何做？为什么要这样做？是否必要？为什么要此时做？有无其他更合适的时间？为什么要在此做？有无其他更合适的地方？为什么要此人做？有无其他更合适的人？为什么要这样做？有无其他更合适的方法？“5W1H”又被称为6W技术，这是因为相应的每一提问都有W字母。这种系统的提问技巧有利于得到更多的信息、了解现行的情况，提出建设性的方法。

在建立新的方法时要灵活应用“ECRS”原则，“ECRS”原则即取消（Eliminate）、合并（Combine）、重排（Rearrange）、简化（Simplify）。

● 取消。在经过“完成了什么”“是否必要”及“为什么”等问题的提问后，而不能有满意答复者皆非必要，即予取消。取消为改善的最佳模式，如取消不必要的工序、操作、动作，这是不需要投资的一种改进，是改进的最佳原则。

● 合并。对于有必要而无法取消的活动或作业，看是否能合并，以达到省时简化的目的。如合并一些工序和动作，或将由多人于不同地点从事的不同操作，改为由一人或者一台设备完成。

● 重排。经过取消合并后，可根据“何人、何处、何时”三提问进行重排，使其能有最佳的顺序、除去重复、办事有序。

● 简化。在经过取消、合并、重排之后，再对该项工作进行深入的分析研究，使方法和动作尽量简化，使新的工作方法效率更高，成本最低。

5.2 改进方案评估

改进方案产生后，需要对其优劣进行评价。一般将从改进方案的效果、可行性、成本投入、周期等方面，评价改进方案的优势与劣势。在许多六西格玛项目实践中，团队会产生多个改进方案，一般应从项目综合优势上，选择出一个最好的方案加以验证实施。

当然，对改进方案的评价，不仅要从技术方法上评价，还应该考虑到这些方法的被接受程度，即它们将对使用这些方法的人员（包括操作人员、管理人员等）造成什么影响，他们是否愿意接受这样的改进等。有时，需要退一步而求其次。因为，没有好的接受程度，就不会有好的改进效果。有时，团队选用的方案，不一定是技术上最佳的，而是最容易被大家接受的。

5.2.1 风险评估

改进方案产生之后，需要对其优劣进行评价。评价方案时要考虑改进方案实施的难易程度、方案的成本、接受的程度、方案所需时间、方案所带来的影响等因素。评价方案主要从以下几个方面来进行：

● 方案的经济性，包括分析实施方案预计所需资源、时间，方案预计收益等；

● 方案的可接受性，包括方案被利益相关方所接受的程度；

● 方案的风险分析，包括方案实施后对利益相关方所带来的影响，尤其是方案实施不成功所带来的风险，是否存在弥补方案以及可能的后果等。

下面我们将着重讲述一些常用的评价方法。

1. 鱼骨图的变形

鱼骨图是利用头脑风暴，集思广益来寻找影响问题的潜在原因，然后用图形的形式表示的一种有用的方法。借助鱼骨图可以将影响质量的各种原因反映到一张树状图中，它旨在寻找问题的根本原因。在鱼骨图中，问题填在图右侧的方框中，也就是我们通常所说的“鱼头”的位置。将造成问题产生的原因填写在各个主分类线周围，它们构成“鱼刺”。而鱼骨图的变形是系统地思考由于一种新的方案可能造成影响的一种方法，与鱼骨图相似，它仍然采用团队头脑风暴的方式来实现，所不同的是，它是分析一种方案可能对其他因素造成的影响。在鱼骨图的变形中，方案填在图左侧的方框中，也就是我们通常所说的“鱼头”的位置，方案造成的影响填写在各个主分类线周围，它们构成“鱼刺”。

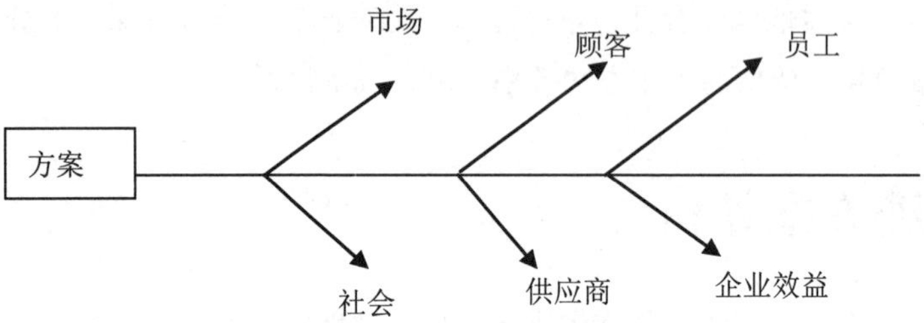

图 5–2　鱼骨图的变形

例如某企业为了提高产品的质量，打算引进一台高水平的质检机器，而我们用鱼骨图的变形对此方案进行分析，如图 5–2 所示，就是要分析实施此方案将会对市场、顾客、供应商、员工、社会和企业效益等造成的影响，譬如实施此方案将造成企业效益的增加，市场份额增加，员工减少等。通过鱼骨图的变形的分析，有利于我们选择最佳的方案。

2. 力场分析

力场分析是 20 世纪 90 年代源于美国管理科学的“软”技术，是美国社会心理学家库尔特·勒温（Kurt Lewin）创造的一种企业管理分析方法，是他所提出的组织变革理念的一部分，它能够用于察看各种关系以及影响其变化的因素。一个组织中各种事物的当前状态被看成是一种平衡状态，维持这种状态的是两个相反方向的作用力：驱动力和反驱动力。一项变革不可能在阻力大于动力时发生。增加动力无疑会促进变革的产生，而减少阻力则有可能取得更好的效果。力场分析图是建立在这些作用力与反作用力基础上的一个图表分析模型。力场分析图适用于各个不同层次的变革力量分析，如个人、项目、组织、网络等，能够帮助识别出促进或阻碍变革的各项力量。通常，拟定的变革计划总是位于力场图的最上方（如图 5–3 所示）。此图分两栏，各驱动力位于左栏，反驱动力则位于右栏。各力量作用方向均指向中间栏线。其中，箭头较长则意味着作用力也较强。

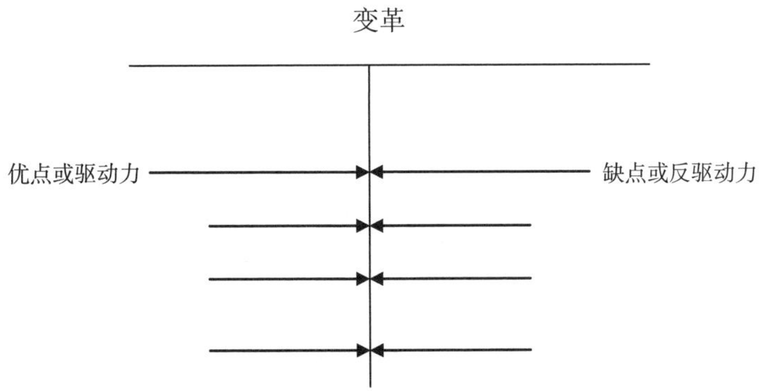

图 5–3 力场分析

而改进阶段的力场分析则是针对改进方案的，优点或驱动力为方案实施后产生的益处，缺点或反驱动力则是方案实施后产生的不良后果。为了使分析简单明了，下面举例说明，某工厂为提高质量水平，打算引进设备，我们通过力场分析来对此方案进行评价。我们列出了实施此方案的正面作用和负面作用，如图 5–4 所示。

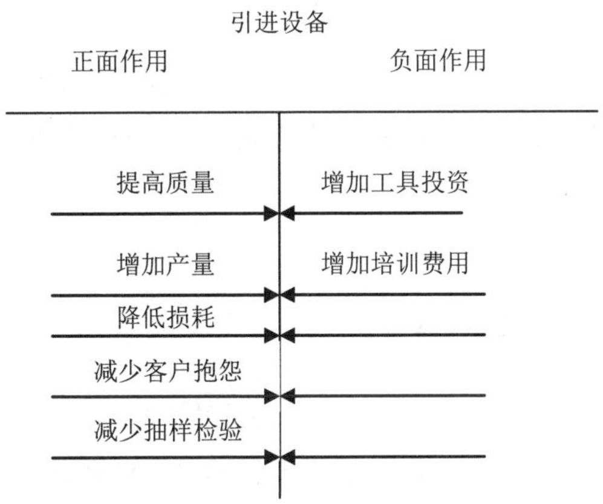

图 5–4 A 工厂引进设备的力场分析

接着对正面作用和负面作用的所有力量进行分析，分析它们是否真实有效，它们能否被改变，它们中的哪一些是最为关键的，并对力量的强度进行分析。通过力量分析，判断方案的可行性以及对其实施过程进行判别分析。通过力场分析，来评价各种方案的经济性、可接受性和风险。

5.2.2 成本效益分析

成本效益分析是通过比较项目的全部成本和收益来评估项目价值的一种方法。需评价方案的全部成本，包括分析实施方案预计所需资源、时间等。评价方案的效益时主要从以下两方面考虑：

1. 增加收益

● 开发新的、特有的产品和服务，或改进现有的产品和服务，并缩短进入市场的时间。

● 开拓现有产品或服务的市场，提高满意度和忠诚度，赢得信誉，增加市场份额。

2. 降低成本

● 降低符合性成本：重新设计以获得更高的过程能力，提高现行过程能力和提高技能等。

● 降低非符合性成本：减少浪费、减少废品和返工返修，减少停工损失、降低超支，减少污染和顾客退货等。

任何改进方案均需要验证其有效性，才能最终被确认为团队将采取的方案。而其有效性必须通过量化结果加以证明。这些量化结果包括：通过对样本的测量和统计分析得到的改进方案实施效果的数据以及作出推断的置信程度；改进后缺陷率降低的情况或者改进后过程能力的评估数据等。

产生的最佳的解决方案，需要实施，而在实施时要考虑如何实施以及由谁实施、实施进度、全面推广还是局部实验、纠正措施等问题，以便能够使方案有效实施，并产生好的结果。

5.3 控制工具及文件化

作为六西格玛项目实施的最后一个阶段，控制阶段十分关键，它是项目团队维持项目改进取得成果的重要步骤。控制阶段的主要目的是避免回到旧的习惯和程序，对人们的工作方式形成长期影响并得以保持。

为了保持项目改进的成果，需要将改进阶段对流程的修改或新的流程作业指导书以标准化形式纳入受控的文件体系内，建立过程控制系统。控制关键的质量特性，记录每个控制计划，并将修订过程移交给过程负责人。控制阶段的实施要点包括：

● 建立监视过程，明确已取得的改进；

● 确定关键控制点、控制参数和控制方法；

● 制订应变方案；

● 形成新的程序文件或作业标准。

5.3.1 控制计划

控制的目的在于保持项目所取得的成效，进一步实现持续改进。在控制阶段有三要素：

（1）过程改进成果的文件化；

（2）建立过程控制计划；

（3）持续的过程测量和控制。

1. 过程改进成果的文件化

通过过程改进，组织已经取得一定的成效，这时就应当将改进成果维持下去。那么，必须使得已经改进的过程详细记录在册，并形成操作规范及固定程序，将所有新措施文件化。控制阶段的主要输出应该包括：过程控制体系、程序文件、作业标准、数据记录、控制图和失控行动方案。以下是在改进过程文件化中应当注意的问题：

（1）保持文件的简单化。用通俗易懂的表达方式将过程要求进行阐述，运用过程图、程序文件、图表、照片、录像带等形象化辅助工具。

（2）应急方案的制订。对于过程中潜在的问题要进行预警，并制订相应应急方案。

（3）集思广益，对复杂过程要适时进行修订。复杂过程的操作规程不宜马上全部确定，可以召集过程负责人、技术人员、操作人员一起讨论，反复论证，直到文件细化到可以准确顺利执行，并做到适时更新修订。

2. 建立过程控制计划

在实际中，要对过程实施有效的监督和控制，需要建立过程控制计划。一个良好的过程控制计划一般包括以下内容：

（1）正确的过程图。过程负责人需要掌握过程中各个行动和决策的每个细节，正确、详细的过程图必不可少。

（2）制订明确的过程应变计划。在过程应变计划中应当清楚标明在过程中的哪些地方可以准确测量过程输入、过程操作和过程输出的关键数据。当有质量问题出现时，过程负责人会根据过程应变计划作出反应。

（3）应急预案。过程一旦发出了行动警报，应急预案或补救计划就显得十分重要，员工们事先已经了解这些紧急操作步骤，可以毫不犹豫、有条不紊地圆满完成相关任务。

（4）针对持续改进的计划。除了跟踪过程中问题的发生，过程应变计划也为六西格玛团队彻底检查过程的薄弱环节提供了基础。一旦建立起来足够的过程应变计划，在实践中又积累了足够的经验，可以进一步发现改进机会，这就有了广泛的项目资源，未来的六西格玛团队可以针对这些项目进行改进。

3. 实施持续的过程测量和控制

在实施六西格玛项目过程中，项目组通过测量来定义问题、统计缺陷、分析变化的原因，并测量改进是否成功。在控制阶段，项目组仍然要努力关注测量，必须重新明确找出需要进行测量的关键点，关键点既包括对响应变量的测量，也包括对生产条件中关键输入变量的测量。

5.3.2 控制图

在完成绩效改进后，六西格玛团队仍然需要关注过程各方面指标的监控。关注及测量的对象不但包括过程输出的响应变量，而且包括过程中输入的关键因子，这些关键指标的监控将使过程得到有效控制。统计过程控制（statistical process control,SPC）应用统计技术对过程中的各个阶段进行评估和监控，建立并保持过程处于可接受且稳定的水平，是一种保证产品与服务符合规定要求的有效的技术。

统计过程控制中运用了大量的统计技术与方法来对过程的各个阶段进行监控，其中，统计技术泛指任何可以应用的数理统计方法，以控制图理论为主。统计过程控制理论不仅适用加工过程，而且适用于各种设计过程、管理过程、生产过程、服务过程等。休哈特控制图亦称常规控制图，这里将对常规控制图的基本概念以及实现过程进行介绍。

1. 过程波动

无论在任何情况下，按一定标准制造的大量同类产品间总是存在着差别，称之为变异。导致产品质量产生变异的因素有很多，可以归纳为 6 个方面：人 (Man)、机 (Machine)、料 (Material)、法 (Method)、环 (Environment)、测 (Measurement)，简称为 5M1E。受 5M1E 的影响，即使是同一个人、同一种材料或同一个机台生产出来的同一种产品，其质量水平也不尽相同。

依照对质量特性影响的不同，导致过程波动的原因又可以归结为两类：

（1）随机原因（common cause）。随机原因又称偶然因素，是一些经常存在的、对过程影响比较微小，但是在任何情况下都不可能避免的。如原材料的化学成分的微小差别、室温的轻微变化、操作者生理和心理的正常变化等，这些变化都没有规律性并且没有办法规避，因此可把它当作噪声因素。

（2）系统原因（special cause）。系统原因又称异常因素，对过程影响较大，比较容易查找其发生的原因，是过程控制的主要对象。如工人不遵循操作要求、机床失灵、操作人员思想不集中等，这类因素一旦出现，应当立即找到原因加以消除，并纳入标准，保证它不再出现。

我们把随机原因引起的过程波动称为正常波动或偶然波动，把由系统原因引起的过程波动称为异常波动。只有偶然因素没有异常因素的状态称为统计控制状态 (state in statistical control)，简称稳态。分析过程的状态并努力保持过程处于统计控制状态的重要工具就是控制图。

2. 控制图的基本格式

控制图的基本格式由两部分组成：

第一部分为标题部分。标题部分的内容主要包括：产品名称、工序编号、质量特性、观察方法、规定界限（或要求）、数据收集时间、抽样间隔、抽样数量、设备编号、观察仪器编号以及车间、操作员、检验员、控制图的名称等。通常将上述内容根据工序控制的具体要求，编成表格的形式（见表 5–1）。

控制图标题：

控制图名称：×××控制图

表 5–1　控制图标题内容

<table>
<tr><td>产品名称</td><td></td><td colspan="2">工序编号</td><td></td><td>收集数据时间</td><td></td></tr>
<tr><td>质量特性</td><td></td><td colspan="2">车间</td><td></td><td>设备编号</td><td></td></tr>
<tr><td>观察方法</td><td></td><td colspan="2">给定日产量</td><td></td><td rowspan="3">操作员</td><td></td></tr>
<tr><td rowspan="2">规定界限
（或要求）</td><td rowspan="2"></td><td rowspan="2">抽样</td><td>间隔</td><td rowspan="2"></td><td rowspan="2"></td></tr>
<tr><td>数量</td></tr>
<tr><td>规范编号</td><td></td><td colspan="2">观察仪器编号</td><td></td><td>检验员</td><td></td></tr>
<tr><td colspan="4">生产过程质量要求</td><td colspan="3"></td></tr>
</table>

第二部分为控制图部分。常规控制图一般包括两条控制线和一条中心线。将按时间顺序抽样所得特性值，根据控制图的统计量进行计算所得的结果，在控制图上依序描点，如图 5–5 所示。横坐标表示按时间顺序所得到的样本编号；纵坐标表示待控制质量特性值的统计量；中心线一般用实线表示，记为 *CL*（Control Limit），上、下两条控制线用虚线表示，分别记为上控制界限 *UCL*（Upper Control Limit）和下控制界限 *LCL*（Lower Control Limit）。

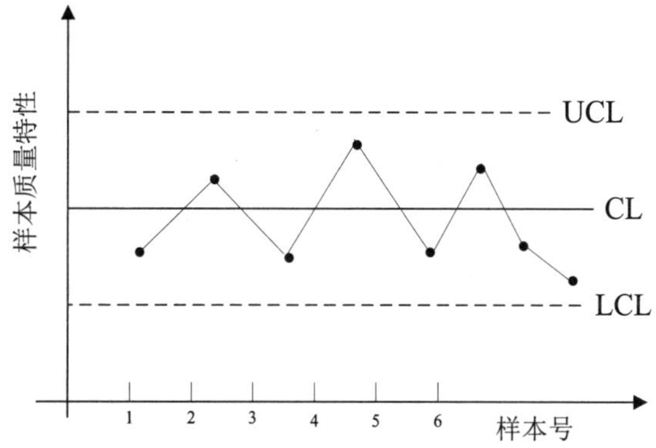

注：纵轴改为“样本统计量数值”。

图 5–5　控制图示例

3. 控制图的统计原理

任何过程生产出来的产品，其质量特性值总会存在一定程度的波动。若过程仅受到随机因素的影响，则质量特性值一般服从正态分布，设 $X \sim N(\mu, \sigma^2)$。正态分布的一个重要结论在质量控制中的应用即：无论均值 μ 和标准差 σ 取何值，产品质量特性值落在 $\mu \pm 3\sigma$ 之间的概率为 99.73%，参见图 5–6。如果生产过程只受随机因素的影响，该过程的产品的质量特性值应当有 99.73% 的概率落入该范围内，即：

$$P\{\mu - 3\sigma < X < \mu + 3\sigma\} = 99.73\%$$

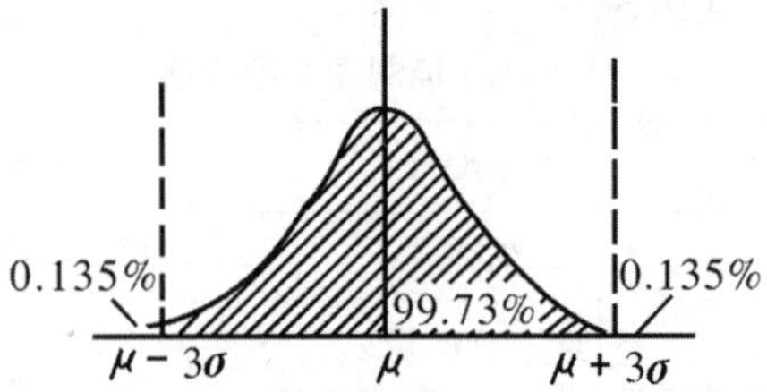

图 5–6　质量特性正态分布图与 3σ 准则

将图 5–6 按顺时针方向转 90°，再将其上下翻转，形成图 5–7，即一张单值控制图。其中，UCL = μ +3σ 为上控制界限，CL = μ 为中心线，LCL = μ – 3σ 为下控制界限。

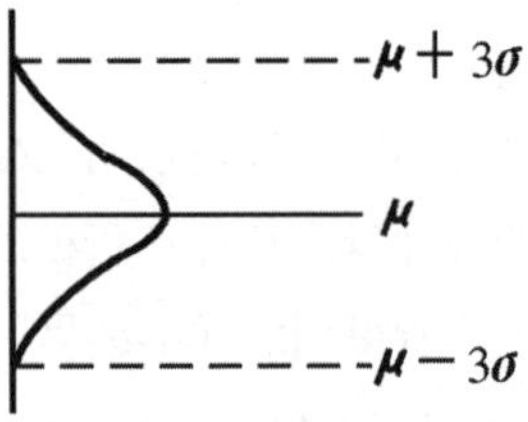

图 5–7　单值控制图示例

由 3σ 准则可知，当质量特性 X 服从正态分布 $N(\mu,\sigma^2)$ 时，X 落在 $\mu \pm 3\sigma$ 控制界限之外的概率为 100% – 99.73%=0.27%，而超过一侧，即大于 $\mu + 3\sigma$ 或小于 $\mu - 3\sigma$ 的概率为 $^{0.27\%}/_{2}$ =0.135% ≈ 1‰。休哈特建议用界限 $\mu \pm 3\sigma$ 作为控制界限来控制过程，即假设检验中“小概率事件实际不可能发生”原理来对过程进行控制。正常情况下，X 一般不应该超出控制界限，一旦有界限之外的数据点出现，就可判为异常点，即认为它们是由特殊因素造成的过程变异使得 X 的分布发生了偏离。

注意：控制界限与顾客需求或产品 / 服务的规范限是无关的。不能主观地认定只要过程数据均保持在控制界限内就达到了顾客的需求。控制界限是用于区分过程中偶然波动与异常波动的科学界限，是通过过程数据计算来的，不能反映出顾客的需求或产品服务的规格规范要求。例如，某蛋糕店利用控制图来监控蛋糕的制作时间，整个过程中都没有发出异常信号，控制图监控显示蛋糕制作过程受控。然而，承诺顾客 2 小时取蛋糕，而实际平均蛋糕制作时间为 2 小时 25 分钟，过程虽然受控但显然未能达到顾客的要求。利用过程能力分析可发现，该蛋糕制作过程的过程能力不足。因此，如何提高过程能力，将蛋糕制作时间稳定地控制在 2 小时以内，达到顾客的需求正是六西格玛团队进行质量改进的一项目标。

4. 控制图的设计思想

控制图对生产过程进行监控时采取抽样的方式，这种方式虽然十分经济但同时存在风险。在控制图应用过程中会导致发生两种错误：

（1）虚发警报的错误，也称第Ⅰ类错误。在生产正常的情况下，纯粹由于偶然因素而导致点子出界的概率虽然很小，但不是绝对不可能发生的。因此，在生产正常的场合下，根据点子出界而判断生产异常就犯了虚发警报的错误即第Ⅰ类错误，发生这种情况的概率通常记为 α，也称弃真概率，参见图 5–8。虚发警报的错误将引起寻找并不存在异因的损失。

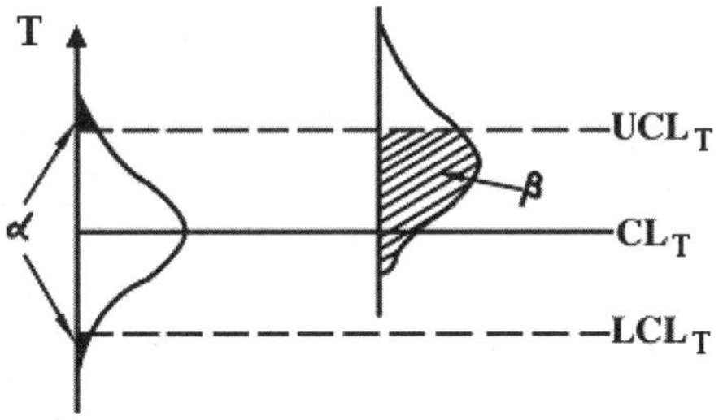

图 5–8　两类错误及其发生的概率示意图

（2）漏发警报的错误，也称第Ⅱ类错误。在生产异常的情况下，产品质量的分布偏离了典型分布，但总有一部分产品的质量特性值在上、下控制界之内。如果取样到这些产品进行检测并在控制图中描点，这时由于点子未出界而判断生产正常就犯了漏发警报的错误即第Ⅱ类错误，发生这种情况的概率通常记为 β，也称存伪概率，参见图 5–8。漏发警报将引起废、次品增加的损失。

一般，控制图的控制界限为：

$$UCL_T = \mu_T + 3\sigma_T$$

$$CL_T = \mu_T$$

$$LCL_T = \mu_T - 3\sigma_T$$

式中，μ_T、σ_T 为统计量的总体参数，下标 T 泛指某统计计量。可见，常规控制图的设计思想是先定 α，再看 β。休哈特为增强使用者的信心，把常规控制图的虚发警报概率 α 取得特别小，仅为 α=0.27%。

5. 控制图的判异准则

常规控制图的设计思想是先确定第Ⅰ类错误的概率 α，然后再根据第Ⅱ类错误的概率 β 的大小来考虑是否采取必要的措施。休哈特将 α 取到 2.7‰≈ 3‰。这样，对于“点子出界就判异”这条判异准则来讲，意味着：当过程处于统计控制状态时，大约 1000 个点子中仅有不到 3 个点子会超出控制界限，虽不百发百中，也是千发九九七中了。但 α 小，β 就大。为减少第Ⅱ类错误，将中心线与控制限之间等分为 A、B、C 三个区，进而将点子排列不随机的若干种情况进行提炼，形成了控制图判异的八种模式，如图 5–9 所示。

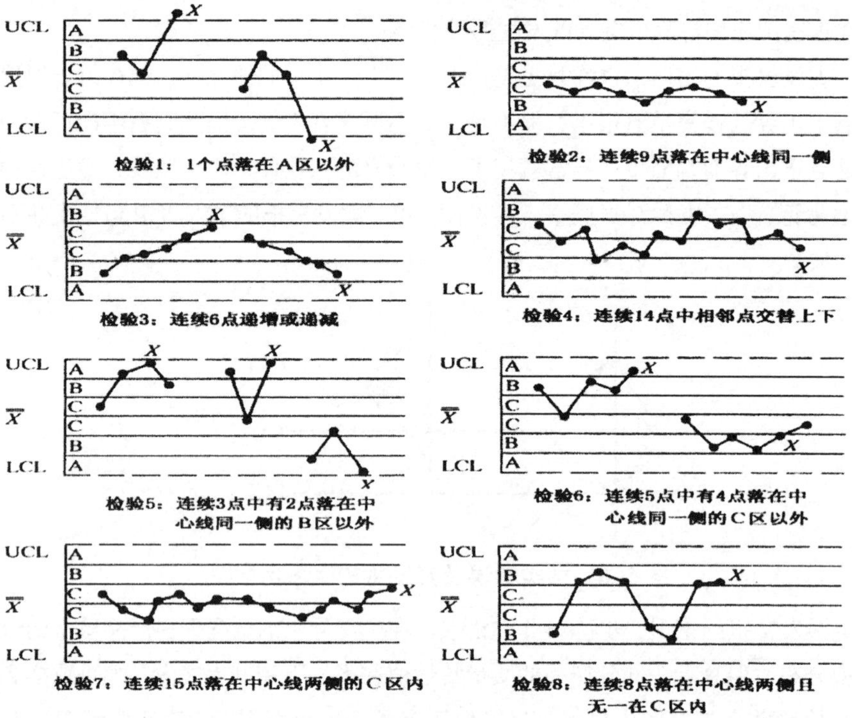

图 5–9　过程异常的八种模式

资料来源：国家标准 GB/T 4091：2001《常规控制图》。

6. 控制图的分类

（1）基于数据类型的分类

常规控制图可以分为计量型控制图和计数型控制图两大类，计量型控制图一般适用于控制对象为计量值的场合，计数型控制图是以计数值数据的质量特性值作为控制对象这类控制图，又可以分为计件控制图和计点控制图，详见表 5–2。控制图的选择如图 5–10 所示，由于计算器与计算机的广泛使用，当年为简化手工计算而设计的中位数 – 极差控制图已基本不再使用。关于具体的控制图应用，参见随后提供的以 $\overline{X}-R$ 控制图为例的计量型控制图应用分析和计数型控制图应用分析。

表 5–2　常规控制图的种类

类型	分布	控制图种类	简记	适用数据
计量型	正态分布	均值　极差控制图	$\overline{X}-R$	当子组所包含的数据量（即子组大小）大于 1 时的连续数据
		均值 – 标准差控制图	$\overline{X}-S$	
		中位数 – 极差控制图	$\tilde{X}-R$	
		单值 – 移动极差控制图	$X-R_S$	当子组大小等于 1 时的连续数据
计数型	二项分布	不合格品率控制图	p	计件离散数据，例如：不合格品数、销售中的流失数等
		不合格品数控制图	np	
	泊松分布	单位不合格数控制图（旧称：单位缺陷数控制图）	u	计点离散数据，例如：缺陷点数、瑕疵数、数目较小错误数等
		不合格数控制图（旧称：缺陷数控制图）	c	

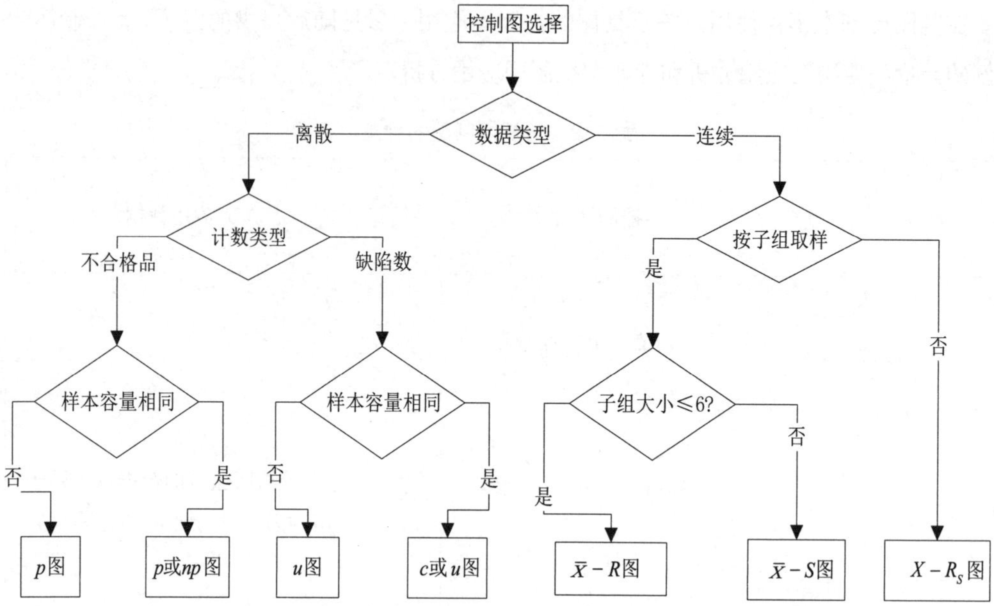

图 5–10　常规控制图的选择

（2）基于应用目的的分类

根据控制图的用途和应用场合不同，控制图可以分为分析用控制图和控制用控制图，详见表 5–3。分析用控制图是可用于过程试运行阶段、生产过程控制之初、过程存在异常波动、过程统计控制阶段未知等情况下，收集多组数据，绘制分析用控制图（其控制界限的设计如表 5–4 所示），目的在于判断过程是否存在异常因素，调整过程，使得过程处于统计控制状态，同时使得过程能力指数 C_p 或 C_{pk} 达到顾客要求。不同行业、不同企业对 C_p 或 C_{pk} 的要求是不一样的，例如有的行业要求 $C_{pk} \geqslant 1.33$。控制用控制图则是当过程稳定且能满足技术要求时，将分析用控制图的控制界限作为控制标准，延长控制限作为控制用的控制图，对过程进行日常控制，及时预警，以保持过程处于统计控制状态。

表 5–3　分析用控制图和控制用控制图的主要区别

差异点	分析用控制图	控制用控制图
过程的统计控制状态	未知	已知
作图需要的子组数	每次 20 组到 25 组	每次一组
控制图的界限	需计算	延长前控制限
使用目的	了解过程	控制过程
使用人员	工艺、质管	现场操作和管理人员

表 5–4 分析用控制图的控制界限

类型	控制图	控制界限
计量型	均值 – 极差控制图（$\bar{X}-R$）	$UCL_{\bar{X}}=\bar{\bar{X}}+A_2\bar{R}$ $CL_{\bar{X}}=\bar{\bar{X}}$ $LCL_{\bar{X}}=\bar{\bar{X}}-A_2\bar{R}$ $UCL_R=D_4\bar{R}$ $CL_R=\bar{R}$ $LCL_R=D_3\bar{R}$
	均值 – 标准差控制图（$\bar{X}-s$）	$UCL_{\bar{X}}=\bar{\bar{X}}+A_3\bar{s}$ $CL_{\bar{X}}=\bar{\bar{X}}$ $LCL_{\bar{X}}=\bar{\bar{X}}-A_3\bar{s}$ $UCL_s=B_4\bar{s}$ $CL_s=\bar{s}$ $LCL_s=B_3\bar{s}$
	中位数 – 极差控制图（$\tilde{X}-R$）	$UCL_{\tilde{X}}=\bar{\tilde{X}}+m_3A_2\bar{R}$ $CL_{\tilde{X}}=\bar{\tilde{X}}$ $LCL_{\tilde{X}}=\bar{\tilde{X}}-m_3A_2\bar{R}$ $UCL_R=D_4\bar{R}$ $CL_R=\bar{R}$ $LCL_R=D_3\bar{R}$
	单值 – 移动极差控制图（$X-R_s$）	$UCL_X=\bar{X}+2.66\bar{R}_s$ $CL_X=\bar{X}$ $LCL_X=\bar{X}-2.66\bar{R}_s$ $UCL_{R_s}=3.267\bar{R}_s$ $CL_{R_s}=\bar{R}_s$ $LCL_{R_s}=-$

（续表）

类型	控制图	控制界限
计数型	不合格品率控制图 （p 图）	$\mathrm{UCL}_p=\bar{p}+3\sqrt{\bar{p}(1-\bar{p})/n}$ $\mathrm{CL}_p=\bar{p}$ $\mathrm{LCL}_p=\bar{p}-3\sqrt{\bar{p}(1-\bar{p})/n}$
	不合格品数控制图 （np 图）	$\mathrm{UCL}_{np}=\bar{p}n+3\sqrt{\bar{p}n(1-\bar{p})}$ $\mathrm{CL}_{np}=\bar{p}n$ $\mathrm{LCL}_{np}=\bar{p}n-3\sqrt{\bar{p}n(1-\bar{p})}$
	单位不合格数控制图 （旧称：单位缺陷数控制图） （u 图）	$\mathrm{UCL}_u=\bar{u}+3\sqrt{\bar{u}/n}$ $\mathrm{CL}_u=\bar{u}$ $\mathrm{LCL}_u=\bar{u}-3\sqrt{\bar{u}/n}$
	不合格数控制图 （旧称：缺陷数控制图） （c 图）	$\mathrm{UCL}_c=\bar{c}+3\sqrt{\bar{c}}$ $\mathrm{CL}_c=\bar{c}$ $\mathrm{LCL}_c=\bar{c}-3\sqrt{\bar{c}}$

注：下控制界限公式中的“—”表示以 0 为自然下界。计量型控制图计算控制限的参数参见附表 9。

判断过程是否处于统计控制状态，显然要利用过程异常的八种模式（如图 5–9 所示）。需要注意的是，国家标准 GB/T 4091–2001《常规控制图》明确指出：判断异常波动的八种模式适用于 $\overline{X}$ 图和单值（X）图，因为假定质量特性 X 的观测值服从正态分布。对于极差控制图和标准差控制图，因为存在极差和标准差的近似正态性假设，所以，可以近似使用；对于不合格品率 p 控制图、不合格品数 np 控制图、单位不合格数 u 控制图以及不合格数 c 控制图，同样存在着近似正态的假设，可以近似使用八种模式，以判断过程是否出现异常波动、是否处于统计控制状态。

8. 计量型控制图

这里以具有代表性、应用广泛且便于手工绘制的均值—极差控制图（$\overline{X}-R$ 图）为例，对计量控制图的具体实现过程与实际应用进行介绍。

（1）$\overline{X}-R$ 控制图的制作步骤

①收集数据，合理分组。

以子组为单元收集数据，确定子组大小、子组个数与子组间隔。

子组大小 n：一般以 4 ～ 5 个为宜。

子组个数 m：建议收集 25 组。

子组间隔：没有统一规定，要视情况而定。例如每小时生产 10 个以下产品，子组间隔可定为 8 小时；若每小时产量在 10 ～ 19 个之内，子组间隔可定为 4 小时；若每小时产量在 20 ～ 49 个之内，子组间隔可定为 2 小时；若每小时产量在 50 个以上，子组间隔可定为 1 小时。

按合理子组原则在生产线上抽样及测量，抽样要尽快完成。

合理子组原则是休哈特提出的控制图基础理论之一。在抽取样本时要使得：组内波动仅由偶然原因引起；组间波动主要由异常原因引起。这样得到的样本称为子组。由于子组内无异常波动，故而，便于利用这些子组寻找过程的统计控制状态。同时，可以使用这些子组对过程标准差进行较为精确的估计，且估值一般较小。进而，上下控制限的间隔也不大，从而使得对异常波动的检出较为灵敏。

为了实现合理子组原则，一个较为简单的方法就是在短时间内抽取一个子组所需的全部个体，或者对连续生产产品进行“块抽样”。抽样间隔时间比较短，以尽可能避免异常因素进入子组，详见图 5–11。

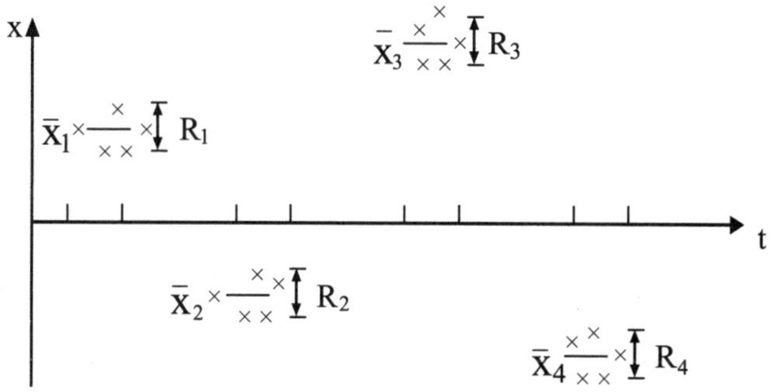

其中：$\overline{x}_i$ 与 Ri 为第 i 个子组的均值与极差。

图 5–11　合理子组原则示意图

②取控制图用纸（见图 5–12），填写表头，记录测量数据。

③计算每个子组的统计量：均值 $\overline{x}_i$ 和极差 R_i (i = 1, 2, ⋯, m)

$$\overline{x}_i = \frac{x_{i1} + x_{i2} + \cdots + x_{in}}{n}$$

$$R_i = x_{i\max} - x_{i\min}$$

④描绘每个子组均值和极差的运行图。

⑤确定并添加均值图（$\overline{X}$ 图）和极差图（R 图）的中心线和上下控制界限。

计算 m 个子组均值的平均值 $\overline{\overline{x}}$，又称过程平均，作为 $\overline{X}$ 图的中心线：

计量型控制图

			零件号	图号
零件名	质量特征值	工序名称	公差	
操作者	设备号	测量仪器	测量单位	零等于
日期				

次数 样本																										
样本	1																									
	2																									
	3																									
	4																									
	5																									
合计																										
均值 $\overline{X}$																										
极差 R																										
操作者																										
		1	2	3	4	5	6	7	8	9	10	11	12	13	14	15	16	17	18	19	20	21	22	23	24	25
$\overline{X}$																										

图 5-12　控制图表的一般格式

$$\overline{\overline{x}} = \frac{\overline{x}_1 + \overline{x}_2 + \cdots + \overline{x}_m}{m}$$

计算 m 个子组极差的平均值 $\overline{R}$，又称平均极差，作为 R 图的中心线：

$$\overline{R} = \frac{R_1 + R_2 + \cdots + R_m}{m}$$

计算 R 图的上、下控制限，得到 R 图的控制限为：

$$UCL_R = \overline{R} + 3\frac{d_3}{d_2}\overline{R} - D_4\overline{R}$$

$$CL_R = \overline{R}$$

$$LCL_R = \overline{R} - 3\frac{d_3}{d_2}\overline{R} = D_3\overline{R}$$

计算 $\overline{X}$ 图的上、下控制限，得到 $\overline{X}$ 图的控制限为：

$$UCL_{\overline{X}} = \overline{\overline{x}} + 3\frac{\overline{R}}{d_2\sqrt{n}} = \overline{\overline{x}} + A_2\overline{R}$$

$$CL_{\overline{X}} = \overline{\overline{x}}$$

$$LCL_{\overline{X}} = \overline{\overline{x}} - 3\frac{\overline{R}}{d_2\sqrt{n}} = \overline{\overline{x}} - A_2\overline{R}$$

其中：A_2, D_3, D_4, d_2, d_3 与样本量 n 有关，查计量型控制图控制限的系数表（详见附表 9）得到。

⑥分析过程的受控状况。

完成对 $\overline{X}$ 图和 R 图的绘制后就应当考察过程是否处于统计控制状态。应当从控制图上判断过程是否存在异常波动，并对每个波动逐个进行分析，寻找原因，及时纠正，纳入标准，以免再现。$\overline{X}$ 图侧重于子组间的波动，并表明过程的稳定性。R 图显示子组内的波动，也反映了所考察过程的波动程度。R 图的失控将会影响到 $\overline{X}$ 图，因为 $\overline{X}$ 图的上、下限依赖于平均极差 $\overline{R}$。所以在对控制图进行分析时，应先分析 R 图，后分析 $\overline{X}$ 图。

（2）应用实例

下面用实例对 $\overline{X}-R$ 控制图的实际应用加以说明。

例 5–1　某乳制品企业生产一种 A 型袋装乳制品，每袋规格装入量为 52 克。企业的管理层正在着手一个统计过程控制的六西格玛项目，决定采用计量控制图 $\overline{X}-R$ 图对 A 型乳制品的生产装入过程进行检测。在 95 分钟内每隔 5 分钟抽取 6 袋乳制品，每 6 袋测量值构成一个子组。20 个样本子组中的袋重量如表 5–5 所示。

手工计算的实现方法如下：

步骤一，计算出每个子组的均值 $\overline{x}$ 和极差 R，见表 5–5。

步骤二，计算得到极差图和均值图的中心线，分别是：

$$CL_R = \overline{R} = \frac{R_1 + R_2 + \cdots + R_m}{m} = \frac{R_1 + R_2 + \cdots + R_{20}}{20} = \frac{4.66}{20} = 0.233$$

$$CL_{\overline{X}} = \overline{\overline{x}} = \frac{\overline{x}_1 + \overline{x}_2 + \cdots + \overline{x}_m}{m} = \frac{\overline{x}_1 + \overline{x}_2 + \cdots + \overline{x}_{20}}{20} = \frac{1039.97}{20} = 51.9985$$

表 5–5　20 个时间段里每次抽查 6 袋的测量结果

观测批次	时间	观测值						样本均值	样本极差
		x_{i1}	x_{i2}	x_{i3}	x_{i4}	x_{i5}	x_{i6}	$\overline{x}_i$	R_i
1	9:00	52.10	51.93	52.02	51.95	52.07	52.09	52.03	0.17
2	9:05	52.05	51.97	51.96	52.01	52.01	51.74	51.96	0.31
3	9:10	52.15	52.01	52.03	51.98	52.05	51.91	52.02	0.24
4	9:15	51.94	52.00	52.12	52.13	51.92	52.13	52.04	0.21
5	9:20	51.98	51.92	52.10	52.08	51.85	51.94	51.98	0.25
6	9:25	51.89	51.83	52.10	52.01	51.96	51.98	51.96	0.27
7	9:30	52.09	51.90	51.96	51.87	51.95	52.13	51.98	0.26
8	9:35	51.97	51.96	52.09	52.07	52.07	52.01	52.03	0.13
9	9:40	52.08	51.90	51.87	51.92	51.96	52.04	51.96	0.21
10	9:45	51.98	52.08	51.95	51.98	52.25	52.12	52.06	0.30
11	9:50	51.98	51.99	51.94	51.87	52.10	52.04	51.99	0.23
12	9:55	51.94	51.97	52.07	52.18	51.90	51.90	51.99	0.28
13	10:00	52.03	51.96	51.99	52.06	52.01	51.91	51.99	0.15
14	10:05	52.10	51.94	51.97	52.14	51.93	52.03	52.02	0.21
15	10:10	52.08	51.93	51.94	52.13	51.79	51.91	51.96	0.34
16	10:15	52.05	51.93	52.15	52.13	51.92	51.84	52.00	0.31
17	10:20	51.85	52.10	52.06	52.03	52.06	52.08	52.03	0.25
18	10:25	51.93	51.96	52.00	51.88	52.02	52.00	51.96	0.14
19	10:30	51.96	51.93	52.10	51.97	52.02	52.04	52.00	0.17
20	10:35	52.00	51.98	51.97	52.12	52.03	51.89	52.00	0.23

在本例中，子组大小 n 为 6，查附表 9 得知：$A_2=0.483$，$D_3=0$，$D_4=2.004$。因此，可以得到极差控制图和均值图的上、下控制界限：

$$UCL_R=\overline{R}+3\frac{d_3}{d_2}\overline{R}=D_4\overline{R}=2.004\times0.233\approx0.4669$$

$$LCL_R=\overline{R}+3\frac{d_3}{d_2}\overline{R}=D_3\overline{R}=0$$

$$UCL_{\overline{X}}=\overline{\overline{x}}+3\frac{\overline{R}}{d_2\sqrt{n}}=\overline{\overline{x}}+A_2\overline{R}=51.9985+0.483\times0.233\approx52.111$$

$$LCL_{\overline{X}}=\overline{\overline{x}}+3\frac{\overline{R}}{d_2\sqrt{n}}=\overline{\overline{x}}-A_2\overline{R}=51.9985-0.483\times0.233\approx51.886$$

步骤三，根据子组数据和以上计算结果可以绘制出所需要的 $\overline{X}-R$ 控制图。

运用计算机软件 MINITAB 绘制 $\overline{X}-R$ 控制图的实现路径如下：

①从“统计 > 控制图 > 子组的变量控制图> Xbar-R 控制图”进入。

②指定选项“子组的观测值位于多列的同一行中”（这是 MINITAB15.1 版本新增功能）。

③在“Xbar-R 选项 > 估计 >‘子组大小 >1’”中选择“Rbar”。

④点击“确定”，运行命令，得到图 5–13。

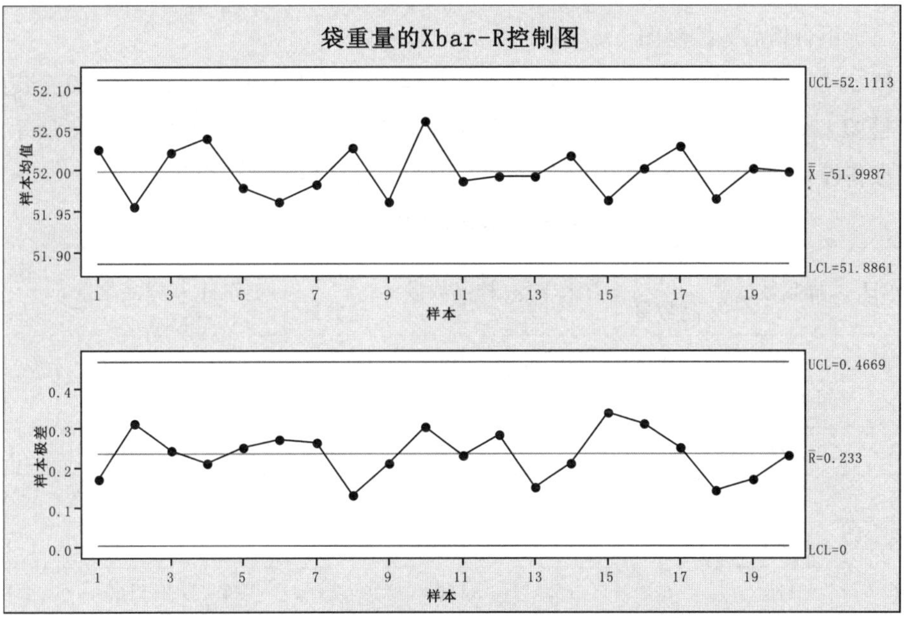

图 5–13　袋重量的 Minitab 的 $\overline{X}-R$ 控制图

根据图 5–13，先观察 R 图，再观察 $\overline{X}$ 图，可发现两个图中所有数据点都未违背任何一条判异准则，均无异常点出现，故而过程没有出现造成异常波动的来源。因此，可以判定 A 型乳制品的生产装入过程处于统计控制状态。如果同时能够证明该过程的过程能力满足预期要求，就可以延长此控制限，形成控制用控制图。

9. 计数控制图

一般对离散型随机变量所作的控制图，称为计数控制图。计数控制图又可以分为计件控制图与计点控制图。计件控制图包括监控不合格品率的 p 控制图和监控不合格品数的 np 控制图。计数控制图适用于产品检验结果只有两类的情形：合格或不合格。从一批稳定状态下生产的大量产品中随机抽取一定量的样品数 n，不合格品数 X 服从于二项分布 $B(n, p)$，当 $np \geqslant 5$ 且 $n(1-p) \geqslant 5$ 时，不合格品数 X 近似于服从正态分布。计点控制图包括监控缺陷数的 c 控制图和监控单位缺陷数的 u 控制图。计点控制图适用于产品质量特性是产品缺陷数的情形，例如：一定面积上的针孔数，一定长度布匹上的疵点数，等等。产品的缺陷数常常服从泊松分布 $P(\lambda)$，当 $\lambda \geqslant 5$时，近似于服从正态分布。根据这四种类型计数控制图的统计基础，计算出相应的控制界限，如表 5–4 所示。控制界限中的$(\bar{p}, \bar{c}, \bar{u})$是根据实测数据估计得到的相应平均值。

计数控制图的制作步骤与计量控制图类似。下面通过 4 个案例，将四类计数控制图的实现方法及 MINITAB 实现路径逐一阐述。

（1）不合格品数控制图（np 图）

例 5–2　某公司在传感器生产线上进行抽检，于每日下班结束时抽取 160 个传感器进行检验。某月的 27 个工作日每天检测的不合格传感器数量的记录如表 5–6 所示。该公司准备设计一个控制图来分析传感器生产中的不合格品数是否稳定。

表 5–6　传感器的抽样结果

工作日	样品数量	不合格品数量	工作日	样品数量	不合格品数量	工作日	样品数量	不合格品数量
1	160	3	10	160	7	19	160	7
2	160	4	11	160	9	20	160	4
3	160	6	12	160	6	21	160	12
4	160	8	13	160	12	22	160	5
5	160	6	14	160	3	23	160	8
6	160	6	15	160	7	24	160	8
7	160	3	16	160	10	25	160	7
8	160	4	17	160	6	26	160	5
9	160	8	18	160	3	27	160	9

由于每次抽检的样本数量都是固定的常数“160”，所以这里可以采用不合格品数控制图（*np* 图）来进行生产的监控。

绘制 *np* 图的软件 MINITAB 实现路径如下：

①从“统计 > 控制图 > 属性控制图 >NP”进入。

②指定“变量”为“不合格品数量”，“子组大小”为“样品数量”。

点击“确定”，运行命令，得到 *np* 控制图（图 5–14）。

由图 5–14 可知，*np* 控制图中无异常出现。因此，可以判定传感器的生产过程处于统计控制状态。

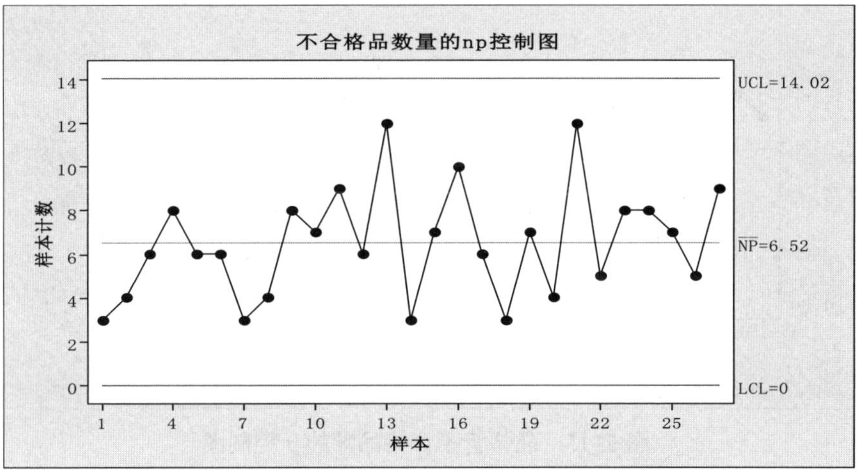

图 5–14　传感器不合格品数量的 *np* 控制图

（2）不合格品率控制图（*p* 图）

例 5–3　某公司在晶体管的生产线上进行抽检，公司在每天结束生产后，在当天产品中随机抽取一个样本，并检查其不合格品数。某月连续抽取 26 个工作日，获得的数据如表 5–7 所示。该公司准备设计一个控制图来分析晶体管生产中的不合格品率是否稳定。

表 5–7　晶体管的抽样结果

样本号	检查数	不合格品数	样本号	检查数	不合格品数	样本号	检查数	不合格品数
1	158	11	10	148	5	19	150	9
2	140	11	11	150	2	20	148	5
3	140	8	12	153	7	21	135	2
4	155	6	13	149	7	22	165	12
5	160	4	14	145	8	23	143	10
6	144	7	15	160	6	24	138	8
7	139	10	16	165	15	25	144	14
8	151	11	17	136	11	26	161	14
9	163	9	18	153	10			

由于每日抽取进行检验的晶体管数量不等，故而采用不合格品率控制图（*p* 图）进行生产的监控。

绘制 *p* 图的软件 MINITAB 实现路径如下：

从“统计＞控制图＞属性控制图＞ P”进入。

指定“变量”为“不合格品数”，“子组大小”为“检查数”。

点击“确定”，运行命令，得到 *P* 控制图（图 5–15）。

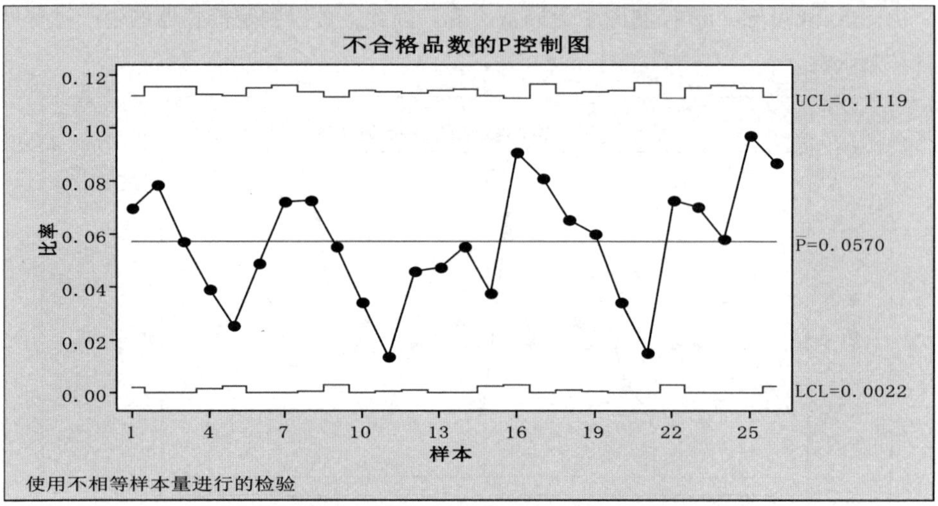

图 5–15　晶体管不合格品数的 *p* 控制图

由于每天抽取的晶体管数量不全相同，*P* 图中的上、下控制限变成了高低起伏的“城墙”。由图 5–15 可知，*P* 控制图中没有异常点，整个过程的不合格品率稳定。因此，可以判定晶体管的整个生产过程处于统计控制状态。

（3）缺陷数控制图（*c* 图）

例 5–4　在给汽车外壳进行喷漆的过程中，如果外壳上存在气泡，则每个气泡都被认为是缺陷。每个班次连续 16 个工作日在每天结束工作前抽取 12 个汽车外壳进行检验，收集的数据记录如表 5–8 所示。试设计一个控制图来分析汽车外壳上的斑点数是否稳定。

表 5–8　外壳的抽样结果

样本号	1	2	3	4	5	6	7	8	9	10	11	12	13	14	15	16
气泡数	26	23	28	18	35	32	35	24	18	28	16	15	22	34	30	28

由于每次抽检的样本数量都是固定的常数“12”，所以这里可以采用 *c* 控制图来对汽车的喷漆过程进行监控。

绘制 *c* 图的软件 MINITAB 实现路径如下：

①从“统计＞控制图＞属性控制图＞C”进入。

②指定“变量”为“气泡数”。

③点击“确定”，运行命令，得到 *c* 控制图（图 5–16）。

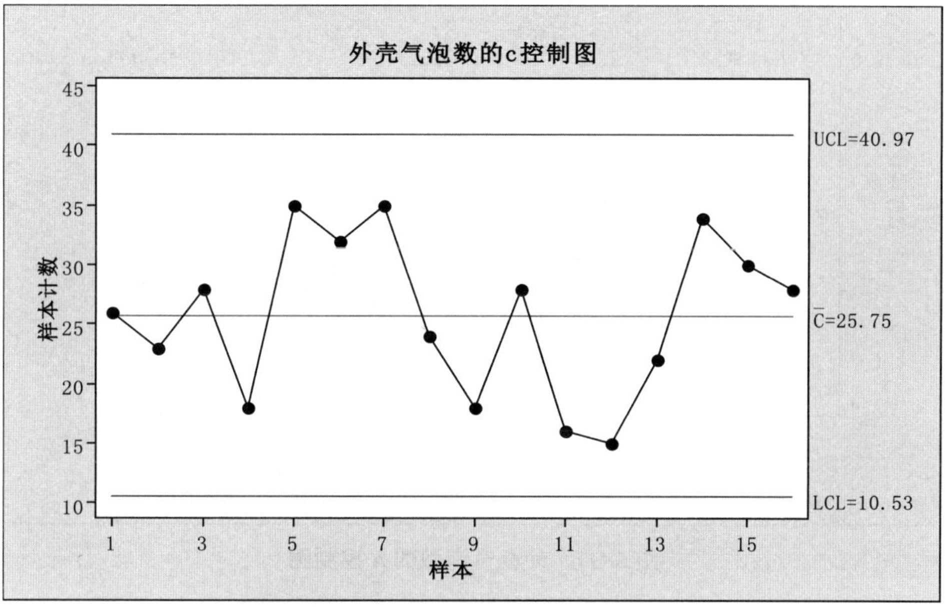

图 5–16 外壳气泡数的 *c* 控制图

由图 5–16 可知，*c* 图没有异常点，整个过程十分稳定。因此，可以判定汽车的喷漆过程处于统计控制状态。

（4）单位缺陷数控制图（*u* 图）

例 5–5 在给汽车外壳进行喷漆的过程中，如果外壳上存在气泡，则每个气泡都被认为是缺陷。每个班次连续 16 个工作日在每天结束工作前抽取一定数量的汽车外壳进行检验，每次抽取进行检查的外壳数不全相同，收集的数据记录如表 5–9 所示。试设计一个控制图来分析汽车外壳上的斑点数是否稳定。

表 5–9 外壳的抽样结果

样本号	1	2	3	4	5	6	7	8	9	10	11	12	13	14	15	16
样本数量	12	10	8	11	15	14	16	9	8	14	12	9	10	12	13	12
气泡数	26	23	28	18	35	32	35	24	18	28	16	15	22	34	30	28

绘制 *u* 图的软件 MINITAB 实现路径如下：

①从“统计＞控制图＞属性控制图＞ U”进入。

②指定“变量”为“气泡数”，“子组大小”为“样本数量”。

③点击“确定”，运行命令，得到 *u* 控制图（图 5–17）。

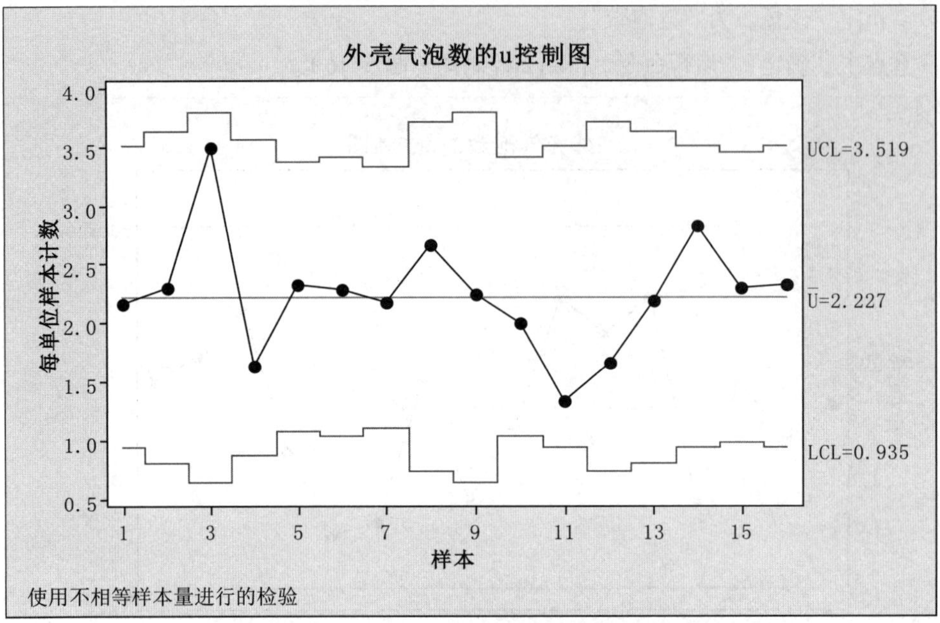

图 5–17　外壳气泡数的 *u* 控制图

由于每天抽取的外壳数量不全相同，*u* 图中的上、下控制限变成了高低起伏的“城墙”。由图 5–17 可知，*u* 图没有异常点，整个过程非常稳定。因此，可以判定汽车的整个喷漆过程处于统计控制状态。

休哈特常规控制图存在着不足之处：仅依赖最近的点来判定过程而忽略所有点子所包含的信息；相对而言，对于偏移较小（例如小于 1.5σ）的波动不太敏感。当对较小波动比较关注时，可考虑使用累积和控制图（CUSUM 控制图）、指数加权移动平均控制图（EWMA 控制图）。关于这两类控制图这里不做介绍。但是，这两类控制图对于较大波动的检出力较弱，因此，将常规控制图与 CUSUM 控制图（或 EWMA 控制图）联合使用，控制效果更好。

5.3.3 其他控制工具

1. 防错

在过程产生的缺陷中，很多是由于差错造成的。这些差错可能来源于：产品设计、生产制造以及使用不当。由于差错导致的缺陷可能给企业造成损失，给用户带来伤害，因此六西格玛团队在控制阶段的重点之一是如何通过预防措施，杜绝缺陷。

如何才能杜绝缺陷，以保证产品的制造质量和使用者的安全？经过质量工作者长期关注和探求，“防差错”的概念被提出，该概念由日本著名的质量管理专家新乡重夫（Shigeo Shingo）最早提出。“防差错”概念是用以获得零缺陷，最终免除质量检验的工具，定名为 Poka-Yoke。包含以下几点含义：

- 现场质量控制的核心就是杜绝缺陷；
- 缺陷是差错的结果；
- 如果差错无法根除，必须及时发现和立即纠正，防止差错形成缺陷。

在生产过程中，无论是主观差错还是客观差错，往往难以预测并且后果严重。鉴于此，Poka-Yoke 倡导采用积极预防的措施和可靠应对的装置，Poka 是疏忽错误之意，Yoke 是防止的意思。通过各种差错预防装置，能够实现：

- 寻找差错，转变检验的重点；
- 在形成缺陷产品之前，及时制止和纠正发生的差错，“第一次即把事情做好”；
- 尽量采用自动预防装置，实现 100% 检验。

Poka-Yoke 方法的内容包括两个基本方面：一是检测出现的差错，二是 Poka-Yoke 防错装置。检测差错包括三种形式：一是后继检测，即下一道工序的生产者检查上一道工序的质量问题并立即反馈给上一道工序的生产者，让其停止生产纠正错误；二是自我检测，即生产者检查自身的工作；三是预防性检测，即在错误未发生之前发现它并采取相应措施。所有的检查都必须是 100% 地逐个检测，而不是抽查或其他非完全检查。

Poka-Yoke 防错装置主要包括两种类型：信号型 Poka-Yoke 和控制型 Poka-Yoke。前者是对生产失误所发出的警示，后者是对出现的错误所采取的保险性措施。如生产作业中，一个待加工零件被放在机器上一个不正确的位置，那么信号型 Poka-Yoke 可能是一个指示灯，提醒工人要纠正位置。而控制型 Poka-Yoke 则可能是连接机器电源的一个装置，它会自动关闭切断电源，使生产停止，直至零件被拿走或放于正确位置。

Poka-Yoke 的设置可在发生生产失误时对生产者发出及时警告，提醒其改正错误。同时它也可以通过一定的装置或手段对失误自动采取应急措施，防止生产失误转化成产品质量问题，因而成为预防质量问题的“保险”。

Poka-Yoke 防错装置实现的主要功能有：

①出现操作错误时工件无法安装；

②工件出现问题时，机器无法开始加工；

③出现操作错误时，机器无法开始加工；

④自动修正错误操作使加工继续进行；

⑤后道工序检查前道工序出现的问题，防止出现不良品；

⑥丢序漏序时下一工序无法开始。

图 5–18 所示切削加工时经常出现零件错装夹的情况，通过在机床上加装防错挡板防止零件错装夹；图 5–19 所示是焊接加工时如果漏装了工件，随焊机主轴上下移动的防错装置会及时按下停止按钮，防止错误发生。

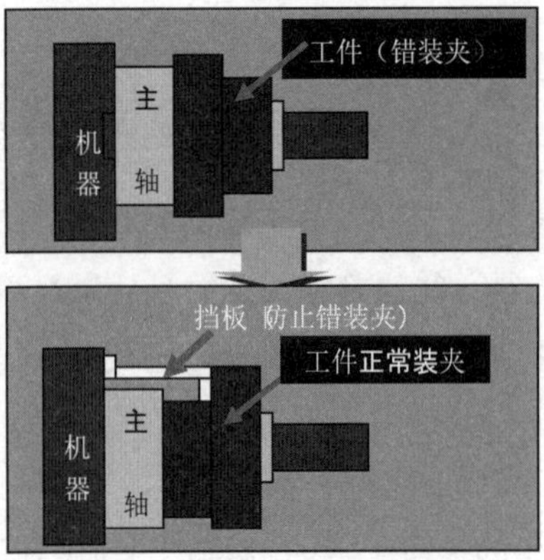

图 5-18 切削加工防错装置

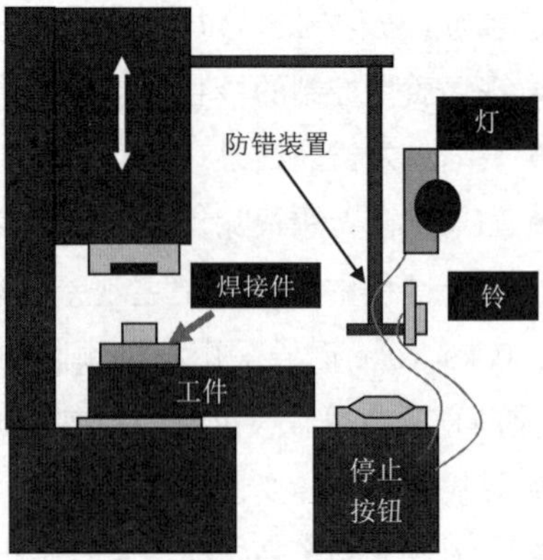

图 5-19 焊接加工防错装置

2. 标准化作业

由于操作人员习惯不同、动作不规范，常常会造成同类产品之间质量特性的差异较大。为了使这些差异不影响改进效果的稳定性，需要采用相应的措施来对差异进行控制。标准化作业就是解决这类问题的有效方法。

所谓标准化作业是指把生产过程中的各种要素（人、机、料、法、环、测）进行最佳组合，按“准时化”生产的要求制定出相适应的作业标准，各类作业人员按照作业标准进行操作。作业标准一方面是操作者的行为规范，另一方面是管理者检查指导工作的依据。

标准化作业对每一个工序按照能够达到的最佳效果的工作模式编制标准化作业表，把制造过程中的每一步动作予以详细描述，为每个操作工提供相同的作业动作的信息，从而保证无论哪一个工人，每一次都重复同样的动作。标准化作业使操作人员养成一致的习惯，从而避免对所加工产品一致性的不良影响，同时还能有效防止由于作业行为不当而引发的差错。

标准化作业有三个目标：第一个目标是工人操作时所遵循的作业标准顺序，称作“标准操作规程（Standard Operating Procedure, SOP）”；第二个目标是在生产时间上，各制造过程达到平衡；第三个目标是将半成品的标准库存量，控制在最小数量范围内。

作业标准一旦决定下来，并不是一成不变的。随着技术的发展、工艺的改进以及持续不断的改善，需要反复修订作业标准。标准化作业同时适用于很多过程，包括更换产品、文件报告、仓储管理等。

标准作业的目的是通过必要的、最小数量的作业人员进行生产，由下面的程序确定：

（1）确定生产节拍（循环时间）

（2）确定一个单位产品的完成时间

（3）确定标准作业顺序

（4）确定在制品的标准持有量

（5）编制标准作业组合表

标准化作业是实现均衡化生产和单件流（单件生产、单件传送）的重要前提之一。丰田公司的标准化作业主要是指每一位多技能作业员所操作的多种不同机床的作业程序，是指在标准周期时间内，把每一位多技能作业员所承担的一系列的多种作业标准化。标准化作业主要包括 3 个内容：标准周期时间、标准作业顺序、标准在制品存量，它们均用“标准作业组合表”来表示，如图 5–20 所示。

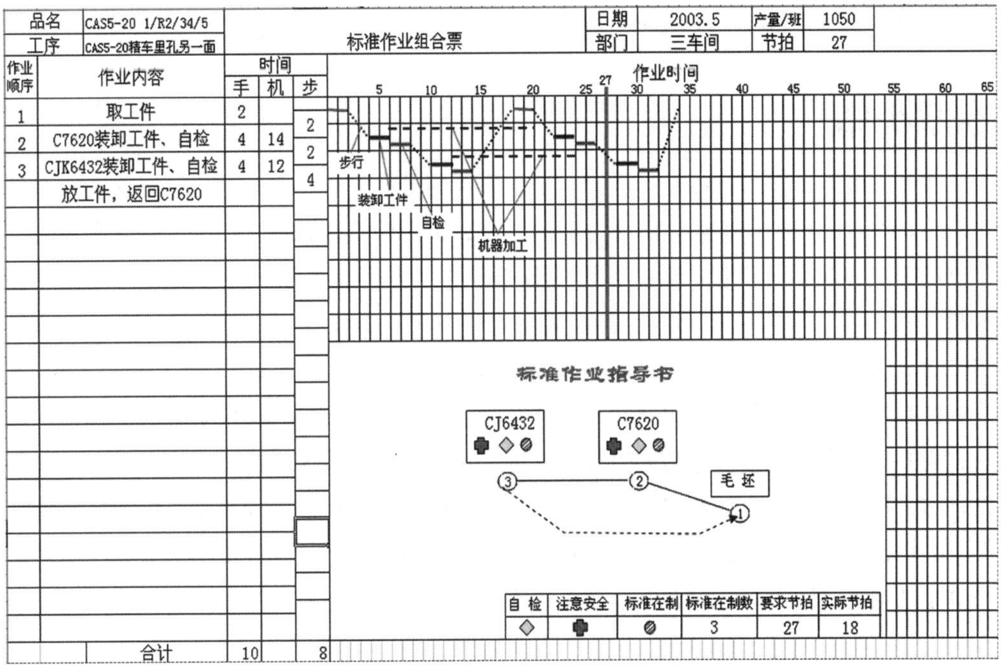

图 5–20 标准作业组合表及指导书

标准周期时间是指各生产单元内（或生产线上），生产一个单位的制成品所需要的时间，也称为生产线的节拍。标准周期时间可由如下计算，若每班产量是 1050 台，则：

标准周期时间＝每班的工作时间 / 每班的必要产量＝ $8 \times 60 \times 60/1050 = 27.4$ 秒

根据标准周期时间，生产现场的管理人员就能够确定在各生产单元内生产一个单位制品或完成产量指标所需要的作业人数，并合理配备全车间及全工厂的作业人员。

标准作业顺序是用来指示多技能作业员在同时操作多台不同机床时所应遵循的作业顺序，即作业人员拿取材料、上机加工、加工结束后取下以及再传给另一台机床的顺序，这种顺序在作业员所操作的各种机床上连续地被执行。因为所有的作业人员都必须在标准周期时间内完成自己所承担的全部作业，所以在同一个生产单元内或生产线上能够达成生产的平衡。

标准在制品存量是指在每一个生产单元内，在制品储备的最低数量，它包括仍在机器上加工的半成品。如果没有这些数量的在制品，那么生产单元内的一连串机器将无法同步作业。但是，应设法尽量减少在制品存量，使之维持在最低水平。

根据标准化作业的要求（通常用标准作业组合表表示），所有作业人员都必须在标准周期时间之内完成单位制品所需要的全部加工作业，并以此为基础，对作业人员进行训练和对工序进行改善。

实施标准化作业有很多好处：可以保证提高生产效率和产品质量，保证生产节拍；通过制定标准作业顺序，达到合理运用机器设备；消除多余工序，简化流程；规范操作者的行为，减少违规操作，保障生产安全；易于寻找工具和材料，控制在制品存量，保障生产正常运行；规定了作业标准，易于发现异常。

本章小结

在改进阶段，它的目标是形成针对根本原因的最佳解决方案，并且验证这些方案是有效的。本章介绍了产生最佳解决方案的方法，包括创造性思维方法等，以及常用的精益改进工具，包括可视化、定置、设备布局改进、快速换型 -SMED、“5W1H”提问技术和“ECRS”原则等。本章还介绍了针对产生的解决方案的评价、验证的常用方法和实施时应注意的问题。

控制是对改进成果进行固化，是成功经验制度化，通过修订文件等方法，通过有效的监测方法，维持过程改进的成果并寻求进一步提高改进效果的持续改进方法。本章重点介绍了控制图的原理和常规控制图——计量型控制图和计数型控制图，以及控制阶段常用的精益工具，特别是防错和标准化作业两种精益控制方法及其应用。另外，项目控制阶段结束后，还有必要对整个项目工作进行总结和成果评审，为以后的项目开展积累经验。

推荐阅读

1. 马逢时、周暐、刘传冰编著 . 六西格玛管理统计指南（第二版）. 北京：中国人民大学出版社，2013.

2. [美] 约瑟夫·M. 朱兰，布兰顿·戈弗雷主编，焦叔斌等译 . 朱兰质量手册（第五版）. 北京：中国人民大学出版社，2003.

3. [以色列] 艾利·高德拉特（Eliyahu Goldratt），[以色列] 杰夫·科克斯（Jeff Cox），齐若兰译 . 目标（第 3 版）. 北京：电子工业出版社，2012-04.

附　表

附表 1　标准正态分布函数表 $\Phi(x)$

$$\Phi(x)=\int_{-\infty}^{x}\frac{1}{\sqrt{2\pi}}e^{-\frac{x^2}{2}}dx$$

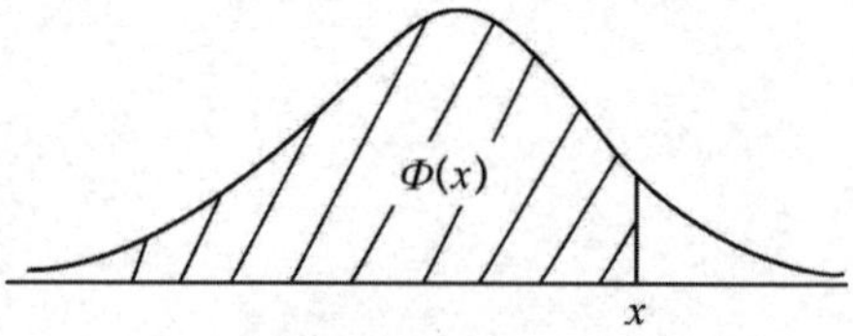

x	0.00	0.01	0.02	0.03	0.04	0.05	0.06	0.07	0.08	0.09
0.0	0.5000	0.5040	0.5080	0.5120	0.5160	0.5190	0.5239	0.5279	0.5319	0.5359
0.1	0.5398	0.5438	0.5478	0.5517	0.5557	0.5596	0.5636	0.5675	0.5714	0.5753
0.2	0.5793	0.5832	0.5871	0.5910	0.5948	0.5987	0.6026	0.6064	0.6103	0.6141
0.3	0.6179	0.6217	0.6255	0.6293	0.6331	0.6368	0.6406	0.6443	0.6480	0.6517
0.4	0.6554	0.6591	0.6628	0.6664	0.6700	0.6736	0.6772	0.6808	0.6844	0.6879
0.5	0.6915	0.6950	0.6985	0.7019	0.7054	0.7088	0.7123	0.7157	0.7190	0.7224
0.6	0.7257	0.7291	0.7324	0.7357	0.7389	0.7422	0.7454	0.7486	0.7157	0.7549
0.7	0.7580	0.7611	0.7642	0.7673	0.7703	0.7734	0.7764	0.7794	0.7823	0.7852
0.8	0.7881	0.7910	0.7939	0.7967	0.7995	0.8023	0.8051	0.8078	0.8106	0.8133
0.9	0.8159	0.8186	0.8212	0.8238	0.8264	0.8289	0.8315	0.8340	0.8365	0.8389
1.0	0.8413	0.8438	0.8461	0.8485	0.8508	0.8531	0.8554	0.8577	0.8599	0.8621
1.1	0.8643	0.8665	0.8686	0.8708	0.8729	0.8749	0.8770	0.8790	0.8810	0.8830
1.2	0.8849	0.8869	0.8888	0.8970	0.8925	0.8944	0.8962	0.8980	0.8997	0.9015
1.3	0.9032	0.9049	0.9066	0.9082	0.9099	0.9115	0.9131	0.9147	0.9162	0.9177
1.4	0.9192	0.9270	0.9222	0.9236	0.9251	0.9265	0.9278	0.9292	0.9306	0.9319
1.5	0.9332	0.9345	0.9357	0.9370	0.9382	0.9394	0.9406	0.9418	0.9430	0.9441
1.6	0.9452	0.9463	0.9474	0.9484	0.9495	0.9505	0.9515	0.9525	0.9535	0.9545
1.7	0.9554	0.9564	0.9573	0.9582	0.9591	0.9599	0.9608	0.9616	0.9625	0.9633
1.8	0.9641	0.9648	0.9656	0.9664	0.9671	0.9678	0.9686	0.9693	0.9700	0.9706
1.9	0.9713	0.9719	0.9726	0.9732	0.9738	0.9744	0.9750	0.9756	0.9762	0.9767
2.0	0.9772	0.9778	0.9783	0.9788	0.9793	0.9798	0.9803	0.9808	0.9812	0.9817
2.1	0.9821	0.9826	0.9830	0.9834	0.9838	0.9842	0.9846	0.9850	0.9854	0.9857
2.2	0.9861	0.9864	0.9868	0.9871	0.9874	0.9878	0.9881	0.9884	0.9887	0.9890
2.3	0.9893	0.9896	0.9898	0.9901	0.9904	0.9906	0.9909	0.9911	0.9913	0.9916
2.4	0.9918	0.9920	0.9922	0.9925	0.9927	0.9929	0.9931	0.9932	0.9934	0.9936
2.5	0.9938	0.9940	0.9941	0.9943	0.9945	0.9946	0.9948	0.9949	0.9951	0.9952
2.6	0.9953	0.9955	0.9956	0.9957	0.9959	0.9960	0.9961	0.9962	0.9963	0.9964
2.7	0.9965	0.9966	0.9967	0.9968	0.9969	0.9970	0.9971	0.9972	0.9973	0.9974
2.8	0.9974	0.9975	0.9976	0.9977	0.9977	0.9978	0.9979	0.9979	0.9980	0.9981
2.9	0.9981	0.9982	0.9982	0.9983	0.9984	0.9984	0.9985	0.9985	0.9986	0.9986
x	0.00	0.1	0.2	0.3	0.4	0.5	0.6	0.7	0.8	0.9
3.0	$0.9^{2}8650$	$0.9^{3}0324$	$0.9^{3}3129$	$0.9^{3}5166$	$0.9^{3}6631$	$0.9^{3}7674$	$0.9^{3}8409$	$0.9^{3}8922$	$0.9^{4}2765$	$0.9^{4}5190$
4.0	$0.9^{4}6833$	$0.9^{4}7934$	$0.9^{4}8665$	$0.9^{5}1460$	$0.9^{5}4587$	$0.9^{5}6602$	$0.9^{5}7887$	$0.9^{5}8699$	$0.9^{6}2067$	$0.9^{6}5208$
5.0	$0.9^{6}7133$	$0.9^{6}8302$	$0.9^{7}0036$	$0.9^{7}4210$	$0.9^{7}6668$	$0.9^{7}8101$	$0.9^{7}9828$	$0.9^{8}4010$	$0.9^{8}6684$	$0.9^{8}8182$
6.0	$0.9^{9}0136$									

附表 2　标准正态分布的 α 分位数表

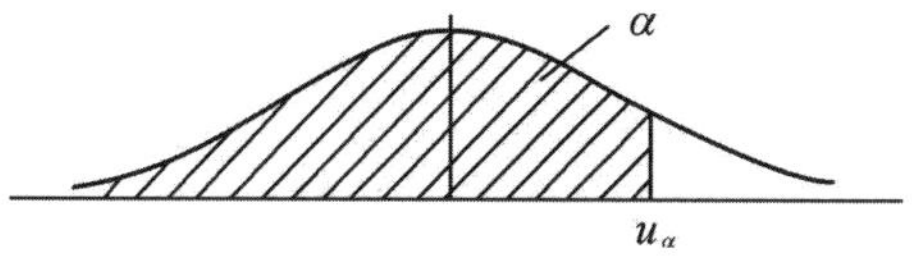

α	0.00	0.01	0.02	0.03	0.04	0.05	0.06	0.07	0.08	0.09
0.00	—	−2.33	−2.05	−1.88	−1.75	−1.64	−1.55	−1.48	−1.41	−1.34
0.10	1.28	1.23	1.18	1.13	−1.08	−1.04	−0.99	−0.95	−0.92	−0.88
0.20	−0.84	−0.81	−0.77	−0.74	−0.71	−0.67	−0.64	−0.61	−0.58	−0.55
0.30	−0.52	−0.50	−0.47	−0.44	−0.41	−0.39	−0.36	−0.33	−0.31	−0.28
0.40	−0.25	−0.23	−0.20	−0.18	−0.15	−0.13	−0.10	−0.08	−0.05	−0.03
0.50	0.00	0.03	0.05	0.08	0.10	0.13	0.15	0.18	0.20	0.23
0.60	0.25	0.28	0.31	0.33	0.36	0.39	0.41	0.44	0.47	0.50
0.70	0.52	0.55	0.58	0.61	0.64	0.67	0.71	0.74	0.77	0.81
0.80	0.84	0.88	0.92	0.95	0.99	1.04	1.08	1.13	1.18	1.23
0.90	1.28	1.34	1.41	1.48	1.55	1.64	1.75	1.88	2.05	2.33

α	0.001	0.005	0.010	0.025	0.050	0.100
u_α	−3.090	−2.576	−2.326	−1.960	−1.645	−1.282

α	0.999	0.995	0.990	0.975	0.950	0.900
u_α	3.090	2.576	2.326	1.960	1.645	1.282

附表 3　t 分布的 α 分位数表

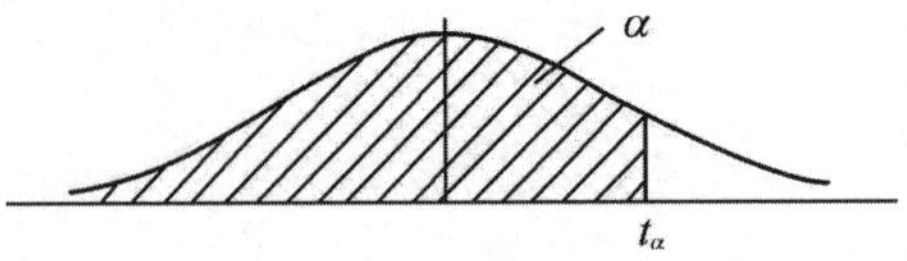

df	$t_{0.60}$	$t_{0.70}$	$t_{0.80}$	$t_{0.90}$	$t_{0.95}$	$t_{0.975}$	$t_{0.99}$	$t_{0.995}$
1	0.325	0.727	1.376	3.078	6.314	12.706	31.821	63.657
2	0.289	0.617	1.061	1.886	2.920	4.303	6.965	9.925
3	0.277	0.584	0.978	1.638	2.353	3.182	4.541	5.841
4	0.271	0.569	0.941	1.533	2.132	2.776	3.747	4.604
5	0.267	0.559	0.920	1.476	2.015	2.571	3.365	4.032
6	0.265	0.553	0.906	1.440	1.943	2.447	3.143	3.707
7	0.263	0.549	0.896	1.415	1.895	2.365	2.998	3.499
8	0.262	0.546	0.889	1.397	1.860	2.306	2.896	3.355
9	0.261	0.543	0.883	1.383	0.833	2.262	2.821	3.250
10	0.260	0.542	0.879	1.372	1.812	2.228	2.764	3.169
11	0.260	0.540	0.876	1.363	1.796	2.201	2.718	3.106
12	0.259	0.539	0.873	1.356	1.782	2.179	2.681	3.055
13	0.259	0.538	0.870	1.350	1.771	2.160	2.650	3.012
14	0.258	0.537	0.868	1.345	1.761	2.145	2.624	2.977
15	0.258	0.536	0.866	1.341	1.753	2.131	2.602	2.947
16	0.258	0.535	0.865	1.337	1.746	2.120	2.583	2.921
17	0.257	0.534	0.863	1.333	1.740	2.110	2.567	2.898
18	0.257	0.534	0.862	1.330	1.734	2.101	2.552	2.878
19	0.257	0.533	0.861	1.328	1.729	2.093	2.539	2.861
20	0.257	2.533	0.860	1.325	1.725	2.086	2.528	2.861
21	0.257	0.532	0.859	1.323	1.721	2.080	2.518	2.831
22	0.256	0.532	0.858	1.321	1.717	2.074	2.508	2.819
23	0.256	0.532	0.858	1.319	1.714	2.069	2.500	2.807
24	0.256	0.531	0.857	1.318	1.711	2.064	2.492	2.797
25	0.256	0.531	0.856	1.316	1.708	2.060	2.485	2.787
26	0.256	0.531	0.856	1.315	1.706	2.056	2.479	2.779
27	0.256	0.531	0.855	1.314	1.703	2.052	2.473	2.771
28	0.256	0.530	0.855	1.313	1.701	2.048	2.467	2.763
29	0.256	0.530	0.854	1.311	1.699	2.045	2.462	2.756
30	0.256	0.530	0.854	1.310	1.697	2.042	2.457	2.750
40	0.255	0.529	0.851	1.303	1.684	2.021	2.423	2.704
60	0.254	0.527	0.848	1.296	1.671	2.000	2.390	2.660
120	0.254	0.526	0.845	1.289	1.658	1.980	2.358	2.617
∞	0.253	0.524	0.842	1.282	1.645	1.960	2.326	2.576

附表 4 χ^2 分布的 α 分位数表

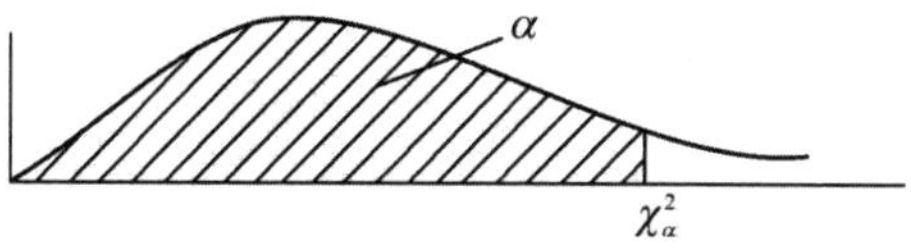

df	$\chi^2_{0.005}$	$\chi^2_{0.01}$	$\chi^2_{0.025}$	$\chi^2_{0.05}$	$\chi^2_{0.10}$	$\chi^2_{0.90}$	$\chi^2_{0.95}$	$\chi^2_{0.975}$	$\chi^2_{0.99}$	$\chi^2_{0.995}$
1	0.000 039	0.000 16	0.000 98	0.003 9	0.015 8	2.71	3.84	5.02	6.63	7.88
2	0.0100	0.0201	0.0506	0.1026	0.2107	4.61	5.99	7.38	9.21	10.60
3	0.0717	0.115	0.216	0.352	0.584	6.25	7.81	9.35	11.34	12.84
4	0.207	0.297	0.484	0.711	1.064	7.78	9.49	11.14	13.28	14.86
5	0.412	0.554	0.831	1.15	1.61	9.24	11.07	12.83	15.09	16.75
6	0.676	0.872	1.24	1.64	2.20	10.64	12.59	14.45	16.81	18.55
7	0.989	1.24	1.69	2.17	2.83	12.02	14.07	16.01	18.48	20.28
8	1.34	1.65	2.18	2.73	3.49	13.36	15.51	17.53	20.09	21.96
9	1.73	2.09	2.70	3.33	4.17	14.68	16.92	19.02	21.67	23.59
10	2.16	2.56	3.25	3.94	4.87	15.99	18.31	20.48	23.21	25.19
11	2.60	3.05	3.82	4.57	5.58	17.28	19.68	21.92	24.73	26.76
12	3.07	3.57	4.40	5.23	6.30	18.55	21.03	23.34	26.22	28.30
13	3.57	4.11	5.01	5.89	7.04	19.81	22.36	24.74	27.69	29.82
14	4.07	4.66	5.63	6.57	7.79	21.06	23.68	26.12	29.14	31.32
15	4.60	5.23	6.26	7.26	8.55	22.31	25.00	27.49	30.58	32.80
16	5.14	5.81	6.91	7.96	9.31	23.54	26.30	28.85	32.00	34.27
18	6.26	7.01	8.23	9.39	10.86	25.99	28.87	31.53	34.81	37.16
20	7.43	8.26	9.59	10.85	12.44	28.41	31.41	34.17	37.57	40.00
24	9.89	10.86	12.40	13.85	15.66	33.20	36.42	39.36	42.98	45.56
30	13.79	14.95	16.79	18.49	20.60	40.26	43.77	46.98	50.89	53.67
40	20.71	22.16	24.43	26.5	29.05	51.81	55.76	59.34	63.69	66.77
60	35.53	37.48	40.48	43.19	46.46	74.40	79.08	83.30	88.38	91.95
120	83.85	86.92	91.57	95.70	100.62	140.23	146.57	152.21	158.95	163.64

附表 5

F 分布的 0.90 分位数 $F_{0.90}(n_1, n_2)$ 表

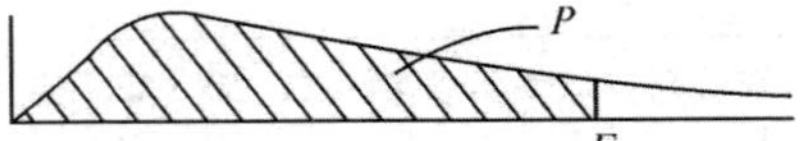

n_1 = 分子的自由度　n_2 = 分母的自由度

n_2 \ n_1	1	2	3	4	5	6	7	8	9	10	12	15	20	24	30	40	60	120	∞
1	39.86	49.50	53.59	55.83	57.24	58.20	58.91	59.44	59.86	60.19	60.71	61.22	61.74	62.00	62.26	62.53	62.70	63.06	63.33
2	8.53	9.00	9.16	9.24	9.29	9.33	9.35	9.37	9.38	9.39	9.41	9.42	9.44	9.45	9.46	9.47	9.47	9.48	9.49
3	5.54	5.46	5.39	5.34	5.31	5.28	5.27	5.25	5.24	5.23	5.22	5.20	5.18	5.18	5.17	5.16	5.15	5.14	5.13
4	4.54	4.32	4.19	4.11	4.05	4.01	3.98	3.95	3.94	3.92	3.90	3.87	3.84	3.83	3.82	3.80	3.79	3.78	3.76
5	4.06	3.78	3.62	3.52	3.45	3.40	3.37	3.34	3.32	3.30	3.27	3.24	3.21	3.19	3.17	3.16	3.14	3.12	3.10
6	3.78	3.46	3.29	3.18	3.11	3.05	3.01	2.98	2.96	2.94	2.90	2.87	2.84	2.82	2.80	2.78	2.76	2.74	2.72
7	3.59	3.26	3.07	2.96	2.88	2.83	2.78	2.75	2.72	2.70	2.67	2.63	2.59	2.58	2.56	2.54	2.51	2.49	2.47
8	3.46	3.11	2.92	2.81	2.73	2.67	2.62	2.59	2.56	2.50	2.50	2.46	2.42	2.40	2.38	2.36	2.34	2.32	2.29
9	3.36	3.01	2.81	2.69	2.61	2.55	2.51	2.47	2.44	2.42	2.38	2.34	2.30	2.28	2.25	2.23	2.21	2.18	2.16
10	3.29	2.92	2.73	2.61	2.52	2.46	2.41	2.38	2.35	2.32	2.28	2.24	2.20	2.18	2.16	2.13	2.11	2.08	2.06
11	3.23	2.86	2.66	2.54	2.45	2.39	2.34	2.30	2.27	2.25	2.21	2.17	2.12	2.10	2.08	2.05	2.03	2.00	1.97
12	3.18	2.81	2.61	2.48	2.39	2.33	2.28	2.24	2.21	2.19	2.15	2.10	2.06	2.04	2.01	1.99	1.96	1.93	1.90
13	3.14	2.76	2.56	2.43	2.35	2.28	2.23	2.20	2.16	2.14	2.10	2.05	2.01	1.98	1.96	1.93	1.90	1.88	1.85
14	3.10	2.73	2.52	2.39	2.31	2.24	2.19	2.15	2.12	2.10	2.05	2.01	1.96	1.94	1.91	1.89	1.86	1.83	1.80
15	3.07	2.70	2.49	2.36	2.27	2.21	2.16	2.12	2.09	2.06	2.02	1.97	1.92	1.90	1.87	1.85	1.82	1.79	1.76

续前表

n_2 \ n_1	1	2	3	4	5	6	7	8	9	10	12	15	20	24	30	40	60	120	∞
16	3.05	2.67	2.46	2.33	2.24	2.18	2.13	2.09	2.06	2.03	1.99	1.94	1.89	1.87	1.84	1.81	1.78	1.75	1.72
17	3.03	2.64	2.44	2.31	2.22	2.15	2.10	2.06	2.03	2.00	1.96	1.91	1.86	1.84	1.81	1.78	1.75	1.72	1.69
18	3.01	2.62	2.42	2.29	2.20	2.13	2.08	2.04	2.00	1.98	1.93	1.89	1.84	1.81	1.78	1.75	1.72	1.69	1.66
19	2.99	2.61	2.40	2.27	2.18	2.11	2.06	2.02	1.98	1.96	1.91	1.86	1.81	1.79	1.76	1.73	1.70	1.67	1.63
20	2.97	2.59	2.38	2.25	2.16	2.09	2.04	2.00	1.96	1.94	1.89	1.84	1.79	1.77	1.74	1.71	1.68	1.64	1.61
21	2.96	2.57	2.36	2.23	2.14	2.08	2.02	1.98	1.95	1.92	1.87	1.83	1.78	1.75	1.72	1.69	1.66	1.62	1.59
22	2.95	2.56	2.35	2.22	2.13	2.06	2.01	1.97	1.93	1.90	1.86	1.81	1.76	1.73	1.70	1.67	1.64	1.60	1.57
23	2.94	2.55	2.34	2.21	2.11	2.05	1.99	1.95	1.92	1.89	1.84	1.80	1.74	1.72	1.69	1.66	1.62	1.59	1.55
24	2.93	2.54	2.33	2.19	2.10	2.04	1.98	1.94	1.91	1.88	1.83	1.78	1.73	1.70	1.67	1.64	1.61	1.57	1.53
25	2.92	2.53	2.32	2.18	2.09	2.02	1.97	1.93	1.89	1.87	1.82	1.77	1.72	1.69	1.66	1.63	1.59	1.56	1.52
26	2.91	2.52	2.31	2.17	2.08	2.01	1.96	1.92	1.88	1.86	1.81	1.76	1.71	1.68	1.65	1.61	1.58	1.54	1.50
27	2.90	2.51	2.30	2.17	2.07	2.00	1.95	1.91	1.87	1.85	1.80	1.75	1.70	1.67	1.64	1.60	1.57	1.53	1.49
28	2.89	2.50	2.29	2.16	2.06	2.00	1.94	1.90	1.87	1.84	1.79	1.74	1.69	1.66	1.63	1.59	1.56	1.52	1.48
29	2.80	2.50	2.28	2.15	2.06	1.99	1.93	1.89	1.86	1.83	1.78	1.73	1.68	1.65	1.62	1.58	1.55	1.51	1.47
30	2.88	2.49	2.28	2.14	2.05	1.98	1.93	1.88	1.85	1.82	1.77	1.72	1.67	1.64	1.61	1.57	1.54	1.50	1.46
40	2.84	2.44	2.23	2.09	2.00	1.93	1.87	1.83	1.79	1.76	1.71	1.66	1.61	1.57	1.54	1.51	1.47	1.42	1.38
60	2.79	2.39	2.18	2.04	1.95	1.87	1.82	1.77	1.74	1.71	1.66	1.60	1.54	1.51	1.48	1.44	1.40	1.35	1.29
120	2.75	2.35	2.13	1.99	1.90	1.82	1.77	1.72	1.68	1.65	1.60	1.55	1.48	1.45	1.41	1.37	1.32	1.26	1.19
∞	2.71	2.30	2.08	1.94	1.85	1.77	1.72	1.67	1.63	1.60	1.55	1.49	1.42	1.38	1.34	1.30	1.24	1.17	1.00

附表 6

F 分布的 0.95 分位数 $F_{0.95}(n_1, n_2)$ 表

n_1 = 分子的自由度　n_2 = 分母的自由度

n_2 \ n_1	1	2	3	4	5	6	7	8	9	10	12	15	20	24	30	40	60	120	∞
1	161.4	199.5	215.7	224.6	230.2	234.0	236.8	238.9	240.5	241.9	243.9	245.9	248.0	249.1	250.1	251.1	252.2	253.3	254.3
2	18.51	19.00	19.16	19.25	19.30	19.33	19.35	19.37	19.38	19.40	19.41	19.43	19.45	19.45	19.46	19.47	19.48	19.49	19.50
3	10.13	9.55	9.28	9.12	9.01	8.94	8.89	8.85	8.81	8.79	8.74	8.70	8.66	8.64	8.62	8.59	8.57	8.55	8.53
4	7.71	6.94	6.59	6.39	6.26	6.16	6.09	6.04	6.00	5.96	5.91	5.56	5.80	5.77	5.75	5.72	5.69	5.66	5.63
5	6.61	5.79	5.41	5.19	5.05	4.95	4.88	4.82	4.77	4.74	4.68	4.62	4.56	4.53	4.50	4.46	4.43	4.40	4.36
6	5.99	5.14	4.76	4.53	4.39	4.28	4.21	4.15	4.10	4.06	4.00	3.94	3.87	3.84	3.81	3.77	3.74	3.70	3.67
7	5.59	4.74	4.35	4.12	3.97	3.87	3.79	3.73	3.68	3.64	3.57	3.51	3.44	3.41	3.38	3.34	3.30	3.27	3.23
8	5.32	4.46	4.07	3.84	3.69	3.58	3.50	3.44	3.39	3.35	3.28	3.22	3.15	3.12	3.08	3.04	3.01	2.97	2.93
9	5.12	4.26	3.86	3.63	3.48	3.37	3.29	3.23	3.18	3.14	3.07	3.01	2.94	2.90	2.86	2.83	2.79	2.75	2.71
10	4.96	4.10	3.71	3.48	3.33	3.22	3.14	3.07	3.02	2.98	2.91	2.85	2.77	2.74	2.70	2.66	2.62	2.58	2.54
11	4.84	3.98	3.59	3.36	3.20	3.09	3.01	2.95	2.90	2.85	2.79	2.72	2.65	2.61	2.57	2.53	2.49	2.45	2.40
12	4.75	3.89	3.49	3.26	3.11	3.00	2.91	2.85	2.80	2.75	2.69	2.62	2.54	2.51	2.47	2.43	2.38	2.34	2.30
13	4.67	3.81	3.41	3.18	3.03	2.92	2.83	2.77	2.71	2.67	2.60	2.53	2.46	2.42	2.38	2.34	2.30	2.25	2.21
14	4.60	3.74	3.34	3.11	2.96	2.85	2.76	2.70	2.65	2.60	2.53	2.46	2.39	2.35	2.31	2.27	2.22	2.18	2.13
15	4.54	3.68	3.29	3.06	2.90	2.79	2.71	2.64	2.59	2.54	2.48	2.40	2.33	2.29	2.25	2.20	2.16	2.11	2.07
16	4.49	3.63	3.24	3.01	2.85	2.74	2.66	2.59	2.54	2.49	2.42	2.35	2.28	2.24	2.19	2.15	2.11	2.06	2.01
17	4.45	3.59	3.20	2.96	2.81	2.70	2.61	2.55	2.49	2.45	2.38	2.31	2.23	2.19	2.15	2.10	2.06	2.01	1.96

续前表

n_2 \ n_1	1	2	3	4	5	6	7	8	9	10	12	15	20	24	30	40	60	120	∞
18	4.41	3.55	3.16	2.93	2.77	2.66	2.58	2.51	2.46	2.41	2.34	2.27	2.19	2.15	2.11	2.06	2.02	1.97	1.92
19	4.38	3.52	3.13	2.90	2.74	2.63	2.54	2.48	2.42	2.38	2.31	2.23	2.16	2.11	2.07	2.03	1.98	1.93	1.88
20	4.35	3.49	3.10	2.87	2.71	2.60	2.51	2.45	2.39	2.35	2.28	2.20	2.12	2.08	2.04	1.99	1.95	1.90	1.84
21	4.32	3.47	3.07	2.84	2.68	2.57	2.49	2.42	2.37	2.32	2.25	2.18	2.10	2.05	2.01	1.96	1.92	1.87	1.81
22	4.30	3.44	3.05	2.82	2.66	2.55	2.46	2.40	2.34	2.30	2.23	2.15	2.07	2.03	1.98	1.94	1.89	1.84	1.78
23	4.28	3.42	3.03	2.80	2.64	2.53	2.44	2.37	2.32	2.27	2.20	2.13	2.05	2.01	1.96	1.91	1.86	1.81	1.76
24	4.26	3.40	3.01	2.78	2.62	2.51	2.42	2.36	2.30	2.25	2.18	2.11	2.03	1.98	1.94	1.89	1.84	1.79	1.73
25	4.24	3.39	2.99	2.76	2.60	2.49	2.40	2.34	2.28	2.24	2.16	2.09	2.01	1.96	1.92	1.87	1.82	1.77	1.71
26	4.23	3.37	2.98	2.74	2.59	2.47	2.39	2.32	2.27	2.22	2.15	2.07	1.99	1.95	1.90	1.85	1.80	1.75	1.69
27	4.21	3.35	2.96	2.73	2.57	2.46	2.37	2.31	2.25	2.20	2.13	2.06	1.97	1.93	1.88	1.84	1.79	1.73	1.67
28	4.20	3.34	2.95	2.71	2.56	2.45	2.36	2.29	2.24	2.19	2.12	2.04	1.96	1.91	1.87	1.82	1.77	1.71	1.65
29	4.18	3.33	2.93	2.70	2.55	2.43	2.35	2.28	2.22	2.18	2.10	2.03	1.94	1.90	1.85	1.81	1.75	1.70	1.64
30	4.17	3.32	2.92	2.69	2.53	2.42	2.33	2.27	2.21	2.16	2.09	2.01	1.93	1.89	1.84	1.79	1.74	1.68	1.62
40	4.08	3.23	2.84	2.61	2.45	2.34	2.25	2.18	2.12	2.08	2.00	1.92	1.84	1.79	1.74	1.69	1.64	1.58	1.51
60	4.00	3.15	2.76	2.53	2.37	2.25	2.17	2.10	2.04	1.99	1.92	1.84	1.75	1.70	1.65	1.59	1.53	1.47	1.39
120	3.92	3.07	2.68	2.45	2.29	2.17	2.09	2.02	1.96	1.91	1.83	1.75	1.66	1.61	1.55	1.50	1.43	1.35	1.25
∞	3.84	3.00	2.60	2.37	2.21	2.10	2.01	1.94	1.88	1.83	1.75	1.67	1.57	1.52	1.46	1.39	1.32	1.22	1.00

附录 7

F 分布的 0.975 分位数 $F_{0.975}(n_1, n_2)$ 表

n_1 = 分子的自由度　n_2 = 分母的自由度

n_2 \ n_1	1	2	3	4	5	6	7	8	9	10	12	15	20	24	30	40	60	120	∞
1	647.8	799.5	864.2	899.6	921.8	937.1	948.2	956.7	963.3	968.6	976.7	984.9	993.1	997.2	1 001	1 006	1 010	1 014	1 018
2	38.51	39.00	39.17	39.25	39.30	39.33	39.36	39.37	39.39	39.40	39.41	39.43	39.45	39.46	39.46	39.47	39.48	39.49	39.50
3	17.44	16.04	15.44	15.10	14.88	14.73	14.62	14.54	14.47	14.42	14.34	14.25	14.17	14.12	14.08	14.04	13.99	13.95	13.90
4	12.22	10.65	9.98	9.60	9.36	9.20	9.07	8.98	8.90	8.84	8.75	8.66	8.56	8.51	8.46	8.41	8.36	8.31	8.26
5	10.01	8.43	7.76	7.39	7.15	6.98	6.85	6.76	6.68	6.62	6.52	6.43	6.33	6.28	6.23	6.18	6.12	6.07	6.02
6	8.81	7.26	6.60	6.23	5.99	5.82	5.70	5.60	5.52	5.46	5.37	5.27	5.17	5.12	5.07	5.01	4.96	4.90	4.85
7	8.07	6.54	5.89	5.52	5.29	5.12	4.99	4.90	4.82	4.76	4.67	4.57	4.47	4.42	4.36	4.31	4.25	4.20	4.14
8	7.57	6.06	5.42	5.05	4.82	4.65	4.53	4.43	4.36	4.30	4.20	4.10	4.00	3.95	3.89	3.84	3.78	3.73	3.67
9	7.21	5.71	5.08	4.72	4.48	4.32	4.20	4.10	4.03	3.96	3.87	3.77	3.67	3.61	3.56	3.51	3.45	3.39	3.33
10	6.94	5.46	4.83	4.47	4.24	4.07	3.95	3.85	3.78	3.72	3.62	3.52	3.42	3.37	3.31	3.26	3.20	3.14	3.08
11	6.72	5.26	4.63	4.28	4.04	3.88	3.76	3.66	3.59	3.53	3.43	3.33	3.23	3.17	3.12	3.06	3.00	2.94	2.88
12	6.55	5.10	4.47	4.12	3.89	3.73	3.61	3.51	3.44	3.37	3.28	3.18	3.07	3.02	2.96	2.91	2.85	2.79	2.72
13	6.41	4.97	4.35	4.00	3.77	3.60	3.48	3.39	3.31	3.25	3.15	3.05	2.95	2.89	2.84	2.78	2.72	2.66	2.60
14	6.30	4.86	4.24	3.89	3.66	3.50	3.38	3.29	3.21	3.15	3.05	2.95	2.84	2.79	2.73	2.67	2.61	2.55	2.49
15	6.20	4.77	4.15	3.80	3.58	3.41	3.29	3.20	3.12	3.06	2.96	2.86	2.76	2.70	2.64	2.59	2.52	2.46	2.40
16	6.12	4.69	4.08	3.73	3.50	3.34	3.22	3.12	3.05	2.99	2.89	2.79	2.68	2.63	2.57	2.51	2.45	2.38	2.32
17	6.12	4.62	4.01	3.66	3.44	3.28	3.16	3.06	2.98	2.92	2.82	2.72	2.62	2.56	2.50	2.44	2.38	2.32	2.25

续前表

n_2 \ n_1	1	2	3	4	5	6	7	8	9	10	12	15	20	24	30	40	60	120	∞
18	5.98	4.56	3.95	3.61	3.38	3.22	3.10	3.01	2.93	2.87	2.77	2.67	2.56	2.50	2.44	2.38	2.32	2.26	2.19
19	5.92	4.51	3.90	3.56	3.33	3.17	3.05	2.96	2.88	2.82	2.72	2.62	2.51	2.45	2.39	2.33	2.27	2.20	2.13
20	5.87	4.46	3.86	3.51	3.29	3.13	3.01	2.91	2.84	2.77	2.68	2.57	2.46	2.41	2.35	2.29	2.22	2.16	2.09
21	5.83	4.42	3.82	3.48	3.25	3.09	2.97	2.87	2.80	2.73	2.64	2.53	2.42	2.37	2.31	2.25	2.18	2.11	2.04
22	5.79	4.38	3.78	3.44	3.22	3.05	2.93	2.84	2.76	2.70	2.60	2.50	2.39	2.33	2.27	2.21	2.14	2.08	2.00
23	5.75	4.35	3.75	3.41	3.18	3.02	2.90	2.81	2.73	2.67	2.57	2.47	2.36	2.30	2.24	2.18	2.11	2.04	1.97
24	5.72	4.32	3.72	3.38	3.15	2.99	2.87	2.78	2.70	2.64	2.54	2.44	2.33	2.27	2.21	2.15	2.08	2.01	1.94
25	5.69	4.29	3.69	3.35	3.13	2.97	2.85	2.75	2.68	2.61	2.51	2.41	2.30	2.24	2.18	2.12	2.05	1.98	1.91
26	5.66	4.27	3.67	3.33	3.10	2.94	2.82	2.73	2.65	2.59	2.49	2.39	2.28	2.22	2.16	2.09	2.03	1.95	1.88
27	5.63	4.24	3.65	3.31	3.08	2.92	2.80	2.71	2.63	2.57	2.47	2.36	2.25	2.19	2.13	2.07	2.00	1.93	1.85
28	5.61	4.22	3.63	3.29	3.06	2.90	2.78	2.69	2.61	2.55	2.45	2.34	2.23	2.17	2.11	2.05	1.98	1.91	1.83
29	5.59	4.20	3.61	3.27	3.04	2.88	2.76	2.67	2.59	2.53	2.43	2.32	2.21	2.15	2.09	2.03	1.96	1.89	1.81
30	5.57	4.18	3.59	3.25	3.03	2.87	2.75	2.65	2.57	2.51	2.41	2.31	2.20	2.14	2.07	2.01	1.94	1.87	1.79
40	5.42	4.05	3.46	3.13	2.90	2.74	2.62	2.53	2.45	2.39	2.29	2.18	2.07	2.01	1.94	1.88	1.80	1.72	1.64
60	5.29	3.93	3.34	3.01	2.79	2.63	2.51	2.41	2.33	2.27	2.17	2.06	1.94	1.88	1.82	1.74	1.67	1.58	1.48
120	5.15	3.80	3.23	2.89	2.67	2.52	2.39	2.30	2.22	2.16	2.05	1.94	1.82	1.76	1.69	1.61	1.53	1.43	1.31
∞	5.02	3.69	3.12	2.79	2.57	2.41	2.29	2.19	2.11	2.05	1.94	1.83	1.71	1.64	1.57	1.48	1.39	1.27	1.00

附表 8

F 分布的 0.99 分位数 $F_{0.99}(n_1, n_2)$ 表

n_1 = 分子的自由度　n_2 = 分母的自由度

n_2 \ n_1	1	2	3	4	5	6	7	8	9	10	12	15	20	24	30	40	60	120	∞
1	4 052	4 999.5	5 403	5 625	5 764	5 859	5 928	5 982	6 022	6 056	6 016	6 157	6 209	6 235	6 261	6 287	6 313	6 339	6 366
2	98.50	99.00	99.17	99.25	99.30	99.33	99.36	99.37	99.39	99.40	99.42	99.43	99.45	99.46	99.47	99.47	99.48	99.49	99.50
3	34.12	30.82	29.46	28.71	28.24	27.91	27.67	27.49	27.35	27.23	27.05	26.87	26.69	26.60	26.50	26.41	26.32	26.22	26.13
4	21.20	18.00	16.69	15.98	15.52	15.21	14.98	14.80	14.66	14.55	14.37	14.20	14.02	13.93	13.84	13.75	13.65	13.56	13.46
5	16.26	13.27	12.06	11.39	10.97	10.67	10.46	10.29	10.16	10.05	9.89	9.72	9.55	9.47	9.38	9.29	9.20	9.11	9.02
6	13.75	10.92	9.78	9.15	8.75	8.47	8.26	8.10	7.98	7.87	7.72	7.56	7.40	7.31	7.23	7.14	7.06	6.97	6.88
7	12.25	9.55	8.45	7.85	7.46	7.19	6.99	6.84	6.72	6.62	6.47	6.31	6.16	6.07	5.99	5.91	5.82	5.74	5.65
8	11.26	8.65	7.59	7.01	6.63	6.37	6.18	6.03	5.91	5.81	5.67	5.52	5.36	5.28	5.20	5.12	5.03	4.95	4.86
9	10.56	8.02	6.99	6.42	6.06	5.80	5.61	5.47	5.35	5.26	5.11	4.96	4.81	4.73	4.65	4.57	4.48	4.40	4.31
10	10.04	7.56	6.55	5.99	5.64	5.39	5.20	5.06	4.94	4.85	4.71	4.56	4.41	4.33	4.25	4.17	4.08	4.00	3.91
11	9.65	7.21	6.22	5.67	5.32	5.07	4.89	4.74	4.63	4.54	4.40	4.25	4.10	4.02	3.94	3.86	3.78	3.69	3.60
12	9.33	6.93	5.95	5.41	5.06	4.82	4.64	4.50	4.39	4.30	4.16	4.01	3.86	3.78	3.70	3.62	3.54	3.45	3.36
13	9.07	6.70	5.74	5.21	4.86	4.62	4.44	4.30	4.19	4.10	3.96	3.82	3.66	3.59	3.51	3.43	3.34	3.25	3.17
14	8.86	6.51	5.56	5.04	4.69	4.46	4.28	4.14	4.03	3.94	3.80	3.66	3.51	3.43	3.35	3.27	3.18	3.09	3.00
15	8.68	6.36	5.42	4.89	4.56	4.32	4.14	4.00	3.89	3.80	3.67	3.52	3.37	3.29	3.21	3.13	3.05	2.96	2.87
16	8.53	6.23	5.29	4.77	4.44	4.20	4.03	3.89	3.78	3.69	3.55	3.41	3.26	3.18	3.10	3.02	2.93	2.84	2.75
17	8.40	6.11	5.18	4.67	4.34	4.10	3.93	3.79	3.68	3.59	3.46	3.31	3.16	3.08	3.00	2.92	2.83	2.75	2.65

续前表

n_2 \ n_1	1	2	3	4	5	6	7	8	9	10	12	15	20	24	30	40	60	120	∞
18	8.29	6.01	5.09	4.58	4.25	4.01	3.84	3.71	3.60	3.51	3.37	3.23	3.08	3.00	2.92	2.84	2.75	2.66	2.57
19	8.18	5.93	5.01	4.50	4.17	3.94	3.77	3.63	3.52	3.43	3.30	3.15	3.00	2.92	2.84	2.76	2.67	2.58	2.49
20	8.10	5.85	4.94	4.43	4.10	3.87	3.70	3.56	3.46	3.37	3.23	3.09	2.94	2.86	2.78	2.69	2.61	2.52	2.42
21	8.02	5.78	4.87	4.37	4.04	3.81	3.64	3.51	3.40	3.31	3.17	3.03	2.88	2.80	2.72	2.64	2.55	2.46	2.36
22	7.95	5.72	4.82	4.31	3.99	3.76	3.59	3.45	3.35	3.26	3.12	2.98	2.83	2.75	2.67	2.58	2.50	2.40	2.31
23	7.88	5.66	4.76	4.26	3.94	3.71	3.54	3.41	3.30	3.21	3.07	2.93	2.78	2.70	2.62	2.54	2.45	2.35	2.26
24	7.82	5.61	4.72	4.22	3.90	3.67	3.50	3.36	3.26	3.17	3.03	2.89	2.74	2.66	2.58	2.49	2.40	2.31	2.21
25	7.77	5.57	4.68	4.18	3.85	3.63	3.46	3.32	3.22	3.13	2.99	2.85	2.70	2.62	2.54	2.45	2.36	2.27	2.17
26	7.72	5.53	4.64	4.14	3.82	3.59	3.42	3.29	3.18	3.09	2.96	2.81	2.66	2.58	2.50	2.42	2.33	2.23	2.13
27	7.68	5.49	4.60	4.11	3.78	3.56	3.39	3.26	3.15	3.06	2.93	2.78	2.63	2.55	2.47	2.38	2.29	2.20	2.10
28	7.64	5.45	4.57	4.07	3.75	3.53	3.36	3.23	3.12	3.03	2.90	2.75	2.60	2.52	2.44	2.35	2.26	2.17	2.06
29	7.60	5.42	4.54	4.04	3.73	3.50	3.33	3.20	3.09	3.00	2.87	2.73	2.57	2.49	2.41	2.33	2.23	2.14	2.03
30	7.56	5.39	4.51	4.02	3.70	3.47	3.30	3.17	3.07	2.98	2.84	2.70	2.55	2.47	2.39	2.30	2.21	2.11	2.01
40	7.31	5.18	4.31	3.83	3.51	3.29	3.12	2.99	2.89	2.80	2.66	2.52	2.37	2.29	2.20	2.11	2.02	1.92	1.80
60	7.08	4.98	4.13	3.65	3.34	3.12	2.95	2.82	2.72	2.63	2.50	2.35	2.20	2.12	2.03	1.94	1.84	1.73	1.60
120	6.85	4.79	3.95	3.48	3.17	2.96	2.79	2.66	2.56	2.47	2.34	2.19	2.03	1.95	1.86	1.76	1.66	1.53	1.38
∞	6.63	4.61	3.78	3.32	3.02	2.80	2.64	2.51	2.41	2.32	2.18	2.04	1.88	1.79	1.70	1.59	1.47	1.32	1.00

附表 9　计量值控制图计算控制限的系数表

子组中观测值个数 n	控制限系数											中心线系数			
	A	A_2	A_3	B_3	B_4	B_5	B_6	D_1	D_2	D_3	D_4	c_4	$1/c_4$	d_2	$1/d_2$
2	2.121	1.880	2.659	0.000	3.267	0.000	2.606	0.000	3.686	0.000	3.267	0.797 9	1.253 3	1.128	0.886 5
3	1.732	1.023	1.954	0.000	2.568	0.000	2.276	0.000	4.358	0.000	2.574	0.886 2	1.128 4	1.693	0.590 7
4	1.500	0.729	1.628	0.000	2.266	0.000	2.088	0.000	4.698	0.000	2.282	0.9213	1.085 4	2.059	0.485 7
5	1.342	0.577	1.427	0.000	2.089	0.000	1.964	0.000	4.918	0.000	2.114	0.940 0	1.063 8	2.326	0.429 9
6	1.225	0.483	1.287	0.030	1.970	0.029	1.874	0.000	5.078	0.000	2.004	0.951 5	1.051 0	2.534	0.394 6
7	1.134	0.419	1.182	0.118	1.882	0.113	1.806	0.204	5.204	0.076	1.924	0.959 4	1.042 3	2.704	0.369 8
8	1.061	0.373	1.099	0.185	1.815	0.179	1.751	0.388	5.306	0.136	1.864	0.965 0	1.036 3	2.847	0.351 2
9	1.000	0.337	1.032	0.239	1.761	0.232	1.707	0.547	5.393	0.184	1.816	0.969 3	1.031 7	2.970	0.336 7
10	0.949	0.308	0.975	0.284	1.716	0.276	1.669	0.687	5.469	0.223	1.777	0.972 7	1.028 1	3.078	0.324 9
11	0.905	0.285	0.927	0.321	1.679	0.313	1.637	0.811	5.535	0.256	1.744	0.975 4	1.025 2	3.173	0.315 2
12	0.866	0.266	0.886	0.354	1.646	0.346	1.610	0.922	5.594	0.283	1.717	0.977 6	1.022 9	3.258	0.306 9
13	0.832	0.249	0.850	0.382	1.618	0.374	1.585	1.025	5.647	0.307	1.693	0.979 4	1.021 0	3.336	0.299 8
14	0.802	0.235	0.817	0.406	1.594	0.399	1.563	1.118	5.696	0.328	1.672	0.981 0	1.019 4	3.407	0.293 5
15	0.775	0.223	0.789	0.428	1.572	0.421	1.544	1.203	5.741	0.347	1.653	0.982 3	1.018 0	3.472	0.288 0
16	0.750	0.212	0.763	0.448	1.552	0.440	1.526	1.282	5.782	0.363	1.637	0.983 5	1.016 8	3.532	0.283 1
17	0.728	0.203	0.739	0.466	1.534	0.458	1.511	1.356	5.820	0.378	1.622	0.984 5	1.015 7	3.588	0.278 7
18	0.707	0.194	0.718	0.482	1.518	0.475	1.496	1.424	5.856	0.391	1.608	0.985 4	1.014 8	3.640	0.274 7
19	0.688	0.187	0.698	0.497	1.503	0.490	1.483	1.487	5.891	0.403	1.597	0.986 2	1.014 0	3.689	0.271 1
20	0.671	0.180	0.680	0.510	1.490	0.504	1.470	1.549	5.921	0.415	1.585	0.986 9	1.013 3	3.735	0.267 7
21	0.655	0.173	0.663	0.523	1.477	0.516	1.459	1.605	5.951	0.425	1.575	0.987 6	1.021 6	3.778	0.264 7
22	0.640	0.167	0.647	0.534	1.466	0.528	1.448	1.659	5.979	0.434	1.566	0.988 2	1.011 9	3.819	0.261 8
23	0.626	0.162	0.633	0.545	1.455	0.539	1.438	1.710	6.006	0.443	1.557	0.988 7	1.011 4	3.858	0.259 2
24	0.612	0.157	0.619	0.555	1.445	0.549	1.429	1.759	6.031	0.451	1.548	0.989 2	1.010 9	3.895	0.256 7
25	0.600	0.153	0.606	0.565	1.435	0.559	1.420	1.806	6.056	0.459	1.541	0.989 6	1.010 5	3.931	0.254 4

资料来源：ASTM, Philadelphia, PA, USA.

附表 10 西格玛水平换算表

西格玛水平(σ)	每百万机会缺陷数 DPMO	西格玛水平(σ)	每百万机会缺陷数 DPMO
0	933193	3.1	54799
0.1	919243	3.2	44565
0.2	903200	3.3	35930
0.3	884930	3.4	28717
0.4	864334	3.5	22750
0.5	841345	3.6	17864
0.6	815940	3.7	13903
0.7	788145	3.8	10724
0.8	758036	3.9	8198
0.9	725747	4	6210
1	691462	4.1	4661
1.1	655422	4.2	3467
1.2	617911	4.3	2555
1.3	579260	4.4	1866
1.4	539828	4.5	1350
1.5	500000	4.6	968
1.6	460172	4.7	687
1.7	420740	4.8	483
1.8	382089	4.9	337
1.9	344578	5	233
2	308538	5.1	159
2.1	274253	5.2	108
2.2	241964	5.3	72.3
2.3	211855	5.4	48.1
2.4	184060	5.5	31.7
2.5	158655	5.6	20.7
2.6	135666	5.7	13.3
2.7	115070	5.8	8.5
2.8	96800	5.9	5.4
2.9	80757	6	3.4
3	66807		

术语表

1-sample proportion test　单样本比率检验

1-sample t-test　单样本 t 检验

2-sample proportion test　双样本比率检验

2-sample t-test　双样本 t 检验

5S(seiri,seiton,seiso,seiketsu,shitsuke)　整理、整顿、清扫、清洁、素养

6 σ　六西格玛

A

accelerated change　加速变革
acceptable quality level,AQL　合格质量水平
acceptance testing procedure,ATP　验收检验规程
accuracy　准确性；准确度
action learning　学以致用
activity based cost,ABC　作业成本法
adjusted multiple correlation coefficient　调整的多元全相关系数
adjustment factor　调节因子
advanced quality system,AQS　先进质量体系
affinity diagram　亲和图
algorithm for inventive problem solving,AIPS　创造性问题解决步骤
alias　别名
alias structure　别名结构
align　整合
alpha error　α 错误，也称第一类错误
alternative hypothesis　备择假设
analysis of control chart　控制图分析
analysis of variance,ANOVA　方差分析
Anderson-Darling test　Anderson-Darling 检验，一种正态性检验方法
artificial limits　人为界限
asymmetrical orthogonal array　非对称正交表
attribute measurement system analysis　属性值测量系统分析
average quality loss　平均质量损失
axiomatic design　公理性设计

B

balanced scorecard　平衡计分卡
Bartlett test　Bartlett 检验
benchmarking　水平对比
beta error　β 错误，也称第二类错误
bias　偏倚
big Y　大 Y

binomial distribution　二项分布
black belt,BB　黑带
blitz team　突击队
block　区组
blocking　区组化
bottleneck technique　瓶颈技术
box-and-whisker plots　箱线图
Box-Behnken design　Box-Behnken 设计
Box-Cox transformation　Box-Cox 转化
box plot　箱线图
brainstorming　头脑风暴法
business case　经营情况

C

capability maturity model,CMM　能力成熟度模型
C chart　C 图，缺陷数控制图
cash flow　现金流
cause and effect diagram　因果图
cause and effect matrix　因果矩阵
CDAM(combine,delete,add,or modify)　组合、删除、增加、修改
center line,CL　中心线
center point　中心点
central composite circumscribed design,CCC　中心复合序贯设计
central composite design　中心复合设计
central composite face-centered design,CCF　中心复合表面设计
central composite inscribed design,CCI　中心复合有界设计
central limit theorem　中心极限定理
central tendency　数据分布中心
champion　倡导者
change acceleration framework　变革加速框架
change plan　变革计划
charter　团队或项目宪章，或称特许任务书
check sheet　检查表
Chi square tests　卡方检验

coded unit　编码单位

code of conduct　行为规范

coding　代码化

common cause　普通因素

comparative methods　比较方法

complete randomized design　完全随机化设计

computer simulation　计算机模拟

concentration diagram　示意图

concurrent engineering　并行工程

confidence coefficient 1-α　置信水平 1-α

confidence interval　置信区间

confirmation run　验证试验

confounded　混杂

contingency tables　列联表

continuous flow manufacturing,CFM　连续流生产

control array　控制表

control chart　控制图

control limits　控制界限

controllable factor　可控因子

corporate responsibility　公司责任

correlation coefficient　相关系数

cost benefit analysis　成本—收益分析

cost of conformity　符合性质量成本

cost of nonconformity　非符合性质量成本

cost of poor quality,COPQ　不良质量成本或劣质成本

cost of quality,COQ　质量成本

critical business requirement,CBR　业务关键要求

critical to process,CTP　关键过程特性

critical to quality,CTQ　关键质量特性

critical customer requirement,CCR　顾客关键需求

critical value　临界值

cross array　乘积表；交叉表

customer　顾客

customer requirements　顾客要求

customer value added activity　顾客增值活动
CUSUM control chart　累积和控制图
cycle time,CT　周期时间
cycle-time reduction　缩短周期

D

data analysis　数据分析
defect　缺陷
defects per million opportunities,DPMO　百万机会缺陷数
defects per opportunity,DPO　机会缺陷率
defects per unit　单位缺陷数
defining relation　定义关系
design for X,DFX　面向 X 的设计
design failure mode and effect analysis,DFMEA　设计 FMEA
design for assembly,DFA　面向装配的设计
design for cost,DFC　面向成本的设计
design for environment,DFE　面向环境的设计
design for manufacturing,DFM　面向制造的设计
design for reliability & maintainability,DFRM　面向可靠性和维修性的设计
design for service,DFS　面向售后服务的设计
design for six sigma,DFSS　六西格玛设计
design for test,DFT　面向试验的设计
design mapping process　设计的映射过程
design of experiment,DOE　试验设计
detection　检测
digital simulation　数字仿真
direct costs　直接成本
discrete data　离散数据
discrimination ratio　分辨率
dispersion factor　散度因子
distribution　分布
DMADV(define,measure,analyze,design,and verify)　界定、测量、分析、设计和验证
DMAIC(define,measure,analyze,improve,and control)　界定、测量、分析、改进和控制
dynamic parameter design　动态参数设计

E

effect　效应
effect sparsity principle　效应稀疏原则
engineering specialty integration　工程专业知识综合
estimable　可估的
event tree analysis　事件树图分析
evolutionary operation,EVOP　调优运算
experiment environment　试验环境
experiment run　试验
experiment unit　试验单元
experimental error　试验误差
exponentially weighted moving average,EWMA　指数加权滑动平均
EWMA control chart　指数加权滑动平均控制图
external customers　外部顾客
external noise　外噪声
extreme vertices design　极端顶点设计法

F

factor　因子
factorial design　因子设计
failure　故障；失效
failure mode　故障模式
failure mode and effects analysis,FMEA　故障模式与影响分析
failure tree analysis,FTA　故障树分析
families of variation　变异类别
financial metrics　财务指标
five why's　五个为什么
flow chart　流程图
flow diagram　流程图
force field analysis　力场分析
fractional factorial design　部分因子设计
full factorial design　全因子设计
F-test　F 检验

functional deployment process map　跨职能流程图

G

gage　测量仪器
Gantt chart　甘特图
generator　生成元
goal statement　目标陈述
goodness-of-fit test　拟合优度检验
green belts,GB　绿带

H

hidden factory　隐蔽工厂
histogram　直方图
hypothesis testing　假设检验

I

ideal technical system　理想技术系统
in control　受控
independence assumption　独立性假设
independent axiom　独立性公理
independent sample　独立样本
indirect costs　间接成本
industrial engineering　工业工程
information axiom　信息公理
inherent process variation　过程固有波动
input variable　输入变量
institutionalizing　制度化
integrated review process　全面的评审过程
interaction　交互作用
interaction effect　交互效应
interim containment action,ICA　临时应急措施
internal noise　内噪声
internal estimate　区间估计
internal customers　内部顾客

interquartile range,IQR　四分位间距
interval measurement scale　定距测量尺度
inter-outer array　内外表
is/is not　是非分析
ISO 14001　环境管理的国际标准
ISO 9000　质量管理体系国际标准

K

KANO analysis　KANO 分析
key process input variable,KPIV　关键过程输入变量
key process input variable,KPOV　关键过程输出变量
killer phrases　扼杀性言语
Kruskal-Wallis test　Kruskal-Wallis 检验

L

lack of fit　失拟
lateral thinking　水平思考
lean concepts　精益思想
lean six sigma　精益六西格玛
lean tool　精益工具
level　水平
level of confidence　置信水平
Levene test　Levene 检验
lower control limit,LCL　下控制界限
life cycle cost,LCC　全生命周期费用
linearity　线性
location and dispersion modeling　位置和散度建模法
location factor　位置因子
logistic regression　逻辑回归

M

main effect　主效应
Mann-Whitney test　Mann-Whitney 检验
master black belt,MBB　资深黑带

maxi-problem　扩大的问题
mean　均值
mean square of error,MSE　均方误
mean time between failures,MTBF　平均故障间隔时间
measure performance　测量绩效
measurement system analysis,MSA　测量系统分析
median　中位数
method time measurement,MTM　方法时间测量
milestones　里程碑
mini-problem　缩小的问题
mission　使命
mistake proofing　错误预防
mixture design　混料设计
mixtures of distributions　分布的混合
mixture-amounts　混料－总量型
mixture-process variable　混料－过程变量型
mode　众数
multiple comparison　多重比较
multiple correlation coefficient　多元全相关系数
multiple regression　多元回归分析
multi-vari chart　多变异图
multivoting　多轮投票
multi-way layout　多向分类

N

natural limits　自然界限
near rotatability　近似旋转性
nested design　嵌套设计
net present value,NPV　净现值
noise array　噪声表
noise factor　噪声因子
nominal measurement scale　名义测量尺度
non value-added activities　非增值活动
nonparametric test　非参数检验

normal distribution　正态分布
normal effect plot　正态效应图
null hypothesis　原假设或零假设
number of distinct categories　可区分的类别数

O

objective tools　客观工具
occurrence　频度
one-factor　单因子
one-factor-at-a-time,OFAT　单因子试验
one-factor-at-one-time　单因子变化法，一次一因子法
one-way-layout　单向分类
operational definition　操作定义
ordinal measurement scale　定序测量尺度
orthogonal array　正交表
orthogonal experimental design　正交试验设计
orthogonal polynomial regression　正交多项式回归
outcome indicators　输出指标
outlier　异常值
out of control　失控
output requirements　输出要求
overfitting　超拟合

P

p,np,c,u control chart　p,np,c,u 控制图
paired comparison design　配对比较设计
paired-comparison test　配对数据检验
Paired t-Test　配对 t 检验
parameter design　参数设计
Pareto effect plot　帕累托效应图
Pareto chart　排列图；帕累托图
partial balanced incomplete block design　部分平衡不完全区组设计
path of steepest ascent　最速前进方向
PDPC　过程决策程序图法

Pearson correlation coefficient　Pearson 相关系数
percent precision to tolerance ratio, %P/T　精度 / 公差比率
percent repeatability and reproducibility, %R&R　重复性与再现性百分比
physical mapping　物理映射
pilot plan　试运行计划
Plackett-Burman design　Plackett-Burman 设计
planning matrix　计划矩阵；实施矩阵
point estimate　点估计
Poisson distribution　泊松分布
Poka-Yoke　防差错
polynomial regression　多项式回归
power　功效或检出力
precision　精度；精密度
pre-control　预控制
predetermined time system,PTS　预定时间制
process control system　过程控制体系
probability density function,pdf　概率密度函数
problem/opportunity statement　问题 / 机会描述
process　过程
process analysis　过程分析
process capability indices,PCI　过程能力指数
process control plan　过程控制计划
process failure mode and effect analysis,PFMEA　过程 FMEA
process mapping　过程映射
profit and loss,P and L　损益表
program evaluation review technique,PERT　计划评审法
project scope　项目范围
Pugh matrix　普氏矩阵
pull system　拉式系统
push system　推式系统
P-Value　P 值

Q

qualitative analysis　定性分析
quality control circle　质量管理小组（QC 小组）
quality function deployment,QFD　质量功能展开
quality house　质量屋
quality loss function　质量损失函数
quality system standards　质量体系标准
quantitative data　定量数据

R

random words　随机词汇
randomization　随机化
randomized block design　随机区组设计
range　极差
ratio measurement scale　定比测量尺度
rational subgrouping　合理子组化
real-life simulation　模拟现实
region of rejection　拒绝域
regression and correlation analysis　回归和相关分析
regression design　回归设计
rejectable quality level,RQL　拒收质量水平
repeatability　重复性
repetition　相同试验条件的连续重复
replicate　仿行，相同试验条件下的非连续重复
reproducibility　再现性
requirement mapping　需求映射
residual diagnostic　残差诊断
resolution　分辨度
response model　响应模型
response surface methodology,RSM　响应曲面方法
response　响应变量
return on investment,ROI　投资回报率
return on net assets,RONA　净资产回报率

risk priority number,RPN　风险度；风险系数
robust design　稳健设计；健壮设计
robust parameter design　稳健参数设计；健壮参数设计
rotatability　旋转性
rolled throughput yield,RTY　流通合格率
root cause　根本原因
run chart　链图
runs tcst　游程检验

S

sample size　样本容量
sampling　抽样
scatter plots　散点图
screening design　因子筛选设计
service requirements　服务要求
setting　设置
severity　严重度
short-run SPC　小批量生产统计过程控制技术
sigma calculation　西格玛水平计算
sigma level　西格玛水平
signal factor　信号因子
signal to noise ratio　信噪比 (S/N 比)
signal-response system　信号 – 响应系统
sign test　符号检验
simple linear regression　一元线性回归
simple response　简单响应
simple response system　简单响应系统
simplex centroid　单纯形重心法
simplex lattice　单纯形格点法
single array　单一表
SIPOC analysis and map　SIPOC 分析和绘图
six sigma design scorecard　六西格玛设计计分卡
single minute exchange of die,SMED　快速换模
SMART(specific,measurable,attainable,relevant,and time bound) criteria　SMART 准则，

代表具体、可衡量、可实现、相关和时间限制

Software Engineering Institute, SEI　卡内基梅隆大学的软件工程研究所

sources of variation (SOV) studies　变异源研究

special cause　特殊因素

specification limits　规格限

spline regression　样条回归

sponsor　资助者

stability　稳定性

stakeholders　利益相关方

standard deviation　标准差

standard work　标准作业

static parameter design　静态参数设计

statistical inference　统计推断

statistical process control,SPC　统计过程控制

statistical quality control,SQC　统计质量控制

statistics　统计学

steepest ascent search　最速上升法

stem-and-leaf plot　茎叶图

stratified random sampling　分层随机抽样

substance-field analysis　物体 – 场分析

sum of squares　平方和，统计中指离差平方和

supplier-input-process-output-customer map, SIPOC　SIPOC 图，高阶流程图 , 宏观流程图

symmetrical orthogonal array　对称正交表

system design　系统设计

systematic process sampling　过程系统抽样

T

Taguchi method　田口方法

task-oriented roles　面向任务的角色

team charter　团队宪章，或团队特许任务书

test statistic　检验统计量

TL 9000　电信行业的质量管理标准

the effects of interactions between input’s　输入变量间交互作用的影响

the effects of time relationships　时间关系效应
time study　时间研究
tips for innovation problem solving,TRIZ　创造性问题解决理论
theory of constrains,TOC　约束理论
tolerance　公差
tolerance design　公差设计
top-down chart　自上而下流程图
top-down design　自上向下的设计
total quality control,TQC　全面质量控制
total quality management,TQM　全面质量管理
total productive maintenance,TPM　全面生产维护
Toyota production system,TPS　丰田生产方式
treatment　处理
triads analysis　三元分析
TS 16949　汽车制造行业执行的一套过程管理系统
two-sided comparison　双侧比较
two-way ANOVA　双因素方差分析
two-way layout　双向分类
type Ⅰ error　第一类错误
type Ⅱ error　第二类错误
type of design of experiment　试验设计类型

U

unbiased　无偏的
uncontrolled factor　非可控因子
uniform precision　一致均匀精度
upper control limit,UCL　上控制界限

V

value engineering/value analysis,VE/VA　价值工程与价值分析
variance　方差
variance component modeling　方差分量模型
verification & validation testing　双 V 试验 ;V&V 试验
vision　愿景

voice of the business,VOB　公司要求
voice of the customer,VOC　顾客声音

W

Weibull distribution　威布尔分布
Wilcoxon rank test　Wilcoxon 秩检验
Wilcoxon signed rank test　Wilcoxon 符号秩检验
word　字
wordlength　字长
work study　工作研究

X

X-bar and R control chart　均值 – 极差控制图
X-bar and S control chart　均值 – 标准差控制图

参考文献

1.Pyzdek, T.The Complete Guide to Six Sigma QA Publishing, L.L.C.1999

2.Pyzdek, T.Defining Six Sigma Projects.Retrieved August 19, 2001

3.Rath and Strong.(2000).Rath & Strong's Six Sigma Pocket Guide.Lexington, MA:Rath & Strong Management Consultants

4.Simon, K.(2001).Sample SIPOC Diagram.Retrieved August 19, 2001

5.Berenson.Basic Business Statistics, Prentice-Hall, 1999

6.Box, G.E.P.and Draper, N.R.Evolutionary Operation.New York:John Wiley, 1969

7.Box, G.E.P., Hunter W.G., and Hunter, J.S.Statistics for Experiments, New York:John Wiley, 1978

8.Box, G.E.P.and Draper, N.R.Empirical Model Building and Response Surfaces.John Wiley, New York, 1987

9.MINITAB User's Guide 2:Data Analysis and Quality Tools, Release 13 for Windows, 2000

10.Chapman, Ross L.and Hunt, Robert.(edited).Proceedings of the World Innovation & Strategy Conference, University of Western Sydney, Macarthur, 1998

11.Fey, Victor R.and Rivin, Eugene I.The Science of Innovation, TRIZ Group, 1997

12.King, Bob.Better Design in Half the Time, GOAL/QPC, 1989

13.Mizuno, Shigeru and Akao, Yoji.QFD:The Customer-Driven Approach to Quality Planning and Deployment, Asian Productivity Organization, 1994

14.Phadke, Madhav S.Quality Engineering Using Robust Design, Prentice Hall, Englewood Cliffs, New Jersey, 1989

15.Reference Manual, Potential Failure Mode and Effects Analysis(FMEA), Chrysler Corporation, Ford Motor Company, General Motors Corporation, 1995

16.Suh, Nam Pyo.Axiomatic Design:Advances and Applications, Oxford University Press, 1999

17.Shao, Jiajun.Research and Applications of Quality Function Deployment, Proceedings of 2nd Sino-America Quality Conference, Beijing, 2001

18.QS 9000, Quality System Requirements, Third Edition, 1998

19.Stamatis, D.H.Failure Mode and Effect Analysis FMEA from Theory to Execution. ASQC Quality Press Milwaukee,Wisconsin,1995

20. 马林，何桢 . 六西格玛管理（第二版）. 北京 : 中国人民大学出版社，2004

21. 全国六西格玛管理推进工作委员会 . 六西格玛管理评价准则 . 北京：中国标准出版社，2007

22. 马林 . 全国质量奖对提升我国企业国际竞争力的意义 . 中国质量，2003(5)

23. [美] S. 托马斯 · 福斯特著，何桢译 . 质量管理：集成的方法 . 北京：中国人民大学出版社，2005

24. [美] 弗兰克 ·M. 格里纳著，何桢译 . 质量策划与分析 . 北京：中国人民大学出版社，2006

25. 上海质量管理科学研究院 . 六西格玛核心教程：黑带读本 . 北京：中国标准出版社，2002

26. 上海质量管理科学研究院 . 六西格玛自由论坛：论文汇编 . 北京：中国标准出版社，2002

27. 全国质量专业技术人员职业资格考试办公室组织编写 . 质量专业理论与实务、质量专业综合知识（中级）. 北京：中国人事出版社，2003

28. 潘德 . 六西格玛是什么 . 北京：中国财政经济出版社，2002

29. 朱兰学院 . 六西格玛基础教程 . 北京：中国财政经济出版社，2002

30. [美] 潘德著，王金德译 . 六西格玛团队实战手册 . 北京：中国财政经济出版社，2003

31. [美] 蒙哥马利著，汪仁官，陈荣昭译 . 实验设计与分析 . 北京：中国统计出版社，1998

32. 吴建福 . 试验设计与分析及参数优化 . 北京：中国统计出版社，2003

33. 任露泉 . 试验优化设计与分析 . 长春：吉林科学技术出版社，2001

34. [美] 朱兰等编，戈弗雷 ，焦叔斌译 . 朱兰质量手册 (第五版). 北京：中国人民大学出版社，2003

35. 上海质量管理科学研究院 . 六西格玛核心教程黑带读本 . 北京：中国标准出版社，2002

36. 茆诗松，马逢时，吴建福 . 序贯淘汰水平法——一种利用正交表的搜索方法 . 应用概率统计，1990，6(2)：185-204

37. 何桢，刘豹，齐二石 . 基于多变异分析的工序控制方法研究 . 管理工程学报，2002，16(2)：1-4

38. [日] 门田安弘著，王瑞珠译 . 新丰田生产方式 . 保定：河北大学出版社，2001

39. [美] 杰弗里 · 莱克著，李芳龄译 . 丰田汽车案例 14 项原则 . 北京：中国财政经济出版社，2005

40. [美] 詹姆斯 · 沃麦克，[英] 丹尼尔 · 琼斯著，沈希瑾译 . 改变世界的机器 . 北京：商务印书馆，1999

41. [美] 詹姆斯 · 沃麦克，[英] 丹尼尔 · 琼斯著，沈希瑾译 . 精益思想 . 北京：商务印书馆，1999

42. 何桢，魏明，周善忠 . 我国企业推广六西格玛应注意的关键问题 . 工程机械，

2004，35(12)：34-37

43. 何桢，车建国 . 精益六西格玛：新竞争优势的来源 . 天津大学学报 (社科版)，2005，7(5)：321-325

44. 胡亚琴，何桢 . 论六西格玛的本质属性 . 科学学与科学技术管理，2004，25(10)：137-139

45. 何桢，张志红 . 精益与六西格玛的比较研究 . 工业工程，2006，9(1)：1-4

46. 何桢，张志红 . 基于并行质量工程的六西格玛公差设计方法应用研究 . 中国机械工程，2005(9)：827-830

47. 何桢，张志红 . 精益与六西格玛的比较研究 . 工业工程，2006，9(1)：1-4

48. 肖智军等 . 精益生产方式 JIT. 深圳：海天出版社，2003

49. 魏大鹏 . 丰田生产方式研究——准时化生产方式的技术支撑体系（第二版）. 天津：天津科学技术出版社，2003

50. [美] 迈克·鲁斯，约翰·舒克著，赵克强，刘健译 . 学习观察——增加价值、消除浪费的价值流图 . 北京：中国劳动社会保障出版社，2005

51. 邵家骏 . 质量功能展开 . 北京：机械工业出版社，2004

52. [美] 乔杜里著，方海萍，魏青江译 . 六西格玛设计 . 北京：机械工业出版社，2003

53. [英] 坦南特著，吴源俊等译 . 六西格玛设计——新产品 / 新服务完美投放市场 . 北京：电子工业出版社，2002

54. 邵家骏 . 健壮设计手册 . 北京：国防工业出版社，2002

55. [美] 美国洛克希德导弹和空间公司编，王若松等译 . 美国系统工程管理 . 北京：航空工业出版社，1991

56. [美] 尤列加，威廉著，邵家骏译 . 质量功能展开概论 . 北京：国防工业出版社，1991

57. [日] 田口玄一著，中国兵器工业质量管理协会译 . 开发设计阶段的质量工程学 . 北京：兵器工业出版社，1990

58. [日] 田口玄一著，魏锡禄，王和福译 . 质量工程学概论 . 北京：中国对外翻译出版公司，1985

59. 张性原 . 设计质量工程 . 北京：航空工业出版社，1999

60. 张宗斌，邵家骏 .QFD 技术在计算机软件改造中的应用 . 世界标准化与质量管理，1998(10)

61. 邵家骏，赵胜 . 系统设计的基本原理和方法 . 中国质量，2001(12)

62. 陈晓川，张暴暴，冯辛安 . 面向成本的设计的关键技术及其概念模型 . 大连理工大学学报，1999(6)

63. 邵家骏 . 开展六西格玛设计，创造世界一流产品 . 中国质量，2005(3)

64. 刘书庆，杨水利 . 质量管理学 . 北京：机械工业出版社，2003

65. ［美］格雷格 · 布鲁著，柴金平译 . 六西格玛经理人 . 北京：机械工业出版社，2003

66. ［美］W. 爱德华 · 戴明著，钟汉清，戴久永译 . 戴明论质量管理 . 海口：海南出版社，2003

67. ［美］马特 · 巴尼，汤姆 · 麦卡锡著，摩托罗拉大学译 . 总裁读：新六西格玛 . 北京：中国人民大学出版社，2003

68. 马林，罗国英 . 全面质量管理基础知识 . 北京：中国经济出版社，2001

69. 彭娟 . 浅谈 GE 质量经营战略、六西格玛与质量经营 . 联想质量探索，2003(1)

70. ［美］Thomas Pyzdek 著，，孙静译 . 六西格玛（6σ）手册 . 北京：清华大学出版社，2003

71. 孙静 . 最新国家标准 GB/T 4091—2001《常规控制图》理解与实施 . 北京：中国标准出版社，2002

72. ［美］罗纳德 ·D. 斯尼，罗格 ·W. 何瑞尔著，祝可嘉译 . 领导者读六西格玛 . 北京：中国人民大学出版社，2003

73. 曾凤章 . 稳健性设计 . 北京：兵器工业出版社，2004

74. 何桢，赵燕，邹峰 . 产品设计阶段 QFD 与 FMEA 的集成研究与应用 . 管理技术 ,2007

75. 何桢，梁昭磊，邹峰 . 六西格玛设计模式及其应用 . 工程机械，2006,37(7):62–65

76. 何桢，张志红，刘子先 . 基于并行质量工程的 6σ 公差设计方法应用研究 . 中国机械工程，2005,16(9):827–830

77. 何桢，Learn something about your Six Sigma Program's Maturity. Quality Progress Aug, 2009:23–28

78. 岳刚，马义中 . 六西格玛管理中需要澄清的几个问题 . 数理统计与管理，2006，25(3): 351–357

79. 杨振海 .6σ 管理和统计技术 . 数理统计与管理，2007，26(6):1039–1048

80. 何桢，岳刚，王丽林 . 六西格玛管理及其实施 . 数理统计管理，2007，26(6): 1049–1055

中国质量协会精益
六西格玛黄带知识大纲

Ⅰ 精益六西格玛概述（21）

A. 六西格玛的基本原理和基本概念

描述六西格玛核心理念、方法论及其发展过程。描述六西格玛对整个组织的价值。描述六西格玛方法论及其主要模式（DMAIC 和 DFSS）（理解）

B. 六西格玛与精益管理的融合

描述精益管理的核心理念、基本原则、常用工具及其发展过程。描述六西格玛与精益管理的结合及其管理特点。（理解）

C. 精益六西格玛管理的组织和实施

1. 精益六西格玛管理的组织结构：掌握实施精益六西格玛管理需要建立的基础架构。（理解）

2. 精益六西格玛管理实施的角色和职责：定义和描述精益六西格玛管理实施的角色和职责（如黄带、绿带、黑带、资深黑带、流程负责人、倡导者和财务人员）。（理解）

D. 项目团队

1. 团队作用：识别项目团队在组织中是如何运行的，及他们的价值。（应用）

2. 团队发展的不同阶段：描述团队发展的不同阶段：形成期、震荡期、规范期、执行期。（理解）

3. 团队工具：定义头脑风暴法、多轮投票法和名义小组技术，描述如何在团队管理中运用这些工具。（应用）

4. 团队沟通：解释团队如何沟通，及其如何通过沟通支持项目取得成功。（理解）

E. 项目管理常用工具

掌握精益六西格玛实施过程中常用的项目管理工具，如：亲和图、矩阵图、关联图和树型图、PDPC 等。（应用）

Ⅱ 界定阶段（12）

A. 改进机会的识别

1. 顾客需求：定义顾客类型和顾客需求，描述如何将顾客需求转化为可量化的关键质量特性。（应用）

2. 项目选择：描述如何识别改进机会，并选择精益六西格玛项目。（应用）

B. 过程的基本概念

1. 过程及其输入输出：掌握过程的基本概念，使用 SIPOC（供应商、输入、过程、输出、顾客）识别和定义重要的过程要素。（应用）

2. 过程绩效度量指标：掌握项目实施过程中常用的度量指标，如：单位缺陷数 (DPU)、百万机会缺陷数 (DPMO)、流通合格率 (RTY)、周期时间、质量成本和库存周

转率等。(应用)

3. 利益相关方分析：了解利益相关方的界定，如何基于精益六西格玛项目识别利益相关方，以及他们对项目实施的影响。(理解)

C. 不良质量成本

了解质量成本的概念，包括质量成本分类。了解不良质量成本的概念与应用。(理解)

D. 价值链与价值流图

了解价值、价值链和价值流图及其作用。(理解)

E. 精益六西格玛项目管理

1. 项目立项表：描述建立项目立项表的目的，及立项表的组成要素：问题陈述、项目范围、项目团队、基线指标和项目目标。(应用)

2. 项目计划：定义任务分解(WBS)、甘特图，并描述如何应用这些工具来规划和监控项目的实施。(理解)

3. 阶段评审：解释节点评审和阶段评审在精益六西格玛项目中的应用。(理解)

Ⅲ测量阶段(15)

A. 数据

1. 数据类型

定义和区分不同类型的数据。(应用)

2. 过程波动

描述和区分普通因素和特殊因素等不同类型的波动。(理解)

3. 抽样方法

了解简单随机抽样(抽签法、计算机模拟法)和分层抽样(比例分配法)等方法。(应用)

4. 数据收集方法

理解多种数据收集方法(包括调查、访谈、检查表和清单)来收集数据。(应用)

5. 数据收集计划

描述数据收集计划的关键要素，包括操作定义、操作规范、数据来源、收集数据的方法和频率。了解数据收集计划的重要性。(应用)

B. 常用统计分布和描述性统计

1. 常用统计分布

理解正态分布及其特点，了解其他常见分布类型。(理解)

2. 描述性统计

定义、计算和解释集中趋势的度量：均值、中位数、众数；离散趋势的度量：标准

差、极差和方差。(应用)

C. 数据的图示方法

理解直方图、箱线图、正态概率图的定义和解读。(理解)

D. 测量系统分析

1. 测量系统的基本构成

了解测量系统的基本构成及影响测量结果的要素。(理解)

2. 测量系统分析术语

理解准确度、精确度、偏倚、线性和稳定性，描述其在测量阶段是如何运用的。(理解)

3. 计量型测量系统的重复性与再现性

了解计量型测量系统中的重复性与再现性的概念，据其结果评价测量系统，并分析影响重复性与再现性的可能原因。(理解)

4. 属性值测量系统的一致性

了解属性值测量结果的一致性，根据一致性指标评价属性值测量系统，并分析影响一致性的可能原因。(理解)

E. 过程能力分析

理解统计过程受控状态，了解过程能力指数 Cp、Cpk，并根据 Cp、Cpk 分析过程能力水平。(理解)

H 服务过程测量

了解服务质量的概念和测量方法。(理解)

Ⅳ分析阶段(15)

A. 过程分析

1. 流程图

掌握流程图的绘制方法以及流程图核实的要点。(应用)

2. 作业增值性分析

了解增值的判别标准，并进行作业的增值性分析。(分析)

3. 作业时间分析

掌握节拍时间的概念，掌握工作研究(时间和动作研究)方法及其应用。(应用)

4. 库存分析

掌握库存的分类，了解简单的库存管理方法和降低库存的策略。(理解)

5. 设备管理分析

掌握设备管理的基本方法，了解全面设备管理(TPM)的思想和实施步骤。(理解)

6. 过程失效模式及效应分析(PFMEA)

了解过程失效模式及效应分析的目的和作用。理解严重度、频度、可探测度和风险优先度 RPN。了解如何应用 PFMEA 识别过程的潜在失效模式、原因及其预防控制措施。（理解）

B. 原因分析

1. 掌握如何运用“5 个为什么”识别问题的根本原因（应用）

2. 掌握因果矩阵的分析方法（应用）

C. 数据分析

1. 假设检验

了解假设检验的基本概念和分析步骤。（理解）

2. 相关分析

了解如何运用相关分析识别变量间的关系。（理解）

3. 回归分析

了解一元简单线性回归及其应用。（理解）

4. 比较分析

使用箱线图等进行数据的描述性分析和比较。（应用）

D. 服务过程分析

1. 服务差距模型

了解服务差距模型的思想和构成。（理解）

2. 四分图模型

了解四分图模型。（理解）

Ⅴ改进和控制阶段（12）

A. 改进方法与工具

1. 创造性思维方法

了解常用的创造性思维方法，如头脑风暴 + 亲和图、六顶思考帽等。（理解）

2. 常用精益改进工具

了解常用的改进工具，如可视化、定置管理、布局优化、快速换型（SMED）、消除—合并—重排—简化（ECRS）等。（应用）

B. 改进方案评估

1. 风险评估

了解项目风险评估的作用和基本方法（如力场分析）。（理解）

2. 成本效益分析

了解成本效益分析的主要内容及其重要性。（理解）

C. 控制工具及文件化

1. 控制计划

了解控制计划的基本要素及其重要性。描述过程变更文件化的重要性。（理解）

2. 控制图

了解基本控制图的构成要素及使用。（理解）

3. 其他控制工具

了解常用过程控制工具，如防错、标准化作业等。（应用）

知识点评价

在大纲中除了知识点，还列出了每个知识点应该掌握的程度。根据布鲁姆目标分类学和 ASQ 知识体系划分方法，将认知水平划分六个层次，从易到难，供阅读知识大纲时参考。

识记（了解水平）

能够记忆或认识术语、定义、事实、概念、材料、模式、顺序、方法和原理等。

理解（理解水平）

能够阅读和理解所描述的内容、报告、表格、图表、说明和规则等。

应用（应用水平）

知道在何时以及如何使用概念、程序、方法、公式、规则、原理等。

分析（分析水平）

能够将信息分解成小的要素并识别各要素之间的相互联系以及它们的组织方式；从一个复杂的场景中识别出次级因素或数据。

评估（评估水平）

将建议和特殊的标准进行对比，能够对建议的概念、解决方案等的价值作出判断。

创建（综合水平）

能够将要素或组成部分整合成一个整体，并显示出之前并不明显的模式或结构；从一个复杂的集合中识别出可以深入调查的数据、信息得出支持性的结论。